1권

NCS 국가직무능력표준

커피 레귤레이션

바리스타

윤선희 · 이영민 · 최근표 · 정진범 · 이승훈 공저

오스틴북스 AUSTIN BOOKS

대한민국 커피의 기준을 만든 사람들을 위한 추천의 글

세상은 변하고 있습니다. 시작은 어디에서였든 어디로 갈지 모르게 조금씩 변화되기 마련입니다. 당연히 우리 사람들이 모여 사는 세상의 변화는 사람들이 이루어 가고 있겠지요.

20여 년 전 처음 사업을 시작할 때, 지금의 나의 모습은 상상도 하지 못했습니다. 그 동안 많은 사람들과 만났습니다. 우리 커피산업과 이에 수반된 산업의 발전에 의해 우리 스스로 덩달아서 변화하게 되었습니다. 어떤 이는 자신의 노력에 의해 발전하였고, 어떤 이는 주변의 상황에 의해 발전하였고, 또 어떤 이는 도태되었으며, 그리고 어떤 이는 이 틈을 이용해서 자신어떤 이익을 취할까하며 눈치를 보기도 하였습니다.

어떤 학교를 나왔는지 어떤 능력이 있는지는 크게 중요하지 않는 것 같습니다. 나는 나름대로 이 시대 대한민국에서 모두가 알아주는 일류 대학의 일류 학과를 나왔습니다. 그리고 모두가 부러워하는 일류기업을 다니다가 사업을 시작하였습니다. 하지만 부끄럽게도 20여년 동안 자기 개발을 위해 노력한 것이 별로 없는 것 같습니다. 이 책의 저자들을 보면서 많은 반성을 하고 있습니다. 말로는 10만 시간의 법칙을 이야기합니다. 지나온 시간이 중요하지 않습니다. 노력의 시간이 중요합니다. 묵묵히 세상 아무도 알아주지 않는 커피라는 분야, 그것도 바리스타라는 분야에서 그 노력의 시간을 쌓아서 본인의 실력을 쌓아온 사람들이 있습니다.

멋진 사람은 자기 자신의 노력에 의해 발전하며 그리고 이렇게 쌓아온 능력을 후배들을 위해 베풀어 주어 우리 커피산업을 발전시켜 주는 사람이라고 생각합니다. 그런 멋진 사람들의 출판물에 이런 글을 쓸 수 있게 된 것에 대해 감사함을 느낍니다.

우리는 교육이 얼마나 중요한지에 대하여 많이 들어 왔습니다. 학교에서 배우는 기초적 지식들의 중요성을 알고 있습니다. 세상에서 사람답게 살기 위한 기초가 되었습니다. 물론 자기 전공을 통하여 세상의 삶을 영위하기도 합니다. 또한 졸업 후 각자의 위치에서 새롭게 자기가 원하는 일을 위해 알게 모르게 교육을 받아 왔습니다.

커피 산업은 이 시대의 뜨거운 화두이지만 아직도 미진한 분야이기도 합니다. 시작된 지 얼마 안되는 분야이고 저마다 전문가이지만 실상은 그런 전문가는 소수이기 때문입니다. 커피산업은 산지 재배에서 시작되기 때문에 농업이 그 시작입니다. 하지만 우리와는 관계없는 곳에서 재배되고 분리되고 포장되는 과정을 거치고 있습니다. 물론 커핑을 통해서 좋은 커피와 내가 원하는 커피를 골라낼 수는 있습니다. 하지만 이런 과정은 매장을 운영하거나 매장에서 일을 할 사람들의 몫이 아닙니다. 핸드폰을 고르기 위해서 프로세스 칩의 성능과 운영 체계를 공부할 필요까지는 없습니다.

프로 바리스타가 되기 위한 올바른 방향을 제시하기 위해 끝임없는 연구를하고 이론을 만들고 다시 토론하면서 바리스타의 이론과 실무를 총괄하는 교재가 이제야 나오는 것 같습니다.

어떤 분야에도 기준이 있습니다. 커피산업 교육의 기준을 만들기 여러 해 동안 준비해 오는 과정을 보았습니다. 주말에 모여 토의하는 모습들도 보았습니다. 물론 모든 것이 획일적인 방식이 되는 것은 반대합니다. 하지만 근본은 있어야 합니다. 바리스타라는 직업을 택한 사람들이라면 또한 바리스타를 교육하고 있는 분들이라면 우리 커피 산업의 미래를 위해서 근본적인 기준은 이해하고 나아가야 할 것입니다.

그 동안 노력해 오신 저자 다섯 분의 노고를 치하하며 스스로에게 묻습니다.

"늦은 건 없어. 지금이 다시 시작할 가장 빠른 때인걸 알지?"

KCA 한국커피연합회 고문 이세욱

머리말

실무능력 중심의 인재가 주목받는 사회적 분위기로 한국의 교육 역시 다양성과 자율성을 인정하는 추세입니다. 일례로 해외 유학파들의 한국 유입이 급증하면서 외국에서 즐겨온 다양한 나라의 문화적 특징들이 일부 산업계에 영향을 주게 되었고 이는 다양성과 개성을 즐기고자 하는 소비자들의 욕구를 만족시키는 결과를 내고 있습니다.

특히 커피 산업은 최근 10년 사이 매우 빠르게 성장하였는데 커피 본고장이나 커피 문화 선진국의 특징들이 다양한 형태로 표출되고 있는 것이 특징입니다. 깔끔하며 개성있는 인테리어, 기분 좋은 커피 향, 포근한 분위기들로 커피 전문점 창업과 관련 직종으로의 취업은 매해 증가하고 있지만 이러한 증가세와 함께 폐업과 이직률 역시 빠르게 증가하고 있는 것이 현실입니다. 이러한 현실의 원인이 경기불황과 불안정한 사회구조라고 많은 이들은 이야기합니다. 하지만 구조적인 현실의 문제보다는 실무에 대한 기본 지식의 부재가 가장 중요한 사안임을 우리는 알고 있습니다.

이러한 시점에서 지식, 기술, 태도를 국가에서 표준화 한 국가직무능력표준(NCS: National Competency Standards)은 반가운 소식입니다. 혹자는 이러한 표준으로 다시 획일화되는 것이 아니냐는 우려의 목소리도 있습니다. 하지만 자유란 일정한 법과 규칙이라는 울타리 안에서 보호받는 것과 같이 산업 현장의 활발한 활동은 기본 표준안에서 시스템을 설계하고 발전시켜 나갈 때 안정적으로 유지할 수 있습니다.

이에 발전하는 커피 교육과 산업 현장에서 현실의 변화에 알맞게 적용할 수 있도록 각 분야의 커피 전문가들이 모여 이 책을 출간하게 되었습니다. 방대하고 다양한 커피 자료를 정확한 데이터로 수치화한다는 것은 매우 어려운 작업입니다. 하지만 이 책을 통해 커피 기본지식을 필요로 하는 바리스타와 카페(Cafe) 창업자들이 정보를 얻고 실무에서 손쉽게 적용 가능하도록 국가직무능력표준(NCS)에 맞춰 내용을 구성하였습니다. 본서는 총8개의 Part로 구성되어 2권으로 나누어져 있습니다.

1권에는 커피의 기원부터 재배, 가공을 거쳐 추출 등의 기술적 요소에 이르는 과정을 단계별로 구성하였으며, 2권에는 실무에서 필요한 우유스티밍, 커피 메뉴와 매장 서비스 등을 설명하였습니다.

또한 교재와 함께 서비스되는 영상강의를 함께 시청할 경우 커피이론과 바리스타 실전기술에 좀 더 쉽게 접근할 수 있을 것입니다.

끝으로 교재 출판에 힘써주신 오스틴북스의 정현성 대표, 성백철 차장, 백지선 실장, 그리고 편집부 직원들께 감사드립니다. 아울러 출간에 도움을 주신 (주)메테오라 김황 대표, (주)대교통상 유동열 대표, 글로벌BNP 김선영 대표, (주)예담 장성수, 한병구 대표, CBSC Korea 이호준 대표께 감사의 말씀을 전하며, 멋진 사진을 촬영해주신 이윤행 포토그래퍼, 사진을 제공해주신 GSC인터내셔날, 마지막으로 이 교재를 바탕으로 멋진 영상강의를 제작해주신 이종철 이사, 임종명, 유정현, 류연주 바리스타에게도 고마움을 전합니다.

이 한권의 책이 대한민국 바리스타 기술과 대한민국 커피산업 발전에 작은 밑거름과 길잡이가 되기를 바라며 커피를 사랑하는 모든 이들에게 친구와 같은 존재가 될 수 있기를 희망합니다.

2016. 02.
저자 일동

지은이 소개

윤선희

CBSC International 전무
CBSC 센서리 교육 트레이너
커피나무 출판사 대표
Coffee T&I 매거진 발행인(2011~2015)
e-mail: sunny@cbsc.nworks.me

자격

WBC 월드바리스타챔피언십 심사위원(2012~2016)
WLAC 월드라떼아트챔피언십 심사위원(2013~2014)
SCAE Authorised Trainer Agreement(2012~2017)
SCAA Barista 자격 취득(2014)
CQI Q-Grader 자격 취득(2010, USA)

심사경력

2015 WBC 월드바리스타챔피언십 센서리 심사위원(미국)
2015 KNBC 한국내셔널바리스타챔피언십 헤드 심사위원(대한민국)
2014 WBC 월드바리스타챔피언십 센서리 심사위원(이탈리아)
2014 CBC 중국바리스타챔피언십 헤드 심사위원 (중국)
2014 TBC 타이완바리스타챔피언십 센서리 심사위원(대만)
2014 UBC 얼티밋바리스타챌린지 심사위원(러시아)
2014 WRC 월드로스터스컵 센서리 심사위원(타이완)
2014 KNBC 한국내셔널바리스타챔피언십 헤드 심사위원(대한민국)
2013 WBC 월드바리스타챔피언십 센서리 심사위원(호주)
2013 CBC 중국바리스타챔피언십 헤드 심사위원(중국)
2013 PIBC 푸산인터내셔널바리스타챔피언십 심사위원(중국)
2013 KNBC 한국내셔널바리스타챔피언십 헤드 심사위원(대한민국)
2012 WBC 월드바리스타챔피언십 센서리 심사위원(오스트리아)
2012 WRC 월드로스터스컵 센서리 심사위원(타이완)
2012 KNBC 한국내셔널바리스타챔피언십 헤드 심사위원(한국)
2011 WRC 월드로스터스컵 센서리 심사위원(타이완)
2011 KNBC 한국내셔널바리스타챔피언십 센서리 심사위원(대한민국)
2010 UBC 얼티밋바리스타챌린지 비주얼 심사위원(중국)
2010 KNBC 한국내셔널바리스타챔피언십 센서리 심사위원(대한민국)
2009 UBC 얼티밋바리스타챌린지 비주얼 심사위원(중국)

이영민

CBSC International 대표
SCAE 한국 교육 코디네이터
Coffee T&I 매거진 편집장(2011~2015)
(사)한국커피협회 이사(2015)
WCCK 국가대표선발전 조직위원장(2015)
한국 네슬레 마케팅 메뉴 개발(2013)
호텔신라 아티제 커피사업부 고문(2008~2009)
나주대학 바리스타과 외래 교수(2005~2006)
상지영서대학 호텔조리음료과 교수(200~2009
e-mail: topbarista@cbsc.nworks.me
www.topbarista.co.kr

수상경력

2010 UBC 얼티밋바리스타챌린지 라떼아트 챔피언
2009 UBC 얼티밋바리스타챌린지 챔피언
2008 Coffeefest 커피페스트 라떼아트 챔피언
2006 T&CWC 티앤커피월드컵 바리스타 챔피언
2004 WLAC 월드라떼아트챔피언십 결승진출

자격

2008~2017 SCAE Authorised Trainer Agreement
2010 SCAE 월드커피챔피언십 라떼아트 심사위원(런던)
2009 SCAE 월드커피챔피언십 라떼아트 심사위원(독일)
2008 SCAE 월드커피챔피언십 라떼아트 심사위원(덴마크)
2008 SCAE 월드커피챔피언십 굿스피릿 심사위원(덴마크)

지은이 소개

최근표

강원대학교 대학원, 식품공학 전공, 박사

〈저서〉

초콜릿공예 ABC, 디자인소리, 2008
한권으로 배우는 제과제빵 공예실무, 디자인소리, 2010
새로운 양과자 재료과학, 백산출판사, 2014
초보자부터 전문가를 위한 웰빙빵 만들기, 백산출판사, 2014
NCS기반 학습모듈–바리스타(커피 그라인더운용), 한국직업능력개발원, 2015
NCS기반 학습모듈–제빵(빵류제품 재료혼합), 한국직업능력개발원, 2016

〈경력사항〉

2010 KCABC 심사위원 (주최: (사)한국커피연합회)
2010~현재 커피바리스타 자격검정 심사위원 ((사)한국능력교육개발원 커피자격심사평가원)
2012~현재 강릉바리스타어워드 조직위원장 (주최: (재)강릉문화재단 강릉커피축제사무국)
2013 WSBC 심사위원 (주최: (사)한국커피연합회)
2014~현재 강릉마카롱마스타어워드 조직위원장(주최: (재)강릉문화재단 강릉커피축제사무국)
2007~2013 강원도기능경기대회 제과제빵 심사위원(주최: 강원도)
2007~2011 전국기능경기대회 제과제빵 심사위원(주최: 전국기능경기대회 조직위원회)
2009~현재 제과제빵기능사 실기시험 감독위원 제과제빵(한국기술자격검정원)
2010~2013 한국식품영양과학회 학회지 편집위원((사)한국식품영양과학회)
2010~2012 대한제과협회 학생기술지도위원장((사)대한제과협회)
2011~현재 한국제과제빵교수협의회 부회장(한국제과제빵교수협의회)
2009~현재 강릉시 농업기술센터 농업평생학습대학 운영위원(강릉시)
2010~현재 강릉커피축제실행위원(주최: (재)강릉문화재단 강릉커피축제사무국)
2012~현재 강원도 심층수산업위원회 위원(강원도)
2010~2015 강원도립대학 식품가공제과제빵과 학과장(강원도립대학)
2011 강원도립대학 평생교육센터 센터장(강원도립대학)
2014~2015 강원도립대학 산학협력단 단장(강원도립대학)
현재 강원도립대학교 바리스타제과제빵과 교수

정진범

2000년 국내 최초 바리스타 교육 전문 업체 BTS KOREA(Barista Training System) 설립.
KBC(Korea Barista Championship) 2003–2005 운영위원장
WSBC(World Super Barista Championship) 2008 운영위원장
WSBC(World Super Barista Championship) 2010–2011 심사위원장
KCA(한국 커피 연합회) 2012–2014 8대 감사
2013 NCS(국가직무능력표준) 바리스타 개발 분야 연구원
2014–2015 NCS(국가직무능력표준) 바리스타 학습모듈개발 집필진
현재 BTS KOREA 대표

지은이 소개

이승훈

송파 여성 문화회관과 바리스타 교육 협약 체결
커피 바리스타 자격증 송파 평가장
송파지역 최초의 커피 학원 등록
사단법인 한국 커피 연합회 회원사
신정여상 산학제휴
신구 전문대학 식품영양학과 산학 제휴
대원 대학교와 산학 협약 체결
소 상공인 창업자 교육 송파교육장
강원 도립 대학교와 산학 협약 체결
광주, 제주지점 오픈

2015년 사단법인 한국 커피연합회 자문위원
2015년 송파구청장님 표창
2015년 산업인력관리공단 바리스타 직무표준화 집필
2013년 산업인력관리공단 바리스타 직무표준화 개발원으로 활동
2012년 박근혜 대통령 후보 커피산업 발전 위원회 위원으로 임명
2011년 송파구청장님 우수강사 표창
올 어바웃 에스프레소 저자
기초 커피 바리스타 공저
2015년 WSBC 대회 대회장
2014년 WSBC 대회 심사위원장
1992년~현재까지 커피기계 기술자 및 바리스타 교육경력24년
이태리 커피기계 , 에스프레소 교육 연수
일본 핸드 드립 및 싸이폰 교육 연수
현 호서전문학교 특임 교수
현 커피스페이스 월간지 자문위원
현 송파여성 문화회관 커피 바리스타 과정 강의
현 사단법인 한국 커피연합회 이사
현 사단법인 한국 커피연합회 산학교육 분과 위원장
2013년 WSBC 대회 심사위원장
2013년 국민 권익위원회 특강
2012년 한양대학교 평생 사회 교육원 바리스타과정 강사
2012 전국 학생 바리스타 대회 자문위원
2012년 장애인 바리스타 대회 조직 위원장
2011년 한국 커피를 빛낸 리더 20인에 선정

2010년 한국커피 연합회 바리스타대회(KCABC) 조직위원장
2010~2012 소 상공인 창업자 교육 실시
2009~2012년 제천 대원 대학교, 강원 도립대학교 바리스타 특강
2007~9년 한국커피 연합회 바리스타대회(KCABC) 심사위원장
2007~2009년 외환카드 VIP고객, 현대백화점, KTF 고객 커피특강
2006~9년 나주대학 커피 바리스타 학과 초빙 및 겸임교수 역임
2006 한국커피연합회 주최 바리스타대회(KBC) 심사위원장
2006년 세계바리스타 대회(WBC) 한국 예선전 심사 부위원장
2005~7년 한국 바리스타 대회(KBC) 심사
2005~6 미국 시애틀, 스위스 세계 바리스타 대회 한국 대표 선수 양성
2004 세계 바리스타 대회 한국대회(CBC) 심사
성신여대 평생 사회 교육원 에스프레소과정 강사 역임
신구 전문 대학교 평생 사회 교육원 바리스타과정 강사 역임
MBC TV 특종 놀라운 세상 , YTN 및 다수 방송 출연

CONTENTS

PART 01 커피 매장 관리

PART 02 커피원두 선택

PART 03 에스프레소 머신

CONTENTS

PART 04 커피 그라인더

PART 05 커피 추출

COFFEE

PART

01

NCS 기반의

커피 매장 관리

커피매장 경영이란 매장의 수익 창출을 위해 효율적인 커피 관련 자재 재고관리, 바리스타 스케줄 관리, 영업 일지 작성, 판매 분석 등을 수행하는 능력이다. 커피매장의 위생 관리, 영업준비, 영업마감, 기물관리 및 안전관리 등 고객에게 최상의 서비스를 제공하기 위해 영업 준비부터 마감까지 관리할 수 있다.

Chapter 01

커피의 어원

영어식 표현인 '커피Coffee'는 힘을 뜻하는 에티오피아어 '카파Kaffa'에서 비롯되었는데, 칼디의 전설처럼 '마시면 온몸에서 힘이 솟는다'는 의미를 지니고 있다. 실제로 에티오피아 카파라는 지역에서는 지금도 야생 커피를 수확하고 있다.

에티오피아의 커피는 주변 아라비아 국가로 전해지면서 'Kahway', 또는 'Gahwa', 'Qahwa', 'Kahve' 등 다양하게 불려졌다. 커피의 또 다른 어원으로 알려져 있는 이 단어들은 '식물에서 나는 포도주'라는 의미를 지니고 있다. 이는 종교적으로 알코올을 멀리 하는 이슬람 문화 속에서 술 대신 각성 효과가 있는 커피를 애용했기 때문으로 풀이된다. 17세기 초 커피라는 이름을 얻기 전, 유럽에서 '아라비아의 와인'으로 불렸던 이유도 여기에 있다. 이것이 유럽으로 전해지면서 프랑스에서는 'Cafe', 스페인에서는 'Kape', 이탈리아에서는 'Coffea', 그리스에서는 'Kafes', 네덜란드에서는 'Koffie' 등으로 불렸고 바다 건너 영국에 이르러 'Coffee'라는 이름을 갖게 되었다.

Chapter 02

바리스타

이탈리아 어원에 따르면 '바리스타 Barista는 바 Bar 안에 있는 사람, 바 안에서 음료를 만드는 사람'을 뜻한다. 이탈리아에서는 일반적으로 바리스타라 부르기도 하고 바맨 Barman이라 부르기도 한다. 바맨은 바리스타의 영어식 표기법으로 바에서 일어나는 모든 일을 가공하는 사람이라 할 수 있다. 우리나라에서 흔히 볼 수 있는 칵테일 바의 바텐더 정도로 생각하면 쉬울 것이다. 다만 다루는 음료가 어떠한 종류인가에 따라 표현이 조금 달라진다고 볼 수 있다. 특히 에스프레소는 과학의 산물이며 바리스타는 이 과학을 예술로 승화시키는 사람이다.

따라서 기술력이나 서비스 마인드가 부족하면 에스프레소의 품질이 저하될 수밖에 없다. 이러한 모든 능력을 소유한 사람만이 진정한 바리스타라 할 수 있을 것이다. 에스프레소 머신의 발달에 따라 바리스타의 중요성이 차츰 감소되고는 있지만 여전히 바리스타의 경험과 기술적 노하우는 맛있는 에스프레소를 만드는 결정적인 역할을 하고 있다. 흔히 바리스타를 단순히 에스프레소를 추출하고 메뉴를 제조하는 사람 정도로만 알고 있지만 그 역할을 제대로 규정하자면 "커피 서비스의 최전선에서 고객을 상대하고 고객의 요구를 충족시켜주는 사람"이라고 정의할 수 있다. 따라서 바리스타에게는 폭넓은 관찰력이 매우 중요하다. 바리스타의 경험과 기술적 노하우를 통해 최고의 에스프레소가 탄생되기 때문이다.

1. 바리스타의 자질과 능력

훌륭한 바리스타는 커피를 만드는 일련의 과정에서 순간적으로 빠른 판단을 할 수 있는 자질과 능력을 갖추어야 한다. 즉 바리스타란 시간과 노력이 절실히 요구되는 직업임을 명심해야 한다. 또한 음료를 만들어내는 기술뿐 아니라 손님의 질문과 요구사항에 적극적으로 응대할 수 있는 지식과 인내심, 성의가 필요하다. 여기에 장시간 서서 일하는 직업의 특성으로 인해 건강한 체력도 뒷받침되어야 한다. 매장에서 제공되는 모든 메뉴를 신속하고 정확하게 만들어내고, 바리스타라는 직업에 대한 긍정적인 사고를 가져야 하며, 항상 새로운 음료 개발에 적극 노력한다면 진정한 바리스타로 가는 첫 단추는 끼운 셈이다.

2. 바리스타의 역할

바리스타는 단순히 에스프레소를 추출하고 메뉴를 제조하는 사람이 아니다. 완벽한 추출과 좋은 원두의 선택, 머신의 활용, 고객의 니즈를 만족시키기 위한 추출 기술 등의 다양한 능력을 겸비해야 한다. 어떠한 원두를 선택할 것인가? 하는 결정에서부터 머신의 운용 및 성능을 어떠한 방법으로 유지시킬 것인가? 등을 숙지하여야 하며 완벽한 에스프레소를 추출하기 위한 방법을 연구하고 활용할 수 있는 능력이 있어야 한다. 또한 고객을 직접 상대하며 요구사항을 충족시켜주는 일 또한 바리스타의 중요한 임무일 것이다. 즉 다양한 고객의 기호에 따른 고품격의 에스프레소를 만드는 것이야말로 바리스타의 중요한 역할이라 할 수 있다.

원두의 선정과 관리

일반적으로 알려진 커피상식과 함께 수많은 시행착오를 거쳐 터득한 자신만의 커피 노하우가 곁들여져야 한다. 더불어 원두의 보관 방법을 숙지하고 한꺼번에 많은 양의 원두를 갈아 남기지 않도록 하며 공기 중에 장시간 노출된 원두는 사용하지 않도록 해야 한다. 원두 보관 장소로는 햇빛이 들지 않고 환기가 잘 되는 장소가 적합하다.

그라인더의 활용과 관리

추출 규격에 맞게 그라인더의 분쇄도를 조절하고 용도에 맞게 사용하며 분쇄날의 마모상태를 항상 체크한다. 그라인더의 원두가 뭉개지거나 분쇄날의 과열로 원두 표면에 지방이 형성되는 것과 같은 문제점을 예방할 수 있다.

머신의 활용과 관리

머신은 항상 최적의 상태로 유지할 수 있어야 한다. 머신의 적정한 물 온도 유지를 위해 보일러 내 압력을 항상 체크 해야 한다. 추출압력을 유지하고 샤워홀더, 샤워필터, 포타필터, 필터바스켓 등을 깨끗이 관리해야 한다. 커피를 추출할 때는 담는 커피양이 메뉴별 사용하는 잔에 알맞도록 조절하여야 하며 필터바스켓 가장자리를 깨끗하게 해주어 그룹 개스킷Gasket에 커피 침전물이 남아있지 않도록 한다.

바리스타를 위한 10가지

1. 신선한 커피(**Coffee**)를 사용하라.

포장을 개봉한 커피는 품질의 변화가 급속도로 일어난다. 커피를 분쇄하여 가루로 만들고 난 후에는 더욱 빠르게 향미 저하를 가져온다. 이는 공기와 접촉 면적이 커져 커피 내부에 갇혀 있던 이산화탄소(CO_2)를 포함한 향 성분이 빠르게 손실되어 추출 커피의 맛에 변화를 가져올 수 있다. 그래서 판매할 커피를 미리 갈아놓지 않고 즉석에서 분쇄하여 사용하는 것이 바람직하다.

2. 깨끗한 물(**Water**)을 사용하라.

맛이 느껴지거나 냄새가 나는 물은 커피 맛에 많은 영향을 끼친다. 항상 정수한 물을 사용하는 것이 바람직하며, 정수를 해도 커피에서 화학적인 냄새가 발생하거나 지역적으로 물이 좋지 않을 때는 연수기를 사용한다. 물의 중요성은 아무리 강조해도 지나치지 않을 것이다. 이는 커피 한잔에 물이 차지하는 비율이 90%이상이기 때문이다.

3. 따뜻한 잔(**Cup**)을 사용하라.

에스프레소 머신 상부에 있는 뜨거운 워머에 잔을 올려서 보관한다. 만약 잔이 따뜻하지 않은 상태에서 고객에게 제공되는 커피는 차가운 잔에 의해서 급속히 식게 될 것이다. 또한 워머 위에 보관된 커피 잔은 온도 유지를 위해 두개 이상 겹쳐서 쌓지 않으려고 노력해야 한다.

4. 뜨거운 포타필터(**Porta filter**)를 사용하라.

포타필터는 항상 충분히 뜨겁게 해야 한다. 2개의 그룹헤드를 가진 머신이라면 사용하지 않을 때도 포타필터는 그룹에 장착하여 온도를 유지해야 한다. 만일 1개의 그룹헤드를 가진 머신이라면 하나의 포타필터는 머신 위 워머에 따뜻하게 보관해야 하며, 나머지 하나는 그룹에 장착하여 보관한다. 포타필터가 차가운 상태에서 에스프레소를 추출한다면 추출과정에서 온도의 손실이 발생하여 완벽한 커피를 기대할 수 없기 때문이다.

5. 탬핑(**Tamping**) 능력을 길러라.

이것은 바리스타의 손길이다. 포타필터에 정량의 커피를 담아 누르는 작업이 단순해 보이지만 바리스타의 기술을 표현할 수 있는 작업이다. 즉 빠르게 진행되는 탬핑과정에서 고도의 추출 노하우를 보여줄 수 있다. 이것은 시간과도 직접적인 연관이 있다. 강하게 누르기를 하면 추출 시간이 길어지고 너무 약하게 누르게 되면 시간은 짧아진다. 이러한 작업은 현재의 온도, 습도, 커피의 상태, 메뉴별 등 여러가지 조건에서 변화해야 한다.

6. 추출 시간(**Time**)을 지켜라.

시간을 항상 중요시해야 하며 추출은 약 20~30초 정도여야 한다. 일정한 시간을 유지할 수 있어야 문제 발생시 대처할 수 있다. 이 문제는 에스프레소 그라인더 분쇄도, 커피 양, 에스프레소 머신의 성능 및 환경 변화 등에 따라 발생된다.

7. 추출 되는 동안 샷(**Shot**)을 확인하라.

바리스타는 항상 에스프레소가 추출되는 샷 모양을 확인하고 판단할 수 있는 능력을 소유해야 한다. 추출할 때의 에스프레소는 꿀(시럽)이 떨어지듯이 아주 고르게 흘러내려야 하며 흔들리거나 튀지 않아야 한다. 만약 컵 안쪽에 커피가 튀어 있으면 해결될 때까지 노력해야 한다.

8. 추출 후 크레마(**Crema**)를 확인하라.

에스프레소는 크레마가 풍부해야 하며 큰 거품 없이 황금색 이어야 한다. 자연스럽게 만들어진 크레마는 옅은 갈색, 짙은 갈색, 붉은빛의 조화가 있어야 한다. 흔히 호랑이 무늬(Tiger skin)라 하는 무늬가 형성되어야 한다. 또한 크레마는 밀도가 있어야 한다. 설탕을 넣었을 때 크레마는 설탕을 잠시 잡아 둘 수 있어야 하며 서서히 가라앉아야 한다.

9. 매일 머신(**Machine**)을 위해 봉사하라.

카페가 하나의 상품을 만들어내는 공장이라면 에스프레소 머신은 매출을 증대시키는 공장 설비라고 할 수 있다. 깨끗하고 좋은 시설을 갖춰진 공장이라도 기계설비에 문제가 발생된다면 그 공장은 곧 문을 닫게 될 것이다. 에스프레소 머신은 설치 회사에 관리를 의존하면 안 된다. 머신의 관리는 하루, 일주일, 한 달, 일 년 주기별로 관리법이 있다.

10. 항상 생각(**Idea**)하고 노력하라.

에스프레소를 이해해야 하며 항상 완벽하고 더 좋은 에스프레소를 만들어내기 위해 노력해야 한다. 이에 따르는 에스프레소 머신을 이해함으로써 최고의 에스프레소를 발견할 수 있을 것이다. 최고의 에스프레소를 만들기 위해 시간을 투자해야 하고, 가격에 타협하지 않는 마인드를 항상 새겨야 한다. 더 좋은 커피를 만들어 낼수록, 고객은 더 행복하고 더 찾게 될 것이다. 그것이 고객의 행복이며 바리스타의 행복인 것이다.

Chapter 03

커피매장 위생 관리

1. 위생 관리의 목적

국가 경제발전과 국민 소득 증대로 외식산업 식품군에 대한 인식은 기호식품 또는 건강의 수단으로 변화되어졌다. 식품의 위생과 안전은 국민건강을 지키는 요소가 되었으며 식품위생 관련 법률제도를 강화하는 계기를 마련하였다. 이에 따라 식품을 다루는 모든 업장에서는 식품, 개인, 그리고 시설 등 음식 제공을 위한 위생적인 환경에 집중하여야 한다.

위생 관리의 목적은 다양한 식품을 취급하는 주방에서 식용 가능한 상품을 고객에게 직접 제공하는 과정 중 발생할 수 있는 식품위생상의 위해를 방지하고 고객의 안전과 쾌적한 공간을 확보하는 데 있다. 즉 식품을 이용하여 음식상품이 만들어지는 과정에서 발생할 수 있는 조리사, 장비 및 식품 취급상 인체에 위해한 요소를 방지할 수 있도록 위생을 관리하여 고객의 안전을 보장해야 한다.

주방 위생 관리의 흐름도

주방위생	식품위생	저장 · 조리 · 보관	저장상태, 온도 조절, 조리방법
		해충구제	박테리아, 바퀴벌레, 파리, 쥐 등
		화학적, 유독성 물질	화공약품, 조미료, 향신료
	시설위생	청소	시설물의 청결, 운영상태
		쓰레기 및 배수가공	쓰레기 배출구, 음식물찌꺼기 배수상태
		주방설비 및 기구	정상가동, 파손, 재생
	개인위생	외모	복장, 신발, 액세서리, 보석 및 시계류
		신체	손톱, 감염된 상처, 호흡기 및 피부장애 등
		조리습관	가열, 조작, 기물취급

2. 주방위생

식품위생 관리

식품, 식품첨가물, 기구, 용기와 포장을 대상으로 하는 음식에 관한 위생이다. 식품의 채취, 생산, 제조부터 인간이 섭취하는 과정까지의 모든 단계에 걸쳐 식품의 안전성, 건강성 및 완전 무결점을 확보하기 위한 모든 수단을 말한다. 식중독 예방의 원칙은 깨끗한 환경, 식중독균 살균 및 멸균이며 균의 증식을 예방하여야 한다.

식품위생 관리제도

식품위생법에서 정하는 영업허가, 품목제조보고, 제조방법에 대한 기준, 기구 및 용기 · 포장, 원재료에 대한 규격, 식품이나 영양표시에 대한 기준, 허위표시 등의 금지, 영업자의 준수사항, 식품위생 관리인 선임, 건강진단 및 위생교육, 자가 품질관리 및 보고, 식품 등의 자진회수Recall 위생등급, 위해요소중점관리기준HACCP, 식품위생감시 등이 있으며, 이러한 식품위생 관리는 관련 기관 주도형에서 민간 주도형으로 전환되고 있다.

식품위생법상 관련 용어 해설

- 식품: 의약으로 섭취하는 것을 제외한 모든 음식물
- 첨가물: 식품을 제조, 가공 또는 보존함에 있어 첨가, 혼합, 침윤, 기타방법으로 사용되는 물질
- 화학적합성품: 화학적 수단에 의하여 원소 또는 화합물의 분해반응 외에 화학 반응을 일으켜 얻은 물질
- 기구: 음식기와 식품 또는 첨가물을 다루는 기구 또는 섭취에 사용되는 것으로 식품 또는 첨가물의 직접 접촉되는 기계, 기구 또는 기타물질
- 용기 · 포장: 식품 또는 첨가물을 넣거나 보관하는 물품으로서 식품 또는 첨가물을 수수할 때 함께 인도되는 물품
- 표시: 식품, 첨가물, 기구 또는 용기, 포장에 기재하는 문자, 숫자 또는 도형
- 영업: 식품 또는 첨가물을 채취, 제조, 가공, 수입, 조리, 저장, 운반 또는 판매하거나, 기구, 용기, 또는 포장을 제조 ,수입, 운반, 판매하는 사업
- 식품위생: 식품, 식품첨가물, 기구 또는 용기, 포장을 대상으로 하는 음식에 관한 위생

Tip 세정제의 종류

- 1종 세제: 과일이나 야채를 씻어서 먹을 수 있는 세제
- 2종 세제: 식기류에만 사용하는 주방세제
- 3종 세제: 자동식기 세척기나 산업용 식기류, 식품의 가공기구 및 조리기구용 세척제

1. 종사원적 측면

1) 정신적, 신체적 건강 유지
2) 쾌적한 주방공간 확보로 작업능률 향상
3) 종사원들의 작업재해를 미연에 방지

2. 식재료 취급 측면

1) 위생관념
2) 조리방법
3) 저장창고관리
4) 시장구매전략
5) 원가절약

3. 시설관리 측면

1) 안전관리
2) 시설관리
3) 수익성 향상
4) 신상품 개발
5) 대체기물 선정

3. 홀 매장 위생 관리하기

- 구성원은 철저한 위생의식을 가지고 있어야 한다.
- 위생을 위한 시설 투자가 필요하다.
- 정기적인 세균 검사를 실시해야 한다.
- 기물 및 기구의 소독 관리 리스트를 작성하여 체계적으로 관리해야 한다.
- 작업장은 정기적으로 방제소독 한다.
- 방충망 설치로 동물, 곤충 등을 구제한다.
- 시설물 구입 시 위생적 관리가 용이한 것으로 구입한다.

4. 개인위생 및 바리스타 복장

개인위생

① 규정에 맞는 청결한 복장과 두발을 유지해야 한다.

② 질병에 노출된 직원으로부터 전염을 방지해야 한다.

③ 손과 손톱을 청결하게 유지해야 한다.

④ 규정에 맞는 액세서리 기준을 유지해야 한다.

⑤ 지나친 향수 사용을 삼가고 고객에게 불편을 끼칠 수 있는 이취가 나지 않게 해야 한다.

⑥ 근무 중 흡연, 음주, 취식, 약물에 대한 규정에 따라야 한다.

⑦ 건강을 유지하고 정기적인 의료검진을 받아야 한다.

바리스타 복장: 앞치마, 모자, 유니폼 등 깨끗한 복장을 유지한다.

⑧ 유니폼: 주 2회 이상 세탁하고 항상 깨끗함을 유지한다.

⑨ 바지: 곤색이나 검정색 계통을 입고 단정한 차림새를 유지한다.

⑩ 명찰: 이름이 보이도록 왼쪽 가슴에 착용한다.

⑪ 신발: 남자 직원은 구두를 신고 여직원은 가능한 단화 또는 구두를 신는다.

⑫ 스타킹: 커피색 계통을 착용한다.

Chapter 04

커피매장 영업준비

1. 매장영업 준비하기

- 매장
  - ① 매일 아침 출근 후 매장 청소를 실시한다.
  - ② 출입구 바닥매트, 출입문 간판, 유리창을 청결하게 유지한다.
  - ③ 배송 물품이나 택배는 제품별로 정리정돈 한다.
  - ④ 사용하지 않는 기물은 영업공간이 아닌 별도의 공간에 정리정돈 한다.
- 바닥 및 정수기, 에스프레소 머신, 휴지 등의 정리정돈 및 작동 여부 확인 후 매일 청소 한다.
- 에스프레소 머신 주변은 수시로 정리정돈 한다.
- 제품 및 진열대는 재고, 배치, 조명, 먼지 등의 여부를 점검하고 청소한다.
- 출입구 및 모퉁이에 방향제를 설치하여 이취를 제거한다.
- 화장실 청소는 매일 3회 이상 실시하고 점검한다.
- 정확한 오픈 및 마감 시간을 지킨다.
- 근무인원이 접객 및 테이블 안내, 포스 및 카운터 담당, 메뉴 제조 등을 분업할 수 있도록 한다.

2. 매장기물 및 장비점검

- 에스프레소 머신 점검을 실시하여 커피 추출 시 오작동 여부를 확인한다.
- 커피 기물 및 기구 점검을 실시하여 교환, 교체한다.
- 포스 시스템 점검을 실시하여 오작동을 확인한다.
- 포스의 시재를 확인하고 잔돈을 파악한다.
- 커피 테스트 추출을 통해 커피 맛 평가를 실시하여 커피 맛을 유지하도록 한다.
- 식재료의 유통기한을 점검하고 식재료를 관리한다.

3. 매장 배경 음악

- 시간대별, 고객수 등을 고려하여 음악을 선별하고 적절한 매장 분위기를 연출한다.
- 매장 내부와 외부에 동일한 음악을 튼다.
- 음악 소리는 고객의 대화에 방해되지 않는 범위 내에서 조절한다.
- 음악이 끊어지지 않도록 선곡을 리스트하거나 담당자를 배정한다.
- 다양한 종류의 음악을 선별한다.
- 음악의 음질을 점검한다.

4. 일별 체크사항

- 커피원두와 식자재의 현재 재고 상태를 확인한다.
- 원유 및 유제품의 상태 및 재고를 파악한다.
- 금일 영업에 사용할 식재료를 확인한다.
- 매장 내 · 외부 및 테이블 청결 상태를 점검한다.
- 예약고객의 테이블 세팅을 준비한다.
- 기물의 청결과 비품의 재고를 확인한다.
- 필요한 식자재 및 비품을 발주한다.
- 주말 전일, 공휴일 전일 식자재 및 비품의 재고유무를 여유 있게 발주한다.

5. 포스시스템 POS SYSTEM 점검하기

POS는 "Point Of Sales"의 약자로서 "판매시점 정보관리"를 의미한다. 컴퓨터를 이용한 정보를 분석, 활용하는 유통 시스템으로 외식업체 매장에서 판매와 동시에 품목, 가격, 수량 등 유통 정보를 입력시켜 각종 매출, 재고자료를 컴퓨터를 이용해 분석, 활용할 수 있는 시스템이다.

매장 포스시스템의 장점

- 수작업으로 시행하던 분류, 집계, 정산 등을 전산으로 자동 집계한다.
- 현금재고, 전표매수 입력 후 최종 입력표를 출력하는 과정을 간소화한다.
- 불량고객조회, 한도초과승인, 에러카드, 고객 서비스 개선으로 카드관리를 한다.
- 매장관리의 효율성이 증가한다.

POS 시스템의 3요소 점검

- POS 단말기Terminal: 금전 등록기의 역할 점검
- 미들웨어Middleware: POS 단말기에서 발생된 데이터를 메인 서버에 전달하는 통신 부분 점검
- 메인 서버Main Server: 단말기에서 전달된 데이터를 수집, 보관, 집계, 분석하는 곳 점검

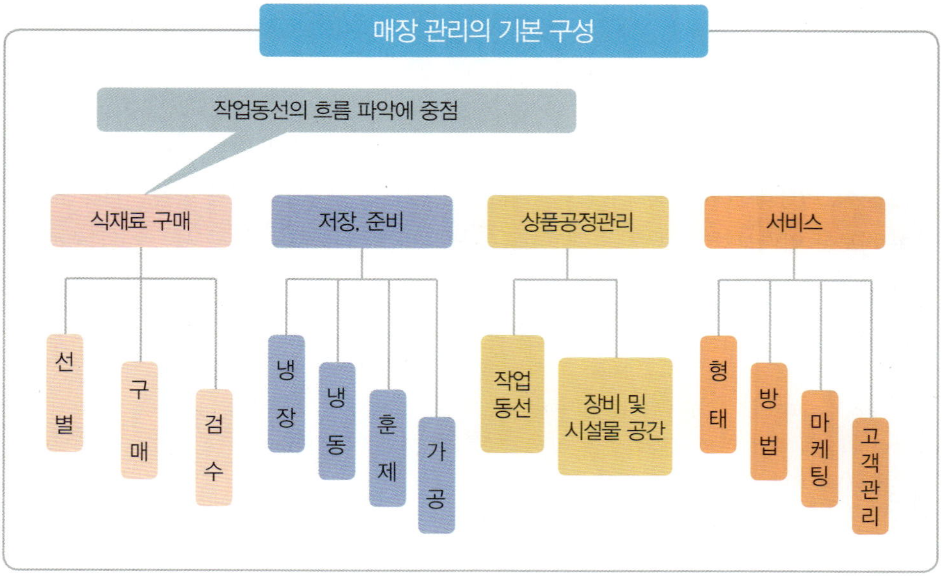

Chapter 05 커피매장 영업마감 관리

1. 위생상태 점검

- 영업 시 사용한 기물 및 작업대를 청소한다.
- 작업장 동선 바닥을 청소한다.
- 매장 청소를 실시한다.
- 개인 복장 및 개인 기물에 대한 위생 관리를 실시한다.

2. 에스프레소 머신 점검

- 드립트레이: 머신에서 분리하여 물로 깨끗이 청소한다.
- 드립트레이 그릴: 머신에서 분리하여 물로 깨끗이 청소한다.
- 스팀파이프: 스팀노즐을 일컫는 것으로 머신에서 열어 청소한 후 묻어 있는 우유를 젖은 행주로 깨끗이 닦아준다.
- 온수 디스펜서: 분리하여 청소를 실시한다.
- 그룹 개스킷: 표면을 매일 청소한다.
- 샤워 홀더: 매일 마감 후 청소를 실시한다.
- 필터 홀더: 매일 마감 후 청소를 실시한다.

※ Part 03 에스프레소 머신 참조

3. 커피 기물, 기구 점검

- 그라인더: 그라인더 속의 모든 분쇄된 커피를 브러시로 제거한 후 깨끗하게 닦아준다.
- 스팀 피쳐: 매일 마감 후 청소를 실시한다.
- 호퍼: 호퍼 안의 기름때는 타월로 닦아내고 3일에 한번씩 깨끗하게 씻어준다.
- 탬퍼: 마감 후 청소를 한다.
- 퍼밍 스푼: 소도구(식기, 스푼, 포크 등)를 매일 청소한다.

- 드립포타: 매일 마감 후 청소를 실시한다.
- 제빙기: 매일 마감 후 정리 정돈 및 작동확인 여부를 점검한다.
- 냉장 · 냉동고: 매일 마감 후 정리 정돈하여 청소를 한다.
- 샷 글라스: 매일 마감 후 청소를 실시한다.
- 온도계: 매일 마감 후 청소를 실시한다.
- 싱크대: 수시로 청소를 실시한다.

4. 에스프레소 머신 청소

- 포타필터에서 필터바스켓를 제거한다.
- 포타필터에 블라인드필터를 장착 후 여러 번 백 플러싱 한다.
- 그룹 전용 브러시를 사용하여 그룹헤드 부분의 커피 찌꺼기를 제거 후 청소한다.
- 스팀 노즐팁을 떼어내 우유 찌꺼기를 제거한다.
- 필터바스켓 포타필터에 채결 후 그룹헤드에 장착한다.

5. 포타필터 청소하기

- 포타필터를 커피 몸체에서 분리한다.
- 스파웃(추출구)을 분리한다.
- 바스켓을 분리한다.
- 포타필터 스프링을 분리한다.
- 넉박스에 에스프레소 머신용 2종 세정제와 물을 넣고 거품을 낸다.
- 넉박스에 필터바스켓, 스프링, 스파웃을 담근다.
- 브러시로 닦아 건조 후 조립한다.

6. 식재료 재고 파악

- 커피원두와 우유 등 소모성 재료의 재고량을 확인한다.
- 사용했던 식자재 재고를 파악하고, 다음날 영업 시 식자재 필요량을 근무일지에 기록하거나 다음날 근무자에게 전달한다.
- 필터, 냅킨 등 일회용 소비재 점검 후 정리정돈 한다.
- 선입선출을 할 수 있도록 재고량을 정리정돈 한다.

7. 포스마감

- 당일 매출 마감, 시재금 및 입출금(경비지출) 내역을 확인하고 예비 시재금을 준비해 놓는다.
- 전반적인 고객 서비스를 점검하고 책임자는 매출을 점검하고 마감한다.
- 매출을 확인하고 종류별 메뉴를 분석한다.
- 다음날 영업 시 숙지할 사항(예약, 컴플레인, 매장 보수, 매장업무)을 근무일지에 기록하고 다음날 근무자에게 전달한다.

8. 보안 유지 및 안전점검

- 주요 주방시설의 시건장치를 확인한다.
- 컴퓨터의 시건장치를 확인한다.
- 수도, 전기, 가스, 화재예방을 점검한다.
- 바와 홀의 시설 안전을 확인한다.
- 퇴근 시 문단속을 철저히 한다. 에스프레소 머신, 기물을 세제로 세척한다.

Chapter 06

커피매장 기물 관리

1. 에스프레소 머신, 기물을 세제로 세척 소독한다.

- 커피 그라인더 청소하기
- 에스프레소 머신 청소하기
- 연수기, 정수기, 배수관 청소하기
- 탬퍼, 필터, 샷 글라스, 스팀 피처, 온도계 청소하기
- 커피 잔과 유리기물 청소하기

2. 기물을 정해진 위치에 보관 및 점검한다.

- 예열판의 컵 및 기물 점검
- 스팀 레버, 스팀노즐 점검
- 그룹헤드 점검
- 추출 레버 점검
- 압력게이지 점검
- 커피 잔과 유리기물 점검
- 매장의 테이블 세팅 점검

3. 기물의 건조 상태를 확인한다.

- 커피 잔과 접시의 건조 상태 점검
- 유리기물의 건조 상태 점검

4. 잔의 온도를 확인한다.

- 예열판 위에 컵 및 기물을 올려 예열 한다.
- 기물 보관용 냉장고에 컵 및 기물을 넣고 예열 냉각 한다.

PART 02

NCS 기반의 커피원두 선택

원두의 배합 비율(블렌딩), 볶음 정도(로스팅 단계), 숙성 정도에 따라 커피원두를 평가할 수 있다.

Chapter 01

커피의 기원

여러가지의 커피 기원이 전해지고 있는 가운데 가장 타당성이 있다고 여기는 것은 칼디Kaldi 전설과 이슬람 승려 오마르Omar에 관한 전설이다. 칼디의 전설에서는 커피를 이슬람 승려들의 밤 기도를 위한 음료로, 오마르의 전설에서는 환자의 증상을 다스리는 약으로 묘사하고 있다. 하지만 분명한 것은 두 전설 모두 '이슬람인'들이 처음으로 커피를 마시게 된 목적을 분명하게 말하고 있다는 것이다.

칼디의 전설

커피에 관한 최초의 전설이 전해 내려오는 곳은 '에티오피아'이다. 기원 전 6~7세기경, 에티오피아 아비시니아의 험준한 산맥에서 염소를 치던 소년 칼디는 어느 날 이상한 광경을 목격했다. 기르고 있던 염소들이 갑자기 춤을 추듯 뛰고 달렸던 것이다. 칼디는 염소들을 관찰하기 시작했는데 언덕 숲 속 작은 나무의 빨간 열매를 먹고 나면 염소들이 흥분하기 시작했고 밤에 잠이 들지도 않는다는 사실을 알게 되었다. 호기심이 강했던 칼디는 직접 열매를 따 먹어 보았는데 갑자기 온몸에 힘이 넘치고 상쾌해졌다. 그는 열매를 몇 개 따다가 가까운 곳의 이슬람 승려에게 보여 주었다. 승려는 여러가지 실험을 거쳐 이 열매가 잠을 쫓는 효과가 있다는 것을 알아냈고 그 후부터 커피는 에티오피아 이슬람 승려들의 밤 기도를 위한 음료로 이용되었다.

▲ 칼디의 춤추는 염소

오마르의 전설

아라비아의 이슬람 승려 오마르는 기도와 약으로 병자를 치료하는 능력이 있었다. 그러나 1258년경 정적들의 모함을 받아 왕으로부터 내침을 당하게 된다. '예멘 모카항' 근처의 사막으로 쫓겨난 오마르는 굶주림으로 죽음의 문턱에까지 이르렀다. 그러다 문득 지평선 너머로 화려한 깃털의 새가 작은 나무숲에 앉는 것을 발견했는데 나무숲에는 아름다운 붉은 열매가 달려 있었다. 오마르는 알라신의 가호라 여기며 그 열매로 허기를 채웠다. 빨간 열매는 보기와 달리 생으로 먹기에는 매우 쓴맛이 났다. 그래서 열매를 다려 마셨는데 신기하게도 온몸의 피로가 풀리고 하루 종일 힘이 솟는 것처럼 느껴졌다. 그것이 바로 커피 열매이었던 것이다. 오마르는 이 새로운 음료를 이용해 환자들을 치료했고 삽시간에 소문이 퍼져 나가 그가 머무는 동굴 앞에는 환자들의 줄이 끊이질 않았다. 결국 그는 커피 덕분에 왕으로부터 죄를 면하게 되고 모카의 성인으로까지 추앙받게 되었다.

▲ 오마르

Chapter 02 커피의 전파

야생의 커피열매를 채취해 만든 커피는 에티오피아의 이웃나라 예멘으로 전해지면서 비로소 세련된 음료의 형태를 갖추게 되었다. 전래된 시기(600년경으로 추정)는 정확하지 않지만 예멘으로 전해진 커피는 처음에 여러가지 증상을 치료하는 약으로 취급되었다. 기록에 의하면 11세기 초 몇몇 아라비아의 의학자들은 '위장의 수축을 부드럽게 하고 각성제로도 좋은 약으로 여겼다. 특히 아비센나(Avicenna: 980~1037년)라는 의사는 자신의 저서 의학전에서 귀가 아픈 것부터 눈과 간의 질병까지 모두 치료하는 효능이 있다' 라고 밝힐 정도였다. 풍부한 향기와 감칠맛이 나는 음료가 사람들의 질병을 낫게 하자, 커피의 인기는 날로 더해 갔지만 그때까지도 커피는 야생의 나무에서만 채취되었다.

예멘 사람들은 야생 커피나무로는 수요량을 도저히 충당할 수 없는 정도가 되자 커피 재배에 직접 나섰다. 초기에는 주로 이슬람 사원의 뜰에서 비밀리에 재배되다가 수도승에게 잠을 쫓는 약으로써 명성을 날리면서 이슬람교의 포교 수단으로 변모했고 그 인기는 이슬람 제국 전체로 퍼졌다.

13세기경에 이르러 이슬람 사원이 경제적 어려움에 직면하게 되자, 그 타개책으로 수요량이 계속 늘어나는 커피를 선택하게 되는데 종교적인 목적을 위해 음용이 절제되었던 커피의 생산을 대폭 늘리기로 결정한 것이다. 그 결과 커피는 15~16세기경에 이슬람 문화권인 페르시아, 이집트, 시리아, 터키까지 수출되었다. 특히 당시 오스만투르크 제국이라는 강력한 국가를 형성했던 터키는 그들의 영향력을 미칠 수 있는 이집트, 아라비아를 비롯해 흑해, 발칸 반도까지 커피를 전하는 메신저가 되었다.

커피의 유럽 상륙

12세기 초 유럽인들은 이슬람 제국 안의 성지 '팔레스티나'와 '예루살렘'을 되찾기 위해 여덟 차례의 십자군 원정길에 나섰다. 결국 성지를 탈환하지는 못했지만 십자군 원정으로 유럽 사회는 많은 변화를 겪게 되었다. 교황의 권위보다 각국의 왕권이 강화되고, 동방과의 무역을 기초로 한 자유도시가 발달하게 된 것이다. 당시 이 도시들은 동방, 즉 아시아와 아라비아의 많은 제품들을 수입하였고 그 중에 커피도 포함되어 있었다. 십자군 원정 때 커피를 맛보게 된 유럽인들은 본국에 돌아가서도 커피를 계속 찾게 된다. 하지만 그들이 전쟁에 패한 이슬람교인들의 커피를 자유롭게 마실 수는 없다는 주장이 강했다.

커피에 대한 이런 선입견은 인간의 정신과 예술을 중요시하는 르네상스 시대에 이르러 사라진다. 이탈리아 베네치아, 제네바, 피렌체 등지에 대학이 세워지고 유능한 학자나 예술가들이 모여 들었다. 대표적인 도시 베네치아는 그때까지 이교도의 음료로 배척받던 커피를 밀무역 형태로 들여와 선보였다. 이를 계기로 커피의 매력을 알게 된 예술인들 사이에서 커피는 급속히 퍼지기 시작했다.

커피 묘목의 전파

17세기 이전까지 유럽의 모든 커피는 100% 예멘의 '모카Mocha 항'으로부터 수입되었다. 오늘날까지도 '모카'라는 말이 자주 사용되는 것도 이런 역사적 배경 때문이다. 유럽인들이 커피를 직접 생산하지 못하고 수입에 의존했던 이유는 두 가지로 이슬람의 강력한 통제와 유럽의 기후 환경이었다. 이슬람 세계에서는 유럽에서 비싼 가격에 팔리는 주요 수출 품목인 커피가 외부 세계에 유출되지 않도록 종자나 묘목을 철저하게 관리했다. 이러한 통제를 뚫고 커피의 묘목을 훔쳐냈다 하더라도 서리가 내리는 유럽의 기후 환경에서는 커피가 자랄 수 없었다.

하지만 유럽인들이 커피 재배가 가능한 아프리카, 아시아, 라틴아메리카 등지에 식민지를 확보하면서 상황은 달라졌다. 이슬람 세계의 필사적인 노력에도 불구하고 커피나무는 전 세계로 순식간에 퍼졌던 것이다.

아시아로의 묘목 전파

최초로 커피 묘목을 훔쳐낸 나라는 '인도'였다. 1650년경 인도의 이슬람 승려였던 '바바 부단Baba Budan'이 메카로 성지 순례를 다녀왔다. 이때 그는 이집트산 커피 종자를 숨겨 와서 인도 땅에 커피의 뿌리를 내렸다.

당시 유럽에서는 상류층의 기호품이었던 커피의 소비량이 급증하였고 커피는 그야말로 검은색 광맥으로 여겨졌다. 이로 인해 많은 상인들이 커피의 묘목을 구하는데 혈안이 되어 있었다. 인도에서 커피가 재배되고 있다는 사실을 알게 된 유럽인들은 그들이 또 다른 경로를 통해 확보한 묘목들과 함께 그들의 식민지에 이식했다. 이 미미한 시작은 급기야 거대한 재배지로 발전하게 되고 오늘날 여러 나라의 주요 산업이 되었다.

특히 네덜란드의 '니콜라스 윗슨Nicolas Witson'은 인도네시아의 커피 전파에 지대한 공헌을 한 사람이다. 그는 1696년 인도의 말라바에서 자라고 있던 커피 묘목을 인도네시아 자바섬의 바타비아로 가져 왔다. 한편 예멘의 아라비카 커피 종자를 밀반출하는데 성공한 그는 이 종자와 인도산 종자를 교배시켜 새로운 품종을 만들었다. 그리고 커피 재배의 이상적인 조건을 갖춘 자바에서 대량 생산해 유럽으로 수출했다. 이것이 바로 유명한 자바 커피의 시작이다. 그때까지 유럽에서 예멘의 모카라고 불리던 커피는 처음으로 '모카'와 '자바'로 나뉘게 되었다.

신대륙으로의 묘목 전파

프랑스의 '루이 14세'는 커피를 매우 좋아했다. 네덜란드 상인들은 주요 거래처인 왕에게 답례품으로 커피 묘목을 선물했고, 루이 14세는 이 묘목을 왕립 식물원에서 소중하게 기르고 있었다.

1720년 프랑스 해군 장교였던 '가브리엘 메튜 드 클리외Gabriel Mathieu de Clieu'는 당시 프랑스령이던 카리브해의 마르티니크로 파견되면서 이 커피의 묘목을 훔쳐 가게 된다. 마르티니크에 성공적으로 뿌리를 내린 커피 묘목들은 이어서 아이티, 산토도밍고, 콜롬비아, 베네수엘라 등지로 퍼졌다. 영국 또한 1730년 자메이카에서 커피 재배에 성공을 거두어 오늘날 가장 유명한 '블루 마운틴'의 시초가 되었다.

1세기 만에 황금 작물로 급부상한 커피는 국가마다 종자 유출이 되지 않도록 단속이 심해졌다. 그때까지 커피 종자를 확보하지 못한 국가들은 묘목을 얻기 위해 스파이전까지 불사하게 된다. 그 대표적인 예가 브라질이다.

마르티니크에 커피나무가 뿌리를 내리기 전인 1718년 네덜란드인들의 식민지 중앙 아메리카 수리남에 커피 재배가 시작되었다. 수리남의 묘목은 다시 프랑스령 가이아나에 전파되어 재배되고 있었다. 브라질은 17세기 말 '프란체스코 드 멜로 팔레타Francisco de Melo Palheta'라는 스파이를 가이아나에 파견했다. 그는 잘생긴 외모로 총독 부인의 관심을 끌었고 그녀로부터 커피 묘목이 숨겨진 커다란 꽃다발을 선물로 받았다. 브라질은 이것을 기회로 오늘날 최대의 커피 생산국의 발판을 마련했다.

▲ 가브리엘 메튜 드 클리외

Chapter 03

커피하우스의 시작

오스만투르크 제국의 카흐베

오스만투르크 제국(지금의 터키)은 커피의 역사에서 매우 큰 의미를 지닌 나라이다. 15세기 이후 이집트의 카이로, 바그다드, 그리고 메카에 이르기까지 광활한 영토를 소유했던 이 왕국은 지리적으로 이슬람 문화권에 속해 커피의 유입이 자연스러웠다. 상류층에 의해서만 누리던 커피 풍습은 1453년부터 일반 대중들에게도 전파되었고 1517년 세림 1세 이후에는 전 세계 커피를 오스만투르크에서 독점하게 되었다.

이전까지 다양한 이름으로 불리던 커피는 '카흐베Kahve'라고 일컬어졌으며 이것을 마시는 장소, 즉 커피 하우스도 카흐베라 불렸다.

기록에 의하면 최초의 카흐베는 15세기(1475년으로 추정)에 문을 연 '키바 한'이다. 이후 다마스커스에도 '로즈', '구원의 문' 같은 명칭의 카흐베가 생겨 명성을 떨쳤다. 1554년에는 수도 콘스탄티노플(지금의 이스탄불)에 '카흐베 카네스Kanes'가 문을 열며 커피의 새로운 시대를 열었다. 내부 가구와 장식이 매우 호화로워서 콘스탄티노플의 사교 장소로 주목을 받았다. 당시 콘스탄티노플은 세계적인 도시로서 각국의 사람들이 몰려들었다. 카네스는 콘스탄티노플을 방문하는 사람들은 누구나 한 번쯤 들러보는 곳으로 터키의 이국적인 정취와 함께 독특한 커피의 풍미에 매료되었다. 이들은 본국으로 돌아가서도 그 맛을 잊지 못하고 커피

를 마셨으며 자국에 커피를 전파하는 메신저가 되었다. 유럽 전역에는 1573년 독일의 의사 '라볼프L. Lavolf'의 기행문에서 처음으로 소개되기에 이른다.

카흐베는 차츰 체스, 노래와 춤, 지식인들의 잡담이 오가는 명소로 자리 잡게 되었고, 단순한 사교적, 상업적 공간을 넘어 정치적 토론의 장으로 바뀌었다. 한때 통치자로부터 커피 금지령이 내려진 것도 이 때문이다. 하지만 그때까지 이렇듯 즐거운 장소를 가져본 적이 없는 대중들의 커피 하우스 사랑은 식을 줄 몰랐다.

이탈리아

세례까지 받게 된 커피는 1615년 정식으로 유럽에 수입되면서 수많은 애호가들을 확보했고 유럽 곳곳에 다양한 커피 하우스들이 문을 열었다. 이곳의 초기 손님들은 대개 화가, 음악가 등 예술인들이었다. 이후 근대 사상이 피어나고 혁명의 시대가 돌아오면서 사상가, 정치가, 문학가들이 모여 들었다. 그들은 밤이 깊도록 커피 향기 가득한 커피 하우스에 모여 앉아 현실을 비판하고 새로운 이상을 구현했고, 혁명을 모의했다. 커피 하우스는 유럽 역사의 또 한 부분이라고 말할 수 있을 정도였다.

▲ 카페 플로리안

유럽 최초의 커피 하우스는 1645년 이탈리아 베네치아에 문을 연 '보태자델 카페Bottega del Caffe'이다. 이곳은 당시 커피 문화를 유럽에 전했던 오스만투르크 방식의 커피를 선보여 대단한 인기를 누렸다. 그 후 이탈리아에는 보태자를 모방한 수많은 커피 하우스가 들어서게 된다.

1720년에 문을 연 '카페 플로리안'은 지금도 운영되고 있으며, 유럽에서 가장 비싼 동시에 가장 아름다운 카페로 명성을 날리게 된다. 1860년에는 '카페 미켈란젤로', 밀라노에 '카페 캄파리' 등이 생겨 예술 카페로 자리 잡게 된다. 로마의 경우는 1760년에 생긴 '카페 그레코', '카페 페드로치' 등이 유명하다.

영국

영국 최초의 커피 하우스는 제이콥에 의해 1650년경 옥스퍼드에 문을 열게 된다. 그러나 제대로 된 커피 하우스의 등장은 1652년 런던에 생긴 '엔젤'이라는 곳으로 보고 있다. 이 곳은 터키에서 커피를 맛본 영국 상인 바우어만이 그리스 태생의 하인 파스카 로제와 함께 운영했는데 커피 홍보를 위한 전단을 제작하기도 했다. 광고 효과가 있었는지 확인되지는 않았지만 이후 영국에서 커피의 인기는 대단해졌고 비슷한 커피 하우스들이 런던에 문을 열기 시작했다. 그 중에는 오늘날 보험회사로 발전한 '로이즈 커피 하우스LLoyd's Coffee House'도 있었다. 영국 정부에서는 커피의 대중적 인기를 직감하고 커피에 높은 과세를 부과했다. 커피 하우스에 많은 사람들이 모이자, 한때 찰스 2세는 커피 하우스가 치안 방해의 온상이라 하여 폐쇄하려 했지만 대중들의 반대에 부딪혀 철회되기도 했다.

▲ 로이드 커피 하우스

그러나 커피는 영국의 식민지에서 수입된 막대한 양의 홍차에 밀려 점점 쇠퇴하고 만다. 커피 하우스의 역할이었던 뉴스나 보험 업무 등을 전문적으로 하는 곳이 생겨나고 정부에서 홍차 장려 정책을 펼쳤기 때문이다.

프랑스

프랑스에서 본격적인 커피의 유행을 일으킨 사람은 루이 14세다. 늘 궁정에서 호화로운 커피 의식을 연출하며 커피를 즐겼던 그는 1714년 네덜란드로부터 커피나무를 선물 받게 된다. 이후 커피는 프랑스 대중들에게까지 널리 인기를 끌었다. 특히 '카페 르 프로코프'는 근처에 코미디 프랑세즈 극장이 문을 열면서 대단한 성공을 거두었다. 이에 자극을 받아 1799년에는 1천여 개가 넘는 카페가 파리에 문을 열 정도로 성황을 이루었다. 또한 '카페 드푸아', '카페 레장스' 같은 곳은 프랑스 혁명 전후 대중을 선동하고 무장 봉기를 시작한 곳이기도 하다. 하지만 1848년 혁명이 실패로 끝나자 팔레르몽 광장도 잠잠해졌다.

이후에도 많은 카페들이 파리 곳곳에 문을 열었는데 그 가운데 카페 르 프로코프와 비견될만한 곳이 '브라스리 데 마르티니'다. 이곳은 보헤미안 문화를 탄생시킨 곳으로 발자크, 고티에, 베를리오즈 등이 드나들었다. 1865년에는 몽마르트 언덕에 있는 카페들이 유명해졌다. '카페 게르부아'는 세잔, 모네, 마네, 르누아르, 피사로, 휘슬레 등의 화가들과 에밀 졸라 같은 작가들의 아지트가 되었다. 영화로도 제작된 시인 랭보와 베를렌의 묘한 우정 행각도 이곳 몽마르트 주변에서 이루어졌다. 젊은 시절의 피카소가 드나들던 라팽 아질이라는 카페도 이곳에 있다. 1900년 파리 박람회로 인해 관광객들이 몰리면서 몽마르트의 카페와 단골들은 센 강 남쪽의 몽파르나스로 거점을 옮겼다.

▲ 카페 드 플로르

오스트리아

오스트리아의 커피 하우스 역사는 게오르그 골스치스키Georg Kolschisky에 의해 시작되었다. 그는 비엔나를 점령하고 있던 터키군을 물리치는데 혁혁한 공을 세운 대가로 터키군이 남기고 간 커피 500포대를 하사받았다. 일찍이 여러번의 출정으로 아라비아 풍습에 익숙했던 그는 커피를 끓이는 법에 대해서도 잘 알고 있었으므로 1687년 비엔나에 '푸른 병의 집'이라는 커피 하우스를 열었다. 이때 그는 터키군을 물리친 기념으로 이슬람 제국을 상징하는 초승달 모양의 케이크를 커피와 함께 내놓았다. 이것이 오늘날까지도 전해져서 커피와 케이크는 잘 어울리는 단짝이 되었다.

이것을 시작으로 음악과 미술의 중심지였던 비엔나에는 '보그너', '실베르네' 등의 커피 하우스가 문을 열고 예술적인 토론 장소를 제공했다. 슈베르트가 드나들었던 '줌 알텐 블루맨스토크'는 아직도 영업 중이며, 베토벤이 즐겨 다녔던 '프라우엔 후버'도 건물이 보존되어 있다. 현재 오스트리아에서 가장 오래된 커피 하우스는 500년이 넘는 역사를 지닌 '그레헨 바이젤'로 규모는 작지만 모차르트, 베토벤, 슈베르트, 브람스, 바그너 등의 귀중한 친필 서명이 가득하다.

미국

커피가 미국에 첫 발을 내디딘 것은 1607년 영국인 존 스미스 선장이었다는 기록이 있다. 그는 커피에 꿀과 계피를 넣어 마셨다. 1683년에는 뉴욕에 최초의 커피 거래소가 생겼고 1691년에는 유명한 커피 하우스 '런던 커피 하우스'와 '굿테리지 커피 하우스'가 문을 열었다. 이때까지만 해도 미국인들은 이 곳에서 커피만 마신 것이 아니라 영국의 식민지에서 생산한 홍차를 많이 마시고 있었다.

그러나 1773년 미국 독립 전쟁의 불씨가 되었던 보스턴 차 사건Boston Tea Party은 독립뿐만 아니라 미국인의 아침 식탁에서도 영국산 홍차를 몰아내고 커피가 놓이게 만들었다. 보스턴의 그린 드래곤(1697~1832)은 이러한 독립 운동의 근거지로 독립 운동 결사대가 만들어진 곳으로 유명하다. 후에 초대 대통령인 조지 워싱턴이 공개 취임식을 치른 곳도 이곳이었다. 보스턴 차 사건 이후 그린 드래곤 외에도 정치, 경제인들의 집회 장소로 애용되었던 보스턴의 '익스체인지The Exchange', 금융 활동의 시발점으로 여겨지는 뉴욕의 '머천트Merchants' 등이 유명한 커피 하우스로 알려졌다.

▲ 보스턴 차 사건

대한민국

일본과 러시아, 중국 등이 우리나라에서 힘을 겨루던 1895년, 아관파천으로 1년 동안 러시아 공사에 머물게 된 고종은 세자이던 순종과 함께 커피를 즐겼다. 덕수궁으로 돌아온 후에도 고종은 커피 맛을 잊지 못했다. 고종은 커피 때문에 한때 목숨을 잃을 뻔 했다. 아관파천 당시 역관으로서 세도를 누렸던 김홍륙은 친러파의 몰락과 더불어 관직에서 쫓겨나고 러시아와의 통상에서 거액을 챙긴 것이 드러나 흑산도로 유배까지 갈 위기에 처했다. 이에 앙심을 품고 궁중의 내인을 매수해 고종의 커피에 독을 탔다. 다행히 고종은 커피를 뱉어냈지만 세자인 순종은 한 모금을 넘기게 되었고 이로 인해 평생 허약 체질이 되었다고 전해진다.

우리나라 최초의 커피 하우스는 독일의 손 탁 여사가 지금의 정동인 러시아 공사관 근처에 만든 '정동구락부'이다. 이곳은 커피 외에도 당구와 양식 등을 처음으로 선보였다. 한일합방 이후 긴샤텐(찻집)이 명동에 들어서긴 했지만 정동구락부처럼 상류층이나 일본의 고위층만이 드나들 수 있는 곳이었다.

일반 대중들이 이용할 수 있는 커피 하우스는 1930년대 들어서야 비로소 생겨났다. 다방, 다실, 찻집 등이 명동의 골목마다 등장했던 것이다. 그 가운데 한국인이 처음으로 경영한 다방은 동경 미술학교를 졸업한 조각가 이순석이 조선 호텔 건너편에 차린 '낙랑팔러'였다. 이곳에는 유럽의 커피 하우스와 마찬가지로 정인택, 이상, 박태원 등을 비롯해 극예술연구회 사람들, 화가, 영화인 등 젊은 지식인들이 주로 모였다. 종로구 관훈동에 위치한 영화감독 이경손의 '카카듀', 광교에 위치한 정치가 이기붕의 '올림피아', 그리고 건축가이자 시인인 이상의 '무기' 등도 이후 생겨난 다방들이다.

잠시 동안의 해방, 그리고 이어진 한국 전쟁으로 민족의 운명뿐 아니라 커피의 운명도 많이 바뀌었다. 이전까지 오직 원두 커피만이 전부인 것으로 알던 한국인들은 미군들에게서 인스턴트 커피를 접하게 되었다. 끓이기 편리한 이 커피는 미군 피엑스PX에서 암거래 형태로 거래되면서 곧 대중화되었다. 정부는 이로 인한 외화 유출이 심각해지자 사치품으로 분류했던 커피를 국내에서 제조하도록 허가했다. 당시 국내 커피 제조 회사는 동서식품과 미주산업이 경쟁하고 있었다. 다방의 간판을 경쟁적으로 달아주고 자사의 원두 커피만을 사용하도록 하는 마케팅 방식이었다. 그러나 동서식품에서 인스턴트 커피를 판매하기 시작하면서 게임은 끝이 나고 말았다. 주방장을 둘 필요 없이 손쉽게 만들 수 있는 인스턴트 커피가 거의 모든 다방을 점령했기 때문이다.

▲ 정관헌

1970년대에 들어서자 통기타 문화에 많이 밀려나긴 했지만 '난다랑'이라는 유명한 다방이 원두 커피의 유행을 일으키는 데 공헌하기도 했다. 테이블마다 원두 커피에 관한 안내서와 손님이 원하면 군고구마까지 판다는 친절 경영으로 인기를 모았다. 현재 우리나라 커피 수요는 세계 커피 수요량의 1% 정도지만 금액으로 환산한다면 4조 7천억이나 되는 어마어마한 시장인 셈이다.

커피의 대중화와 함께 커피 자동판매기가 설치되었는데 1978년 3월 22일 처음으로 서울의 종각, 시청 앞, 서울역 등 3개소에 자판기가 설치되었으며, 가격은 100원이었다. 이후 롯데산업에서 일본 샤프사로부터 400대를 도입해 국내 곳곳에 설치하였고 국내의 많은 기업들이 자판기 생산을 하기 시작했다. 이제는 지하철, 관공서, 병원, 터미널, 학교 등 어디를 가더라도 간편하게 인스턴트 커피를 즐길 수 있게 되었다. 어떤 이들은 제일 좋아하는 커피 스타일이 자판기 커피라고 당당히 밝힐 만큼 대중화되었다. 그러나 보건복지부에서 실시한 한 조사에서 자판기 커피 한 잔의 카페인 함유량은 75mg 정도인 것으로 조사되었다. 적당한 1일 카페인 섭취량이 150mg이라고 하니 자판기 커피를 하루 두 잔 이상 마시는 것은 건강에 해롭다는 결론이 나기도 했다.

▲ 커피열매

흔히 먹는 우리가 알고 있는 커피는 커피 열매의 씨앗이다.

전세계적으로 커피를 들고 밖으로 나와 즐길 수 있는 테이크아웃 커피 전문점이 늘고 있다. 이 전문점이 인기 있는 이유는 갓 뽑은 신선한 에스프레소 커피를 이용하기 때문이다. 대부분 손님이 주문한 직후에 원두를 분쇄해 고성능의 에스프레소 머신으로 신선한 커피를 뽑아낸 다음 기호에 따라 우유, 생크림, 시나몬 향, 캐러멜 향 등을 첨가한다. 메뉴의 형태로는 카페라떼, 카페 모카, 카페 마키아토 등이다. 자신의 개성에 맞게 고른 신선한 커피를 거리에서나 직장에서도 간편하게 즐길 수 있게 된 것이다.

Chapter 04 커피 식물학

커피나무

▲ 브라질의 커피 농장

쌍떡잎식물 꼭두서니목 꼭두서니과의 상록 소교목으로 높이는 6~8m이고, 지름은 10cm이다. 아프리카가 원산지로 가지는 옆으로 퍼지고 끝이 처진다. 잎은 마주(줄기의 마디마다 잎이 두 개씩 마주 붙어 남) 나고 긴 타원 모양이며 두껍고 가장자리가 밋밋하다. 잎 표면은 짙은 녹색이고 광택이 있으며 꽃은 흰색으로 언제나 2개, 또는 3개가 마주 피고 크기는 2cm 정도이며 피어있는 시간은 길지 않지만 향기가 강하다. 수정된 꽃의 씨방은 직경 1.5cm 정도로, 익으면 붉고 달콤하다. 핵과 외피는 두터운 펄프로 싸여 있으며 이것이 약 2mm 두께의 젤리 같은 펄프 층을 감싸고 있고 이 안의 씨는 파치먼트라는 단단한 껍질에 싸여 있다. 파치먼트 밑에 각각의 씨를 감싸고 있는 얇은 은색의 껍질이 있는데 이것을 실버스킨이라고 한다. 커피 열매 속에는 대부분 두 쪽의 열매가 들어 있다.

크기	4~12m로 성장하지만 수확의 편의를 위해 2~2.5m 유지
번식	실생(實生: 씨가 싹이 터서 자라남)이나 삽목(揷木: 꺾꽂이)
성장	2년이 지나면 1.5~2m까지 자라며, 첫 번째 꽃을 피우기 시작
수확	약 3년이 되면 커피나무는 완전히 성숙해 정상적인 열매를 처음으로 수확
수명	평균 20~30년 정도이며, 최대 80년

커피 꽃

흰색에 쟈스민Jasmine 향이 나며, 꽃잎은 5장, 수술 5개, 암술 1개로 구성되어 있다. 꽃이 피고 지는 기간은 약 2~3일로 짧지만 가지마다 꽃이 피는 시기는 차이가 있다.

▲ 커피 꽃

한 나무에서 꽃이 피었다가 지는 기간은 약 한달 정도 걸리며 모든 지역에서 다양하게 나타나며, 건기와 우기가 뚜렷한 고산 지대의 경우 꽃 피는 시기와 열매가 열리는 시기가 뚜렷이 구분된다. 연중 비가 오는 낮은 지대는 1년에 여러 차례 꽃이 피고 지는 것이 반복된다.

잎

달걀 혹은 피침 형의 광택 나는 녹색으로 최대 20cm의 크기이다. 아라비카종은 잎 모양이 가늘고 섬세하며, 로부스타종은 잎이 더 넓고 타원형이다. 어린 잎은 품종에 따라 옅은 녹색이거나 브론즈색을 띠며, 수명은 최적의 조건에서 10~15개월정도 이다.

▲ 커피 잎

뿌리

습도가 높고 단단한 토양에서는 뿌리가 지표면 방향으로 낮게 뻗고, 태양에 노출되어 건조한 토양에서는 지표면 아래 수직방향으로 발달한다. 뿌리 성장의 최적 기온 조건은 26℃ 정도이며, 야간에도 20℃ 이상이 유지되어야 한다. 뿌리는 땅속 30~60cm에 주로 분포하며 땅 속 약 3m까지 뻗는다.

▲ 커피 뿌리

Tip 커피나무의 일생

- 첫 번째: 성장 단계 (보통 4~7년)
- 두 번째: 생산 단계 (보통 15~25년)
- 세 번째: 노쇠 단계

▲ 발아된 커피씨앗

커피열매

커피열매는 핵과류에 속하며 꽃이 지면 열매를 맺기 시작하여 녹색에서 붉은 색으로 변하는데 이를 열매라 한다. 개화 이후 약 30~35주 정도 동안 성숙된다.

▲ 옐로우 열매

아라비카종은 12~18mm, 카네포라종은 8~16mm정도의 크기를 가지고 있으며, 꽃이 핀 후 열매가 익는데 걸리는 기간은 아라비카종 6~9개월, 카네포라종 9~11개월이다. 한 가지에도 개화의 시기에 차이가 있고, 커피나무에 꽃과 열매가 동시에 달려있게 되는 것이 특징이다. 커피열매의 구조는 외피Skin Exocarp, 펄프Pulp, 파치먼트Parchment, 실버스킨Silver Skin, 생두Green Bean으로 구성되어 있다. 과육인 중과피는 연노란색으로 약간 달고 신맛과 특이한 향이 나며, 일반적으로 두 개가 마주보고 있으며 평두Flat Bean 형태이다. 볶지(로스팅)않은 상태의 빈을 생두Green Bean이라 부르며, 아라비카종은 약 0.5~1.5%, 로부스타는 약 2.0~2.5%의 카페인을 함유하고 있다.

▲ 여러가지 색의 커피열매

커피열매의 구조

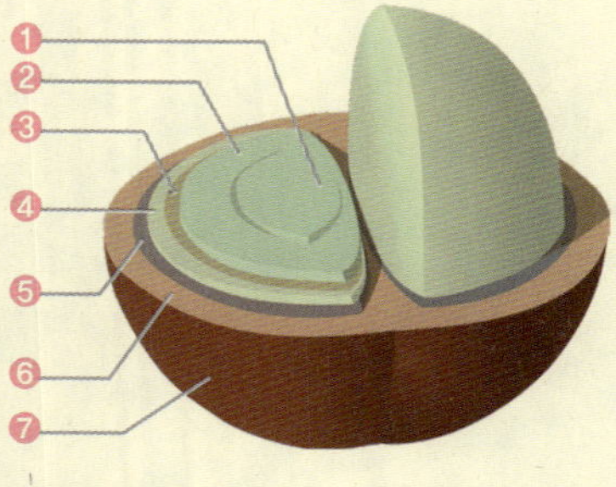

① **센터컷**Center Cut: 생두 가운데 나 있는 홈
② **생두**Green Bean: 그린빈
③ **은피**Silver Skin: 생두에 부착되어 있는 얇은 막
④ **파치먼트**Parchment: 생두를 감싸고 있는 껍질
⑤ **점액질**: 2mm 두께의 미끈미끈한 점액부분
⑥ **펄프**Pulp: 단맛이 나는 과육부분
⑦ **외피**Outer Skin: 맨 바깥의 겉껍질

피베리

▲ 피베리

일반적인 커피 열매 안에는 2개의 콩이 존재하나 한 개의 콩만을 가지고 있는 경우가 있는데, 완두콩이나 진주 모양과 비슷해 '피베리PeaBerry' 또는 '펄베리PearlBerry'라 부른다. 피베리는 일반 콩에 비해 크기가 작으며 신맛이 강한 것이 특징이다. 발생 원인은 유전적 결함이나 환경적 조건 또는 불완전한 수정 등으로 발생된다. 수확 시 평균 10%정도 생산 되며, 스페셜 등급으로 팔리기도 한다.

피베리가 1% 증가하면 전체 생산량은 0.75% 감소된다.
또 다른 유전적 원인으로 한 개의 열매에 3개의 씨앗이 들어 있는 경우도 종종 발견되는데 '트라이앵글러 빈Triangular Bean'이라 불린다.

Chapter 05

커피의 품종

커피나무는 다년생 쌍떡잎식물로 꼭두서니Rubiaceae과의 코페아Coffea 속에 속하는 상록관목이다. 1713년 프랑스인 '주시에'가 처음으로 커피나무를 쟈스민 아라비카Jasminum Arabicanum로 명명하였고 1773년 스웨덴의 식물학자 '린네'가 식물분류법을 정리하면서 16개의 커피종에 학명을 붙였다. 그 후 많은 식물학자들이 나무의 크기, 잎의 모양과 크기, 열매의 색 등에 의해 7가지 종으로 분류하였으며, 현재는 그 수가 늘어 약 60여종에 이른다. 대표적인 종으로는 코페아 아라비카Coffea Arabica, 코페아 카네포라 Coffea Canephora, 코페아 리베리카Coffea Liberica가 있다. 오늘날에는 코페아 아라비카, 코페아 카네포라 두 종을 주로 재배하고 있으며, 코페아 카네포라의 대표적인 품종은 '로부스타 Robusta'이다.

커피의 3대 원종

코페아 아라비카 Coffea Arabica

아프리카 에티오피아가 원산지인 코페아 아라비카는 5~6m이고, 해발 1,800m의 고지대에서 재배된다. 열에 약해 30도 이상의 온도에서 2~3일 밖에 견디지 못하며 기후, 토양, 질병에 매우 민감하다. 원두의 모양은 납작하고 길며 표면 중앙에 파진 홈(센터컷)이 굽어 있고 색깔은 상당히 붉은 편이다.

아메리카지역에서 가장 선호되는 커피로 부드러운 질감과 다양한 향을 지니고 있으며, 전 세계에서 생산되는 원두의 약 70%를 차지한다. 아라비카를 대표하는 두 가지 용어로 '마일드'와 '브라질'을 들 수 있는데, 마일드는 품질이 좋은 아라비카 커피에 붙이는 무역용어이며, 브라질은 세계 제일의 생산량을 자랑하는 품종으로 원두의 모양은 원형 또는 타원형이며 주로 블렌딩 커피에 많이 사용되고 있다.

코페아 카네포라 Coffea Canephora

아프리카 콩고가 원산지이며 대표적인 품종인 '로부스타Robusta'로 많이 알려져 있는데, 일반적으로 로부스타와 카네포라는 같은 의미로 받아들이고 있다. 로부스타 품종은 잎과 나무의 키가 아라비카종 보다 크지만, 열매는 리베리카종이나 아라비카종보다 작다. 모양은 볼록하고 둥글며 홈의 선이 곧고 회색빛이 도는 푸른색을 띤다. 전 세계 생산량의 20~30%를 차지하지만, 아라비카에 비해 카페인 함량이 많으며 쓴맛이 강하고 향이 풍부하지 않다. 하지만 경제 및 상업적 이점으로 재배하여 인스턴트 커피의 주원료나 에스프레소의 블렌딩으로 많이 사용된다.

코페아 리베리카Coffea Liberica

아프리카 리베리아가 원산지로 재배 역사는 아라비카종에 비해 짧다. 꽃, 잎, 열매의 크기는 아라비카종이나 카네포라종 보다 크며, 병해에 강하고 적응성이 뛰어나 저 지대에서도 잘 자란다. 재배 지역은 리베리아, 수리남, 가이아나 등으로 일부는 유럽으로 수출되지만 보통은 자국에서 소비된다. 다른 종에 비해 향미가 떨어지고 쓴맛이 강한 것이 특징이다.

아라비카와 로부스타 비교

구분	아라비카	로부스타
재배 온도	15~24℃	24~30℃
재배 고도	1,000~2,000m	700m 이하
강수량	1,500~2,000mm	2,000~3,000mm
병충해	약하다	강하다
완숙기간	9개월	10~11개월
완숙된 열매	나무에서 떨어짐	나무에 달려있음
수확량	1,500~3,000kg/ha	2,400~4,000kg/ha
커피빈의 모양	크고 평평하다	작고 둥글다
카페인 함량	0.8~1.4%	1.7~4%
품질	향미가 우수하고 신맛이 좋음	향미가 약하고 쓴맛이 강함
생산	60~70%	30~40%

아라비카의 주요 품종 Original Varieties

티피카 Typica

아라비카의 대표적인 품종으로 원종에 가장 가까운 품종이다. 18세기 유럽 식물원에서 육종되어 전파되었다. 나무는 3.5~4m까지 높게 자라며, 생두는 긴 모양으로 매우 우수한 맛을 가지고 있지만 생산량은 매우 적은 편이다. 깔끔하며 입안에 퍼지는 산미가 특징인데 이는 고지대에서 재배 될수록 증가하게 된다. 컵 프로파일은 꽃계열의 향미, 레몬 같은 산미와 끝맛에서 달콤한 여운이 길게 이어진다.

버번 Bourbon

에티오피아의 자연 교배종으로 센터컷이 S자형이고 콩은 작고 둥근편으로 18세기 인도양의 버번 섬(현재의 레위니옹섬)에서 처음 재배되어 버번이라고 불려졌다. 다른 커피 변종들에 비해 수확량이 작지만 티피카보다는 20~30% 생산량이 많아 고품질의 커피로 유통되고 있다. 커피 열매 사이즈는 보통 스크린 16으로 비교적 작고 둥글고 조밀하며 노란색 열매와 빨간색 열매가 열린다. 열매의 숙성 속도가 빠르며 바람이 세거나 비가 많이 오면 열매가 쉽게 떨어지므로 세심한 관리가 필요로 하는 품종이다. 가장 좋은 재배 조건은 해발 1,000~2,000m이다. 생두의 색상이 부분별로 갈색을 띠는 경우가 있는데 이것은 결점두가 아니며 여우 색깔과 비슷하다고 하여 폭스빈Fox Bean이라 불린다. 브라질 버번은 커피시장에서 매우 인기가 높은 편이며, 브라질의 같은 농장에서 재배된 커피라 할지라도 버번은 더 비싼 가격에 유통되는 아라비카 커피 중에서도 최고급 품종이라 할 수 있다. 와인의 풍미를 가지는 밝은 산미와 달콤한 끝맛으로 대부분 꽃향을 지니고 있다.

카투라 Caturra

브라질에서 발견된 레드버번Red Bourbon 변종으로, 1930년 미나스 제라이즈 주와 에스트리토 산토스 주 사이에 위치한 '세라 두 카파라오Serra do Caparao'에서 처음으로 발견되었다. 아라비카 원두에 가까운 맛으로 생산량이 많고 품질도 우수한 편이지만, 현재 브라질에서는 거의 재배하지 않는다. 버번과 비슷하게 나뭇잎이 크고 나무 크기는 작은 편이라 수확이 용이하다. 환경 적응력이 좋은 편이나 고도 500~1,500m, 강우량 2,500~3,500mm인 지역에서 재배할 경우 고품질의 생두를 얻을 수 있다. 더 높은 지대에서 생산할 경우 맛은 좋아 지지만 생산량이 줄게 된다. 재배가 용이해 수확량이 많으며 병충해에 강해 중남미를 중심으로 넓게 분포 재배되고 있다. 콩의 크기는 소형으로 녹병에 강하고 격년 생산되며, 신맛이 다소 강한 편이다.

카투아이 Catuai

문도노보Mundo Novo와 옐로우 카투라Yellow Caturra와의 교배종으로 생산량이 높은 커피이다. 나무는 작은 편이라 핸드픽킹Hand Picking하기에 쉬우며 빨간색과 노란색 열매 나무가 있다. 커피 열매는 가지에서 쉽게 떨어지지 않아 바람이 강하거나 비가 많이 오는 지역에서도 쉽게 재배할 수 있다. 카투아이는 카투라와 마찬가지로 많은 관리와 시간이 필요하며 수명은 길지 않다. 문도노보와 함께 브라질의 주력 상품인 커피이다.

문도노보 Mundo Novo

티피카Typica와 레드 버번Red Bourbon의 자연 교배종으로, 1950년부터 브라질에서 재배하기 시작하여 카투아이Catuai와 함께 브라질의 주력상품이 되었다. 환경 적응력이 좋고 병충해에 대한 저항력이 강하며 수확량이 많다. 다른 종류의 커피보다 숙성기간이 오래 걸리는 단점이 있다. 단맛이 약간 부족하지만 신맛과 쓴맛의 밸런스가 좋다. 좋은 영양 상태를 제공해줄 경우 커피의 품질을 높일 수 있다.

마라고지페 Maragogype

브라질 마라고지페라는 곳에서 발견된 티피카종의 변종으로 열매가 매우 크다. 향미 특성은 달콤하고 상큼한 맛이 있으나 강도는 약한 편이다. 티피카의 돌연변이종으로 브라질에서 발견되었으며, 나무는 버본과 티피카보다 크다. 생산량은 많지 않으며, 생두 크기가 스크린 사이즈 20 이상으로 매우 크다. 특이하게 큰

모양과 맛으로 인해 커피시장에서 높게 평가되고 있다. 일부 낮은 품질의 마라고지페는 주로 인스턴트커피와 배합용으로 사용되고 있다. 약한 신맛과 부드러운 맛으로 사이폰 추출시 좋은 맛을 얻을 수 있다.

카티모르 Catimor

아라비카와 로부스타 변종과 카투라종의 교배종이다. 병에 강하고 수확량이 많으며, 약간 떫고 신맛이 난다. 성장이 빠르고 생산량이 많으며, 시큼한 신맛과 떫은맛 그리고 약간의 짠맛이 특징으로 다른 종과 구별이 잘된다. 최근에는 판매율이 저조해 경작이 줄어들고 있는 추세이다.

게이샤 Geisha

1960년대 코스타리카의 농업부 직원이었던 돈 파치 세라친Don Pachi Serracin은 잎사귀 녹병에 저항력이 강한 게이샤 품종을 이웃 주민들에게 나누어 주었지만 수확량이 적고 맛도 평범해 호응을 얻지 못하였다. 이러한 게이샤 커피가 진정으로 빛을 발하게 된 데에는 '프라이스 피터슨Price Peterson'의 도움이 컸다. 그는 1,600m 이상의 높은 고도와 알맞은 기후 및 토양을 찾아내 게이샤 커피가 진가를 발휘할 수 있는 기회를 만들었다. 나중에서야 그가 갖춘 기후와 토양이 게이샤 품종을 완벽하게 만드는 조건이라는 것이 판명되었다. 게이샤가 심사위원들과 해외 커피 감정가들을 깜짝 놀라게 만든 자리는 2004 베스트오브파나마 Best of Panama 경연 대회장에서였다. 피터슨은 본인이 출품한 게이샤가 입상이라도 할 수 있을지에 대한 의구심을 가지고 있었다. 게이샤의 향미와 향 프로파일이 중앙 아메리카나 라틴 아메리카의 다른 어떤 것과도 크게 달랐는데 오히려 에티오피아 커피와 더 비슷했기 때문이었다. 하지만 피터슨의 우려와는 달리 게이샤는 파나마 커핑 경연 대회에서 모든 커피 패널들을 놀라게 했다. 깔끔하면서도 레몬 맛이 나는 향미에 90점 이상의 스페셜티 등급을 받게 된 것이다.

현재는 게이샤 커피를 재배하기 시작한 농부들의 수가 점점 늘고 있는 추세이다. 앞서 언급된 수많은 기후 조건들로 인해 파나마에서 생산되는 게이샤 품종의 맛과 향 프로파일은 놀랍도록 다양하다. 게이샤는 에티오피아에서 유래되어 파나마에서 육종되고 재배되었는데 특히 파나마 게이샤는 꽃향기, 상큼한 맛, 깔끔한 뒷맛 그리고 적당한 중후함을 가지고 있다.

커피 품종 나무

켄트
코나/과테말라
블루 마운틴
S795
비야로보스
베르간달
USDA
플루마 히달고
파치 코뭄
상 라몬
S.4
S.12
람벙
엘로우 보카투
아가로
타파리 켈라
자바/수마트라
아르게
지마
달래
에나리아
디에가/데가
S288
카파
딜라
루메 수단
자바
게이샤
바벅 수단
리베리카
에티오피아/수단 상속
아라비카
코페아 리베리카
코페아 안토니

마라카투
카투아이
파카마라
먼도 노보
레드 버번
파카스
로레나
SL-34
프렌치 미션
부르봉/버번
핑크 버번
미비리지
잭슨
마야궤즈
비야 사치
엘로우 버번
카투라
오렌지 버번
사치모어
카스티오
콜롬비아
SL-28
모카
IHCAFE 90
ICAFE 95
램피라
IAPAR59
캣트래닉
오로 아즈테카
캣티식
오바타
투피
루이루11
카티모어
티모어 하이브리드
이카투/아라버스타
로부스타
코페아 카네포라
© Café Imports. All rights reserved.
CAFE IMPORTS

Chapter 06

커피의 재배

일반적으로 열대와 아열대 지역, 그리고 일부 온대 지방이 커피 재배에 알맞은 기후와 토양 조건을 갖추고 있는 것으로 알려져 있다. 위도 상으로 북위 28도에서 남위 30도 사이가 여기에 해당한다. 세계 지도를 펼쳐 놓고 보면 그 지역들이 하나의 띠를 이루고 있는데, 이들 지역을 묶어 '커피 존Coffee Zone' 또는 '커피 벨트Coffee Belt'라 부르기도 한다.

커피는 현재 세계 70여 개국에서 재배되고 있으며, 중남미, 아시아, 아프리카 등지가 주 생산지로 그 중 세계 총 생산량의 70%가 중남미에서 생산되고 있다. 특히 브라질, 콜롬비아, 베네수엘라, 멕시코, 자메이카, 인도네시아, 에티오피아 등이 주 생산국이다. 커피존 중에서도 남북회귀선인 23.5도 사이의 고산지대가 커피 재배의 최적지이며, 세계적으로 품질 좋은 커피가 이곳에서 생산된다.

커피는 열대성의 다우, 고산지역에서 재배된다. 강우량이 최소 1,000mm 이상으로 햇빛을 많이 받아야 하나 습도 유지를 위해 알맞은 그늘이 필요한데, 대체로 남북회귀선 사이의 고산 지대가 최적지로 꼽힌다.

커피는 대개 묘상을 만들어 파종하고, 7~12개월에 이식하여 3년이 지나면 꽃을 피우고 열

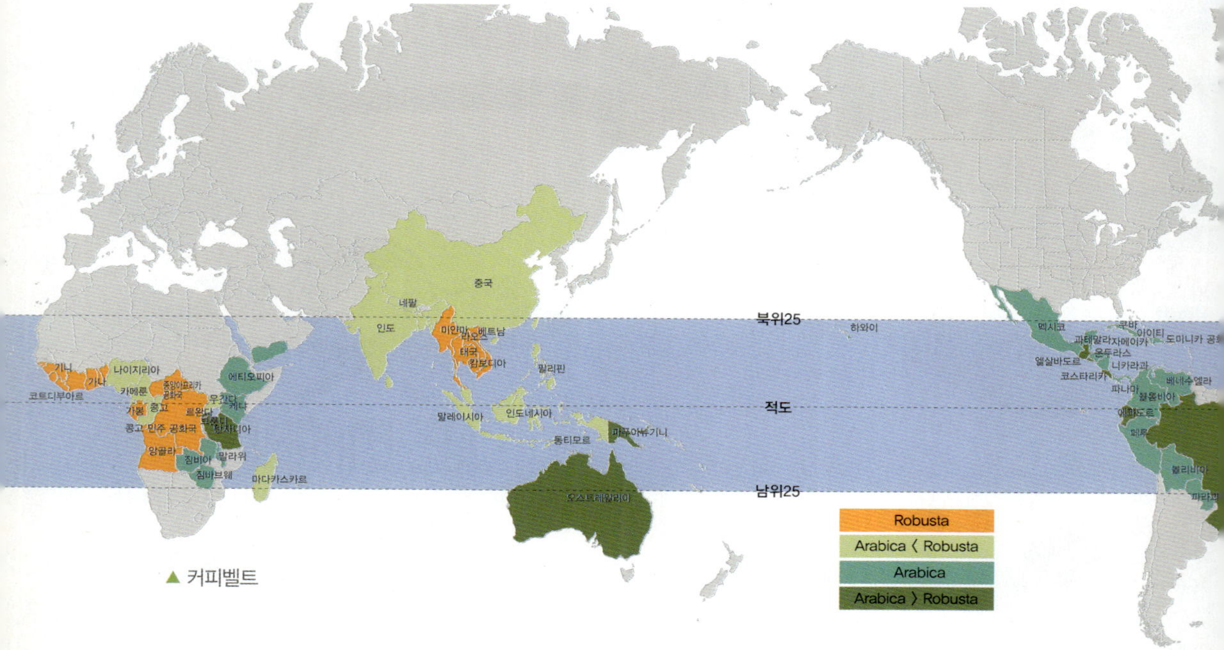

▲ 커피벨트

▲ 브라질 커피 농장의 풍경

매를 맺게 된다. 그러나 상품화될 수 있는 커피 열매는 5~6년이 지나야 하며, 그때부터 14~18년 동안 수확이 가능하다. 개화기로부터 결실하여 수확하기까지는 12개월이 걸린다. 꽃은 만개한지 며칠 지나지 않아 져 버린다. 그 뒤 열매가 맺히는데, 처음에는 흑 녹색을 띠었다가 성숙해가면서 차츰 황금색으로 변한다. 그리고 6~7개월이 지나면 짙은 붉은 색으로 변하여 성숙한 커피 열매를 형성한다. 잘 익은 커피 열매의 껍질을 벗기면 과육이 나오고, 이 과육을 떼어내면 콩 같은 커피 씨가 드러난다. 이것이 바로 커피 생두이다. 커피 열매를 수확하는 시기는 브라질이 5월, 페루와 콜롬비아가 7월, 그 밖의 중남미 지역이 10월로서 북쪽으로 올라갈수록 늦어진다.

야생의 커피나무는 8~10미터 정도 자랄 수 있으나 커피농장에서는 재배 및 수확을 쉽게 하기 위해 나무의 크기를 2~2.5미터 정도로 가지치기하여 조정한다. 잎은 마주 보며 10~15cm 크기의 둥글고 긴 모양을 하고 있으며 진한 녹색에 광택과 파상무늬를 가지고 있다 .

기후

아라비카 종은 까다로운 생육조건을 가지고 있는데 연간 평균 기온이 15~24℃ 정도가 가장 적합하다. 30℃를 넘거나 5℃ 이하로 떨어지거나 또는 서리가 내리면 엽록소가 파괴되거나 꽃이 말라서 커피열매가 열리지 않을 수 있으며 성장에 치명적일 수 있다. 밤 기온도 18℃

이하가 되거나 평균 일교차가 최대 18~20℃를 넘지 않는 게 좋다.

자칫 기온이 높으면 커피나무에 가장 치명적인 병인 커피녹병CLB을 확산시키는 원인이 되기도 하며 기온이 너무 내려가면 잎이 하얗게 변하거나 누렇게 변색이 되어 잎이 뒤틀리고 반점이 생겨 시들어 죽게 된다.

습도

커피를 재배하기에 가장 적합한 습도는 아카비카 60%, 로부스타 70~75%이며 강한 바람이 불지 않아야 하고 또한 우기와 건기의 구별이 뚜렷해야 한다. 대기 습도가 80% 이상이 되면 커피 품질에 좋지 않은 영향을 미치게 되는데 커피잎에 곰팡이가 발생하여 포자덩어리가 만들어 질 수 있다.

강수량

커피나무에 꽃이 피기 위해서는 반드시 몇 개월의 건기가 필요하며 꽃이 동시에 피어야 수확이 용이하다. 건기와 수확기가 2~3개월 동안 같이 시작되면 가장 이상적이며 아라비카종은 연간 1,500~2,000mm, 로부스타종은 2,000~3,000mm 정도의 비가 오면 가장 적당하나 배수가 잘 되는 토양이라면 2,500~3,000mm가 와도 문제는 없다. 강우량이 너무 많은 경우에는 커피나무뿐만 아니라 수확 후에도 문제가 발생하게 되는데 햇빛에 건조시키는 시간이 부족하여 커피에 좋지 않은 영향을 미칠 수 있다.

일조량

커피나무의 열매를 수확하기 위한 적당한 일조량은 연간 1,900~2,200시간이 좋으며 2,200~2,400시간도 기후에 따라 적절한 일조량이라 여겨지고 있다.

일조량이 많은 건기 시 너무 강한 햇빛과 열로 인해 커피나무에 여러가지 악영향이 생기기도 하는데 이런 경우에는 바나나 나무나 망고 나무 등 햇빛을 막아주는 쉐이드 나무Shade Tree를 함께 심어 그늘막이가 되도록 하기도 한다. 주로 기후의 변화에 민감한 아라비카종에 많이 이용되며 로부스타종은 특별한 경우 외엔 심지 않는다.

지형과 고도

아라비카는 경사진 언덕과 약간의 평지가 어우러진 곳이 좋으며, 로부스타는 주로 평지에서 재배를 하고 있다. 표토층이 깊고 물 보유 능력이 좋으며 배수가 잘되는 지형이 가장 우수한 커피를 생산하게 된다. 평지와 경사도 20° 이하인 지형에서는 기계로 수확하기 좋은 반면, 경사도가 20° 이상이면 침식이 심하고 기계화가 어려워 사람의 손으로 직접 수확하게 되어 그만큼 노동에 대한 비용단가가 올라가게 된다. 아라비카종은 재배 기온 15~24℃ 정도를 유지하는 것이 좋다. 적도를 기준으로 고도가 높을수록 기온이 낮아지기 때문에 1,000~2,000m 정도가 적합하다. 고지대에서 재배되는 커피는 단단하고 밀도가 높아 향미가 풍부하다. 로부스타 종은 700m 이하의 고온 다습한 저지대에서 재배가 됨으로 고지대엔 적합하지가 않다.

토양

커피 재배에는 표토층이 깊고 유기질이 풍부하며 화산성 토양으로 암반층이나 지하수층 위에 있는 배수가 용이한 약산성 비옥의 토양이 좋다. 뿌리가 충분히 뻗을 수 있고 물 저장을 충분히 할 수 있는 토양을 선택해야 하는데 일반적으로 2m 이상의 표토층이 좋으나 건조한 지역은 표토층이 더 깊이 형성되어 있어야 한다.

Chapter 07

커피의 재배 방법

커피나무는 본래 다 자라면 수 미터까지 자라지만 커피를 수확하기 편하도록 수시로 가지치기를 하여 2~3m 높이를 유지한다.

아라비카는 자가 수분이 대다수고 로부스타는 꽃가루나 곤충에 의한 타가 수분을 한다. 로부스타의 타가 수분 중 90% 이상은 꽃가루로 수분되는 경우로 곤충 쪽보다 많다.

커피씨앗Parchment을 모래판에 반 정도 묻히게 심고 젖은 천이나 지푸라기로 덮어서 그늘에 둔 후 하루가 지나면 모판이나 화분에 심어 그늘막을 만들어준다. 그 후 40~60일 이후면 싹이 트며, 6~12개월 후에는 햇빛을 쬐는 시간을 늘려주고 잎이 완전히 자라면 그늘막을 제거한다. 씨앗을 심는 대신 접목이나 시험관을 이용하기도 한다.

▲ 커피나무 묘목

키가 30~50cm정도로 자라면 우기에 맞춰서 농장으로 옮긴다. 옮기는 시기는 비가 온 후 물기가 땅으로 다 스며들었을 때 또는 옮길 장소에 충분한 물을 준 후이다. 9~18개월이 지나면 50~70cm가 되고, 3~4년이 지나면 커피를 수확할 수 있다. 나무를 심고 2~3년이 지나면 꽃이 열리기 시작하고 그로부터 2개월 후 우기가 시작될 때 하얀 꽃이 핀다. 꽃이 시들면 그 자리에 열매Coffee Cherry가 달리는데, 아라비카는 7~9개월, 로부스타는 9~11개월 후에 열매가 붉게 변하고 일반적으로 30년간 수확이 가능하다(관리에 따라 10~15년 정도일 수도 있다). 꽃이 피는 시기에는 10mm 이상의 강우량이 필요하다. 단, 토양의 수분함량이 너무 높은 상태로 유지되면 뿌리가 호흡을 못하여 잎이 변색되고 시들어 죽을 수 있다.

비교적 긴 성장기를 지낸 열매와 씨앗의 맛이 좋으며 커피향이 풍부하다. 하지만 너무 따뜻하거나 강한 햇빛을 자주 보면 열매가 빨리 익어버리기 때문에 햇빛은 하루 2시간 이상 직접적인 노출을 피해야 한다. 몇몇 나라에서는 강한 햇빛에서도 생존이 가능한 변종을 재배하는데 품질이 낮아 인스턴트용 커피 제조에 쓰인다.

대체적으로 커피는 재배과정에서 양을 늘리고 시간을 단축 시키기 위해 화학비료, 농약 등이 사용되고 있다. 일부 농부들은 유기농법을 이용하고 있고 조금씩 늘어가는 추세이지만 유기농 인증을 받은 커피의 양은 전체 거래량에서 차지하는 비중이 아직까지는 적은 편이다.

그늘 재배 방식

▲ 그늘 재배 인증 마크

중앙 아메리카의 해발 800m 이하 지대나 기후변화가 심한 일부 나라에서는 커피나무 재배 시 강한 햇빛으로 부터 약한 커피나무를 보호하기 위하여 그늘 역할을 하는 나무(예: 잎이 큰 바나나 나무)를 같이 심어주는데 이를 그늘 재배(shade grown 혹은 shading, 혹은 음지재배 등)라 한다. 이때 그늘 역할을 하는 나무는 커피나무 뿌리에 피해를 주지 않는 것을 선택해야 한다. 그늘나무는 주로 온도조절과 수분유지의 역할을 한다. 그밖에 잡초, 해충, 토양침식을 예방하는 효과도 있다. 다만 그늘 역할을 하는 나무가 너무 자라는 것을 막기 위해 지속적인 관리가 필요하고 면적당 커피 생산량이 적어질 수 있기 때문에 대부분 커피나무만을 재배한다.

▲ 그늘 재배

일반적으로 그늘 재배 방식으로 생산한 커피의 품질은 매우 좋은 편이다. 하지만 이 품질을 지키기 위해서 많은 것을 감수해야 하기 때문에 생산량도 적고 재배 기간도 긴 편이다. 이러한 조건을 만족한 환경에서 자란 커피나무는 최대 50년간 커피를 생산할 수도 있다. 하지만 그늘 재배라고 하여 지속적인 그늘만 있어서는 안 되고 일정량의 직사광선이 필요하다. 그렇지 않을 경우 성장이 더디어 생산량에 영향을 줄 수 있다. 또한 열매의 영향과 수확량의 균형을 맞추기 위해 지속적인 가지치기가 필수적이다.

일반적으로 그늘 재배 커피는 햇빛에 강한 변종커피에 비해 쓴맛이 덜하고 맛이 좋다. 그늘 재배 방식의 인증은 까다로운 재배 방식과 기후 조건으로 인증기관과 농장 업자들 간에 논란이 지속되고 있다.

유기농 재배

유기농 인증은 기준이 매우 엄격하다. 3년간 화학물질을 사용하지 않아야 하며 인증을 받은 후 1년에 한 번씩 화학물질 사용 여부에 대한 검사를 받아야 한다. 수확된 생두는 유기농 인증이 안 된 생두와 섞이면 안 되며 포대에 유기농 인증마크를 찍어서 보관해야 한다. 또한 운송 시에도 유기농 인증커피만 선적해야 한다. 여기에 보관방법과 보관시설도 검사하여 인증을 받으면 최종적으로 인증마크를 사용할 수 있다.

유기농 커피와 일반커피와의 품질 차이

일반적인 커피 농장의 실상을 살펴볼 경우 유기농 인증을 받지 않았다 할지라도 유기농의 여부를 다시 한 번 생각해봐야 할 필요성이 재기되고 있다. 현재 전 세계 커피의 수요가 증가하여 아무리 재배지의 토양이 비옥해도 수요를 충분히 채워 줄 만큼의 수확량을 얻기에는 영양 면에서 부족할수밖에 없다. 그래서 비료를 사용하게 되는데 인공비료의 높은 가격으로 대부분의 커피농부들은 커피를 수확하고 가공하는 과정에서 나온 찌꺼기들과 퇴비를 섞어 비료로 사용한다. 전 세계 대다수의 커피가 이런 형태로 생산되고 있기 때문에 유기농의 여부는 재고되고 있다.

▲ 유기농 인증 마크

케냐의 유명한 커피 품종은 독특한 향과 신맛이 특징이다. 하지만 곰팡이균에 약해 화학약품을 살포해야 하는데 만일 농약을 쓰지 않기 위해 곰팡이균에 강한 품종으로 대체를 시킬 경우 지금까지 케냐가 지닌 특징적인 향미를 내기 어려울 수도 있다는 문제에 직면하게 된다. 환경을 생각한다면 맛을 포기해야 하고 맛을 생각한다면 환경을 악화시키는 문제에 직면하게 되는 것이다.

반면 또 다른 독특한 맛의 에티오피아 커피나무는 농부들의 노력으로 병으로부터 잘 보호되고 있다. 이러한 의미에서 대부분 유기농이지만, 유기농 인증비용이 비싸기 때문에 대부분 인증을 받지 않고 팔고 있다. 이러한 현실은 항상 유기농 인증을 받은 커피만이 맛의 품질을 보장하는 것이 아니라는 것을 보여주고 있다.

다행스러운 것은 대규모 농장보다 소규모 농장에서 생산되는 커피가 훨씬 많은데 소규모 농장에서는 화학식 농법보다 유기농재배가 어렵지 않기 때문에 유기농을 실행하는 농가가 많다는 사실이다.

Chapter 08 커피의 생산과 수확

15~25℃를 지속적으로 유지하는 열대성 기후의 규칙적인 날씨의 특성으로 커피나무는 1년 내내 계속해서 열매를 맺는다.

개화開化는 사계절에 걸쳐 우기가 있을 때마다 이루어진다. 따라서 비가 내리는 것은 커피나무가 새 꽃을 피우게 되는 것을 의미한다. 커피나무가 화개한 꽃을 내기까지는 약 7~8개월이 걸리므로 파란 열매, 빨간 열매 또는 너무 익은 열매까지 함께 한 나무에 맺혀 있게 되는데, 이러한 점은 추수하는데 있어 문제점을 야기 시킨다.

즉 작물의 여문 상태가 불규칙성을 띄므로 상품에 상당량의 불량품이 존재한다는 것이다. 만약 덜 익은 생두가 섞이면 너무 쓴맛과 함께 향기가 약해지고 너무 익어 발효가 된 생두는 훨씬 큰 위험을 초래하는데 스팅커라고 불리는 이러한 생두들은 불쾌한 향을 발산시켜 수백 개 생두의 질을 저하시킨다. 이러한 문제점을 피하기 위한 최상의 추수 방법은 '따내기Picking'이다.

일꾼들이 팀을 이루어 나무와 나무 사이로 선홍색의 익은 열매, 버번종의 경우에는 노란색의 열매를 하나씩 손으로 따는 방법이다. 덜 익은 커피 열매는 다음 추수를 위해 나무 위에 남겨지고 너무 익은 것들은 저절로 땅에 떨어지게 된다.

▲ 열매 수확 후 이물질 제거 작업

좀 더 빠른 방법으로는 정확성이 비교적 떨어지는 '훑기 방법Stripping'이 있다. 나뭇가지를 손으로 훑어내려 과실을 떨어뜨린 후 빠르게 긁어모으는 것이다. 땅에 떨어진 생두는 흔히 습기 찬 토지에서 번식하기 쉬운 박테리아에 전염될 위험이 크기도 하다. 하지만 이 방법은 주로 특정 기간에 우기가 집중되어 많은 양의 원두가 동시에 알맞게 익어 추수시기를 쉽게 알아낼 수 있는 지역에서 사용되고 있다.

상품의 질을 좀 더 의식하고 있는 커피 재배자들은 상품의 확실성을 위해 따내기 방법을 이용한다. 한편 훑기 방법에 이용하는 기계는 나무에 상처를 내는 문제점도 있다.

수확 Harvesting 시기

수확 시기는 에티오피아, 중미 등 적도 위쪽에서는 9~12월, 적도 아래쪽 브라질 등에서는 4~5월, 적도부근인 콜롬비아, 우간다 등에서는 1년 내내 수확한다. 일반적으로 수확은 1년에 한번 하지만 콜롬비아, 케냐에서는 건기, 우기에 2번 수확이 가능하다.

수확방법에 따른 분류

핸드피킹Hand Picking

커피열매를 한 알씩 직접 손으로 따내는 방법으로 산비탈처럼 수확기계가 들어가기 어려운 곳이 많은 커피재배지에서 많이 사용된다. 커피나무는 우기를 겪으면서 한 나무의 열매라 할지라도 그 성숙도가 제각각이다. 그러므로 한 그루의 커피나무에서 전체를 한 번에 수확하는 경우는 드물다. 즉 수확기간 동안 여러 차례 수확을 하게 된다. 이것은 비용 상승의 원인이 되기도 한다.

▲ 핸드피킹

이렇게 수확된 90~100kg 열매는 20~30kg 생두가 되고 이를 볶으면 17kg정도가 된다.

잘 익은 열매를 선별하여 수확할 경우 품질 좋은 생두를 얻을 수는 있지만 상대적으로 저렴한 가격의 커피를 기대하는 소비자들의 현실 때문에 커피 농부들은 잘 익은 열매와 덜 익거나 더 익은 열매를 주의하지 않고 동시에 수확해버리는 경우가 많다.

수입업자들 또한 일일이 그 익은 정도를 확인하기에는 어려움이 따르므로 익은 정도가 다르게 섞여있는 열매로부터 가공된 생두를 구입한다. 이렇게 수입되어 볶고 분쇄하여 한 잔으로 제공될 경우 최종 소비자는 그 품질을 정확히 알아내기가 어렵다.

이러한 문제점을 해결하기 위한 첫 번째 방법은 농부들에게 많은 수익을 보장해주는 것이다. 하지만 이런 경우 최종 소비자가 지불하는 비용도 늘어나게 될 것이고 농부들이 실제로 주의를 기울여 수확을 하는지에 대한 여부를 판단할 수 있는 체계적인 구조가 필요하다. 두 번째 방법으로는 열매를 전문으로 수확하는 사람을 고용하는 방법이 있다.

스트리핑Stripping

커피 열매를 손 혹은 간단한 도구로 훑는 방법으로 아래쪽에 천을 깔고 각 열매의 익은 정도를 구분하지 않고 훑기 때문에 양질의 커피를 얻기 힘들다. 아프리카와 브라질의 로부스타를 생산하는 지역, 주로 건식 가공을 하는 경우에 쓰인다. 이렇게 생산된 커피는 인스턴트 커피용으로 많이 사용된다.

▲ 스트리핑 작업

기계 수확Mechanical Harvesting

브라질과 같은 평평한 저지대의 농장에서 쓰인다. 이를 위해 커피나무의 키와 폭을 기계에 맞춰 가지치기를 해주면서 재배를 한다. 기계가 나무에 진동을 주면 열매가 떨어져서 수확되는 방식으로 진동에 강약을 조절하여 익은 열매만을 떨어지게 하지만 수확 후 선별이 어렵고 나무에 손상을 줄 수도 있다.

▲ 기계를 이용한 수확

노동력이 부족하거나 인건비가 비싼 지역에서 사용하는 방법이며 브라질은 한 나무에서 1년에 3번에 나누어 수확하는데 이곳의 커피나무는 거의 균일하게 익는 특성이 있어서 익은 열매의 비율이 약 75% 정도가 되었을 때 기계를 이용하여 수확하는 것이 경제적이다. 이렇게 수확된 열매를 60L 바구니에 담는데 바구니 수에 따라 노임이 결정된다. 트랙터에 솔을 달고 회전시켜서 수확하는 방법도 있으나 선별 수확이 어렵고 잎이나 꽃, 열매에 손상을 입힌다.

Chapter 09

커피의 가공

전통적인 커피 열매의 두가지 가공 방법에는 건조 가공법과 수세 가공법이 사용된다. 커피 열매를 수확하여 수집을 한 후 먼저 나뭇잎, 나뭇가지, 자갈과 같은 이물질들을 열매에서 골라낸다.

그 후 건조 가공법은 커피 열매를 옥외의 짚 멍석에 펼친 후 며칠간 햇빛에 건조시킨다. 껍질과 펄프 조직이 완전히 마르면 탈곡기로 열매를 탈곡하여 껍질과 파치먼트를 떨어 씨를 분리시켜 준다. 회색 피질로 싸여있는 녹색의 생두가 분리되면 각각의 유형 또는 크기별로 분리한다. 건조 가공법 과정을 통해 우리는 천연의 커피, 다른 표현으로는 미수세 가공된 커피를 얻게 된다.

수세 가공법은 과정이 길고 복잡하며, 핸드피킹으로 수확한 커피 열매에 주로 사용한다. 이 유는 이 방법으로 과실의 크기를 보다 일정하게 유지하고 펄프의 유연성을 적정하게 유지시킬 수 있기 때문이다. 수확한 열매를 기계에 넣으면 원심회전판과 칼날에 의해 껍질이 벗겨지고 파치먼트에 쌓인 씨가 추출이 된다. 따라서 열매는 일정한 크기인 것이 좋다. 부서진 씨앗이나 크기가 작아 펄프가 제거되지 않은 열매는 전체 상품의 품질을 떨어뜨릴 수 있다.

건조 가공법 Dry Process

▲ 베드에서 건조 중인 커피열매

건조 가공법은 커피 열매를 수확한 후 펄프를 제거하지 않고 햇빛에 그대로 건조시키는 방법으로 물이 부족하거나 햇볕이 좋은 지역에서 사용하는 가공법이다.

브라질, 에티오피아, 인도네시아, 예멘 등에서 사용되며 로부스타를 생산하는 대부분의 지역이 이 방법으로 커피를 가공한다.

일반적으로는 별도의 과정을 걸치지 않고 열매를 바로 건조하지만, 품질을 향상을 위해 물을 이용하여 이물질과 무거운 열매Sinker, 가벼운 열매Floater를 분리하는 과정을 걸치기도 하는데 이러한 과정을 '플로팅Flotation'이라 한다. 수세 가공법에 비해 물을 많이 사용하지 않기 때문에 환경 친화적인 방식이다. 하지만 건조과정이 오래 걸리기 때문에 노동력이 증가되고 관리가 어렵다는 단점도 있다.

건조 가공법 커피는 거친맛을 만들어 내기도 하지만, 풍부한 바디감, 단맛, 과일향 등의 풍미가 증가하고 자연스러운 커피맛을 만들어내는 특징이 있다. 또한 열매상태로 건조하기 때문에 은피Silver Skin가 생두에 더 강하게 붙어 있어 로스팅 과정에서 더 많은 은피가 발생된다.

1. 수확된 열매

2. 플로팅 과정(부유 선별과정)

3. 건조 과정

▲ 드럼펄퍼(수평형) 필핑 작업

수세 가공법Washed Process

수세 가공법은 커피 열매를 수확한 후 펄프와 점액질까지 제거하고 세척하는 방법으로 물이 풍부한 지역에서 사용하는 가공법이다.

콜롬비아, 케냐, 탄자니아, 코스타리카, 자메이카 등 아리비카 커피를 주로 생산하는 지역에서 널리 이용하는 방식이다.

건조 가공법과 가장 큰 차이점은 펄프를 제거하는 과정으로 펄퍼Pulper라는 기계를 사용해 커피 열매의 40% 정도의 무게를 차지하는 펄프(과육)를 제거한다. 커피 열매의 크기에 따라 펄퍼의 간격을 조절하는 것이 중요하다. 잘못 조절되면 작은 열매는 펄핑Pulping이 되지 않으며, 큰 열매는 커피생두가 손상될 수 있기 때문이다.

펄프 제거 과정이 끝나면 끈적끈적한 점액질을 제거하는 과정을 걸치게 된다. 일반적으로 콘크리트로 만들어진 발효 탱크에 파치먼트를 담그면 효소에 의해 자연스럽게 점액질이 분리가 일어나게 된다. 발효과정은 커피의 양, 물의 온도, 습도, 점액질의 두께 등에 따라 6~48시간 정도 걸리게 된다.

발효과정이 끝난 후에도 커피에 붙어있는 찌꺼기를 제거하기 위해 세척을 한다. 충분히 깨끗한 물로 세척이 이루어져야 쓴맛을 줄일수 있다. 하지만 일련의 과정 중 가장 많은 물을 사용하여 환경적인 문제가 대두되어 약 10년 전부터 수세 가공법의 개선 노력이 진행되고 있다.

1. 펄핑 과정

2.세척 과정

3. 건조 과정

펄프드 내추럴 가공법 Pulped Natural Process

펄프드 내추럴 가공법은 싱커에서 잘 익은 것과 덜 익은 것을 구분하기 위해 약 1990년대부터 시작되었다고 알려져 있다. 이 가공법은 과육을 제거하는 펄퍼의 두께 조절이 가장 중요하다. 기계 내부에는 껍질 제거 후 체를 통과하는 장치를 거치게 되는데 이 때 완숙되어 껍질이 벗겨진 열매는 통과하게 되고 덜 익은 열매는 체에 남게 된다.

펄프드 내추럴 가공법은 코스타리카에서 발전시켜 사용되기 시작한 방식으로, 허니 프로세싱 Honey Processing 도 이와 유사한 가공 방식이다. 두 방식의 가장 큰 차이는 파치먼트를 말리는 장소로, 펄프드 내츄럴 가공법은 파티오 Patio 라고 하는 넓은 바닥에 펼쳐놓고 말리는데 반해, 허니 프로세싱 가공법은 '아프리칸베드 African Bed '라 불리는 그물망의 건조대에서 말린다.

허니 프로세스(Honey Process)의 종류

레드 허니	점액질을 매우 살짝 제거한 것으로 잘 익은 붉은 색의 커피열매 표면을 살짝 제거했을 때 붉은 빛을 띠는 파치먼트가 나타난다. 내추럴 방식에 가까운 맛과 향을 낸다.
옐로우 허니	레드 허니에 비해 점액질을 많이 벗겨내어 10~20%만 남겨두어 내부의 노란색 커피씨앗이 비쳐진다. 워시드 방식에 가까운 맛을 낸다.
블랙 허니	점액질 제거 정도는 레드 허니와 비슷하지만 말리는 과정이 다르다. 하루는 그늘에서, 하루는 햇빛에서 말리는 과정을 반복한다.

▲ 점액질이 붙은 채 건조중인 파치먼트

Chapter 10

커피의 건조

커피는 60~65%에 달하는 수분 함량을 12%로 낮추기 위해 건조과정을 거친다. 건조 방식에는 파티오Patio, 온실Solar Dryers, 아프리칸 베드African Bed, 기계 건조Mechanical Dryers 등 크게 4가지가 있다.

파티오 건조Patio Dryers

▲ 갈퀴질Raking

콘크리트나 아스팔트, 타일로 된 건조장을 파티오라고 하며 열매나 파치먼트를 펼쳐 놓은 후 30~40분마다 갈퀴로 뒤집어 골고루 건조가 되도록 하는 방식이다. 파치먼트는 7~15일 열매는 12~21일 정도 건조하게 된다. 파티오의 재질에 따라 건조 시간도 달라지는데 시멘트 파티오일 경우는 3~6일, 진흙이나 벽돌일 경우는 5~7일 정도 걸린다. 날씨의 영향에 따라 건조 시간을 통제하기 어렵다는 단점이 있다.

또한 건조는 천천히 진행되는 것이 좋기 때문에 너무 빨리 가열되는 시멘트 보다는 진흙 벽돌이 더 좋다. 참고로 생두의 최적의 수분함량은 국가별로 상이한데 케냐는 10%, 수마트라는 14% 정도를 선호한다.

온실 건조Solar Dryers

▲ 온실 건조

일반적 비닐하우스 개념으로 우천 문제를 해결하기 위해 사용된다. 내추럴 방식의 경우 비닐하우스에서 많이 건조하는데 대부분 중미 지역에서 시도되고 있다. 규모나 형태에 따라 조금씩 다른데, 너무 빨리 마를 경우 수분 활성도가 높아 쉽게 썩을 수 있다는 점에 주의하여야 한다. 건조 시간은 덮여있는 정도에 따라 온도의 차이로 인해 3~14일 정도 소요되고 단점은 장소가 협소할 경우 너무 빠르게 건조된다는 단점이 있다.

아프리칸 베드African Bed

최초 테이블 건조 방식은 시멘트로 바닥을 만들 자금이 부족한 지역에서 고안된 방식이지만, 위 아래로 통풍이 잘 되기 때문에 균일하게 말릴 수 있는 장점을 지니고 있다. 아프리카 지역에서 대낮의 강렬한 햇빛에 너무 빨리 건조되는 것을 막기 위해서 사용된 케냐의 경우 서서히 건조하는 방식을 사용하고, 르완다나 브룬디는 초반에 발생하는 수분을 조절하기 위해 그늘에서 먼저 건조 시킨다.

▲ 아프리칸 베드는 많은 노동력이 필요

에티오피아에서는 낮에 덮어줄 경우 약 14일이 소요되며, 케냐에서는 간이 테이블에서 물기만 제거한 후 아프리칸 베드에서 5~9일 건조 후 수분 함량이 20% 가량되면 '컨디셔닝 빈Conditioning Bin'이라고 하는 큰 그물망에 넣어 저어주면서 20~40일 간 건조한다. 르완다 및 브룬디는 모두 그늘에서 1~2일 사전 건조 이후 르완다는 아프리칸 베드에서 14일, 브룬디는 피라미드 건조 방식으로 16~20일 건조한다.

중남미는 아프리카 지역처럼 덥지 않아 대낮에 덮어두거나 그늘에서 사전 건조하지 않는다. 건조에는 5~10일 정도 걸리게 되며 건조시간을 단축시키고 흙과의 접촉을 통한 오염을 막아 줄 수 있으나 보다 많은 노동력을 필요로 한다.

기계 건조 Mechanical Dryers

수분함량이 20% 이하가 되면 커피가 딱딱해지고 검은 색으로 변한다. 이 때 수평의 커다란 드럼으로 된 기계 건조기나 수직으로 된 타워형 건조기에서 40℃ 정도의 온도로 건조하게 된다.

▲ 드럼 건조기

기계식 건조기의 종류

종류	형태	소요 시간
드럼 건조기	가르디올라	1~2일 소요
정적 건조기	금속 박스형의 컨벡션 오븐 스타일	
팬 건조기	쿨링판 스타일	

가르디올라Guardiola라는 드럼 장치는 로스팅 드럼보다 조금 길쭉한 형태이며, 정적 건조기는 요즘 잘 사용하지 않는 형태이다. 팬 건조는 로스팅할 때 쿨러와 비슷한 원리이다. 기계식 건조 방식은 주어진 변수를 통제할 수 있기 때문에 품질의 안정성을 더욱 확보할 수 있다는 장점이 있다.

건조 후 가공 과정

건조가 끝나면 밀링Milling이라는 마무리 과정으로 도정Hulling 및 광택Polishing 단계에 이르게 된다. 이후 청소와 분류Cleaning & Sorting 단계를 거쳐 감정Grading 및 보관Storage에 이르게 된다. 커피가 소비국에 도착한 이후 보관도 매우 중요한 과정으로 최근에는 보관 단계까지를 가공 과정에 포함시켜야 한다는 의견이 있다.

▲ 생두 보관 창고

커피 건조 과정

수세 가공법
- 물에 담궈 선별 → 과육 제거 → 점액질 제거 → 세척 → Sundry or Mechanical Dry

건조 가공법
- 키질 → 체로 고르기 → 선별 → Sundry or Mechanical Dry

펄프드 내추럴 가공법
- 키질 → 체로 고르기 → 선별 → 과육 제거 → Sundry or Mechanical Dry

커피 가공 과정

- **숙성** – 수분을 골고루 분포시킴
- → **정제** – 돌, 나무 등 불순물 제거
- → **탈곡** – 외피를 제거
- → **폴리싱** – 실버스킨 제거(수세식만 해당)
- → **분류** – 크기에 따라 분류
- → **선별** – 기계식 / 전기식

Chapter 11

생두의 분류

커피 생두의 분류

생두의 등급을 분류하는 기준은 생산지별로 결점사항, 스크린사이즈, 경작고도 등 다른 기준으로 분류되고 있다. 2차 세계대전 전까지는 뉴욕의 커피 및 설탕 거래소에서 표준을 정하였으나, 이를 폐쇄한 후 현재는 생두의 품질에 관한 국제적인 기준이 없다.

커피 생산지마다 다른 품질등급 기준을 적용하고 있으나 대체적으로 SCAA와 브라질, 뉴욕 분류법 등을 일반적으로 사용하고 있다. 최근 생두 유통 단계부터 생산지까지 공개되어 좋은 가격을 받기 위한 농민은 자체 품질관리가 이루어지면서 협동조합이나 재배자의 명칭도 중요한 품질 기준이 되고 있다. 세계 커피시장에서 인정받는 몇 가지 생두 등급 분류 기준은 다음과 같다.

고도에 의한 분류

이는 생두를 생산하는 지역의 고도에 따라 분류하는 방법으로 코스타리카, 과테말라등의 국가에서 분류하는 기준이다.

- SHB Strictly Hard Bean: 해발 4,500피트(1,370m) 이상
- HB Hard Bean: 해발 4,000~4,500피트(1,220~1,370m)
- Semi Hard Bean: 해발 평균 3,800피트(1,260m)
- Extra Prime Washed: 해발 3,000~3,500피트(910~1,060m)
- Prime Washed: 해발 2,500~3,500피트(770~1,060m)
- Good Washed: 해발 2,500피트(770m) 미만

브라질 & 뉴욕 분류

NY2, NY3 등으로 분류되며 샘플 생두 300g 안에 몇 개의 결점두와 불순물이 섞여 있는가를 기준으로 등급을 결정하는 방법이다. 이런 결점두와 불순물을 블랙빈의 수량으로 환산하여 점수를 매기며, 두 가지 이상의 결점사항이 있는 경우 가장 큰 결점사항을 기준으로 판정한다.

크기에 따른 등급 분류

생두의 크기 분류 방법은 스크리닝Screening을 사용한다. 스크리닝은 스크린 사이즈Screen Size의 구멍 크기에 따라 구분하며, 분류 방법은 가공과정을 거친 생두 300g을 스크린을 이용하여 1차 선별하고 크기별로 구분된 생두의 무게를 백분환산하여 생두의 크기 등급을 정한다.

▲ 기계식 스크리닝

스크린 사이즈 = 1/64인치 = 약 0.4mm

<table>
<tr><th>Screen</th><th>크기
(mm)</th><th colspan="2">English</th><th>Spanish</th><th>Colombia</th><th>Brazil</th><th>Indonesia</th><th>Tanzania
(Africa))</th><th>Costarica</th><th>Guatemala</th></tr>
<tr><td>20</td><td>7.94</td><td>Very Large</td><td>–</td><td>–</td><td>–</td><td rowspan="2"></td><td rowspan="2">Grade 1</td><td></td><td></td><td></td></tr>
<tr><td>19</td><td>7.54</td><td>Extra Large</td><td>–</td><td>–</td><td>–</td><td>AA</td><td></td><td></td></tr>
<tr><td>18</td><td>7.14</td><td>Large</td><td rowspan="2">1st Flats</td><td rowspan="2">Superior</td><td rowspan="2">Supremo</td><td>No. 2</td><td>Grade 2</td><td rowspan="2">A</td><td rowspan="2">SHB</td><td rowspan="2">SHB</td></tr>
<tr><td>17</td><td>6.75</td><td>Bold</td><td>No. 3</td><td>Grade 3</td></tr>
<tr><td>16</td><td>6.35</td><td>Good</td><td rowspan="2">2nd Flats</td><td rowspan="2">Segunda</td><td rowspan="2">Excelso</td><td>No. 4</td><td>Grade 4</td><td rowspan="2">B</td><td rowspan="2">HB</td><td rowspan="2">Fhs</td></tr>
<tr><td>15</td><td>5.95</td><td>Medium</td><td>No. 5</td><td>Grade 5</td></tr>
<tr><td>14</td><td>5.55</td><td>Small</td><td>3rd Flats</td><td>Tecera</td><td></td><td>No. 6</td><td>Grade 6</td><td>C</td><td></td><td>HB</td></tr>
<tr><td>13</td><td>5.16</td><td rowspan="6">Peaberry</td><td rowspan="2">1st Peaberries</td><td rowspan="2">Caracol</td><td rowspan="6"></td><td rowspan="6"></td><td rowspan="6"></td><td rowspan="6">PB</td><td rowspan="6"></td><td rowspan="6"></td></tr>
<tr><td>12</td><td>4.76</td></tr>
<tr><td>11</td><td>4.30</td><td rowspan="2">2nd Peaberries</td><td rowspan="2">Caracoli</td></tr>
<tr><td>10</td><td>3.97</td></tr>
<tr><td>9</td><td>3.57</td><td rowspan="2">3rd Peaberries</td><td rowspan="2">Caracoliio</td></tr>
<tr><td>8</td><td>3.17</td></tr>
</table>

▲ 생두 사이즈 분류

SCAA 분류 기준

일반적인 샘플링은 300g의 생두로 하지만 SCAA 분류는 350g의 샘플을 가지고 평가한다. SCAA 분류법은 콩의 결점과 커피 품질과의 관계를 평가하는 뛰어난 시스템이지만 국가별 기준이 아닌 SCAA 자체 기준으로 평가되고 있다. 하지만 인지도가 높고 많은 나라와 기관 등이 협회에 가입되어 있어 커피 분류 및 평가의 기준으로 자리 잡고 있다.

일반적으로 생두 분류를 결점두나 사이즈, 고도 등으로 분류하지만 SCAA는 콩의 결점 뿐만 아니라 콩의 크기, 수분 함유율, 컵 퀄리티Cup Quality까지도 평가하기 때문에 평가 기준과 신뢰성이 높다.

스페셜티 커피 분류 기준

항목	내용
샘플 중량	생두: 350g, 원두: 100g
수분 함유량	워시드 커피: 10~12%, 내추럴 커피: 10~13%
콩의 크기	편차가 5% 이내일 것
냄새	외부의 오염된 냄새가 없을 것
향미 특징	커핑을 통해 샘플은 Fragrance/Aroma, Flavor, Acidity, Bode, Aftertastad의 부분에서 각기 독특한 특성이 있을것 향미의 결점이 없어야 한다. (No Fault & Taint)

스페셜티 커피 Specialty Coffee

스페셜티 커피는 SCAA 기준으로 최상의 커피를 말하며 현재 전 세계 미식가들에게 인기가 많으며 일반 커피 애호가 뿐만아니라 많은 사람들이 그 맛과 향미를 즐기고 있다.

이상적인 커피 재배와 기후 조건에서 생산된 아주 뛰어난 품질의 생두로부터 만들어진 커피로 재배지역 토양의 독특한 특성으로부터 형성된 특징적인 향미Flavor를 가지고 있어 높은 가격에 대량 구매가 이루어지고 있다. 경매를 통해 매년 나라별, 산지별 단가가 결정되는데, 스페셜티 커피는 '고메이 커피Gourmet Coffee' 또는 '프리미엄 커피Premium Coffee'라고 불리고 있다.

항목	내용
Specialty Grade	• 결점두: 350g 중 5점 이하 (1차 결점수 허용 안됨) • 크기: 표시된 스크린 사이즈 최대 5% 미만 허용 • 맛: Fragrance, Aroma, Flavor, Acidity, Body, aftertaste 중 최소 한 가지 특성을 가져야 함 • 미성수된 콩(Quaker): 허용되지 않음 • 수분함량: 9~13%
Premium Grade	• 결점두: 350g 중 8점 이하 (1차 결점수 허용 안됨) • 크기: 표시된 스크린 사이즈 최대 5% 미만 허용 • 맛: Fragrance, Aroma, Flavor, Acidity, Body, aftertaste 중 최소 한 가지 특성을 가져야 함 • 미성수된 콩(Quaker): 최대 3개 허용 • 수분함량: 9~13%
Exchange Grade	• 결점두: 350g 중 9~23점 이하 • 크기: 표시된 스크린 사이즈 15 이상이 무게로 50% 이상 표시된 스크린 사이즈 14 이하는 5% 미만 • 미성수된 콩(Quaker): 최대 5개 허용 • 수분함량: 9~13%
Below Standard Grade	• 결점두: 350g 중 24~86점 이하 • 수분함량: 9~13%
Off Grade	• 결점두: 350g 중 86점 이상

SCAA Specialty Coffee Association of America의 약자로 1982년 스페셜티 커피 교역에 대한 소규모 모임으로 시작되었다. 현재 3,000개 가까운 단체 회원이 가입된 세계에서 가장 규모가 큰 커피 무역 단체Trade Association이며 미국뿐만 아니라 전 세계 40여 개국의 커피 생산자, 소매상, 로스터, 수출입 업자들이 가입되어 커피 발전을 위한 세미나 개최, 각종 인증 프로그램 실시, 연례회의 개최, 교육자료 제작, 교육 훈련 프로그램 실시 등 다양한 사업을 하고 있다.

SPECIALTY COFFEE ASSOCIATION OF AMERICA®

▲ 미국스페셜티커피협회

SCAA 결점두 환산표

SCAA 결점두Full Defect 환산표는 결점두마다 커피 향미 품질Cup Quality에 끼치는 영향이 다르므로 단지 산술적인 개수로 판단하기 어려워 이를 점수로 환산한 표이다. 크게 결점두를 두 그룹으로 분류하는데 영향이 큰 결점두는 프라이머리 디펙트Primary Defects와 영향이 적은 결점두는 세컨더리 디펙트Secondary Defects로 분류한다. 그리고 각 결점두마다 풀 디펙트Full Defect로 환산한다.

Primary Defects	Full Defect	Secondary Defects	Full Defect
Full Black	1	Partial Black	3
Full Sour	1	Partial Sour	3
Dried Cherry/Pod	1	Parchment/Pergamino	5
Fungus Damaged	1	Floater	5
Severe Insert Damaged	5	Immature/Unripe	5
Foreign Matter	1	Withered	5
		Shell	5
		Broken/Chipped/Cut	5
		Hull/Husk	5
		Slight Insect Damaged	10

국가별 분류 기준

아프리카 지역

국가명	특징	주요재배지역	등급분류		비고
에티오피아 (ethiopia)	• 아라비카 커피의 원산지 • 아프리카 최대 커피 생산국	• Yirgacheffe(예르가체프) • Sidamo(시다모) • Harra(하라) • Djimmah(짐마)	Grade1	3개 이하	생두 300g당 결점두 개수
			Grade2	4~12개 이하	
			Grade3	13~25개 이하	
			Grade4	26~45개 이하	
케냐 (kenya)	• 국가차원의 커피 산업지원이 이뤄짐 • 탄탄한 커피 경매시스템으로 커피 품질에 대한 신뢰도가 높음	• Mt.kenya(케냐 산) • Mt.elgon(엘곤 산) • Nakuru(나쿠루) 등	AA	18 이상	스크린사이즈 (1스크린사이즈 = 0.4mm)
			A	17~18	
			AMEX	–	
			B	16~17	
			C	15~16	
탄자니아 (tanzania)		• Moshi(모시) • Tanganyika(탕가니카 호수) • Nyasa(니아사 호수) 등	AA	18	스크린사이즈 (1스크린사이즈 = 0.4mm)
			A	17	
			AB	15~16	
			C	14	

중남미 지역

국가명	특징	주요재배지역	등급분류		비고
브라질 (brazil)	• 베트남에 이은 세계 최대의 커피 생산국 • 대규모 커피농장과 현대식 기계수확이 이뤄짐	• minas gerais (미나스 제라이스) • sao paulo(상파울루) • parana(파라나) • espirito santo (에스피리투 산토) 등	No.2	4개 이하	생두 300g당 결점두 개수
			No.3	12개 이하	
			No.4	26개 이하	
			No.5	46개 이하	
			No.6	86개 이하	
콜롬비아 (colobia)	• 마일드 커피로 유명 • 콜럼비아커피생산자협회(fnc)의 감독하에 높은 품질의 커피를 생산	• medellin(메델렌) • manizales(마니셀라스) • bogota(보고타) • armenia(아르메니아)	supremo	17	스크린사이즈 (1 스크린 사이즈 = 0.4mm)
			excelso	16	
			U.G.Q	15~16	
			c	14	
멕시코 (mexico)	• 고지대에서 생산되는 '알투라' 유명	• chiapas(치아파스) • veracruz(베라크루즈) • puebla(푸에블라) • oaxaca(오악사카)	SHG	18 이상	스크린사이즈 (1 스크린 사이즈 = 0.4mm)
			HG	17~18	
			Prime Washed	–	
			Good Washed	16~17	
과테말라 (Guatemala)	• 스모크 커피의 대명사 안티구아로 유명 • 국토 대부분이 미네랄이 풍부한 화산재로 이뤄짐	• huehuetenango (우에우에테낭고) • antigua(안티구아) • san marcos(산 마르코) • coban(코반) 등	SHB	1,400m 이상	해발고도
			HB	1,200~ 1,400m 이상	
			SH	1,000~ 1,200m 이상	
			EPW	900~ 1,000m 이상	
자메이카 (jamaica)	• 세계 3대 커피로 손꼽히는 블루 마운틴(Blue Mountaind)의 산지로 유명	• mavis bank (마비스 뱅크) • wallen ford(월렌 포드)	No.1	19	스크린사이즈 (해발고도 1,100m 이상에서 재배)
			No.2	17	
			No.3	16	
코스타리카 (costarica)	• 커피가 국가 주요산업에 해당하며, 법적으로 아라비카 품종만 재배 가능함	• tarrazu(따라주) • tre rios(트레리오스) • turrialba(투리알바)	SHB	1,200~ 1,650m 이상	해발고도
			GHB	1,100~ 1,250m이상	
			HB	800~1,100m	
			MHB	500~1,200m	

아시아 지역

<table>
<tr><th>국가명</th><th>특징</th><th>주요재배지역</th><th colspan="3">등급분류</th><th>비고</th></tr>
<tr><td rowspan="4">하와이
(Hawaii,
미국)</td><td rowspan="4">• 세계 3대 커피로 손꼽히는 하와이안 코나(Hawaiian Kona)생산지</td><td rowspan="4">• Kona(코나)
• Kauia(카우아이)
• Molokai(몰로카이)
• Maui(마우이)</td><td>Kona Extra Fancy</td><td>19</td><td>10개 이내</td><td rowspan="4">스크린 사이즈 결점두 개수</td></tr>
<tr><td>Kona Extra Fancy</td><td>18</td><td>16개 이내</td></tr>
<tr><td>Kona Caracoil No.1</td><td>10</td><td>20개 이내</td></tr>
<tr><td>Kona Prime</td><td>–</td><td>25개 이내</td></tr>
<tr><td rowspan="4">인도네시아
(Indonesia)</td><td rowspan="4">• 커피 열매를 먹은 사향고양이의 배설물에서 나온 커피로 만드는 루왁커피(Kopi Luwak)는 세계적인 고가의 커피로 유명</td><td rowspan="4">• Sumatra
(수마트라)
• Java(자바)
• Sulawesi
(술리웨시) 등</td><td>Grade1</td><td colspan="2">최대 11개</td><td rowspan="4">결점두 개수</td></tr>
<tr><td>Grade2</td><td colspan="2">12~25개</td></tr>
<tr><td>Grade3</td><td colspan="2">26~44개</td></tr>
<tr><td>Grade4</td><td colspan="2">45~80개</td></tr>
<tr><td rowspan="4">인도
(Indo)</td><td rowspan="4">• 인도의 우기(몬순)기간에 맞춰 인위적으로 숙성시킨 '몬순 마라바'로 유명</td><td rowspan="4">• Kamataka
(카르나타카)
• Kerala(케릴라)
• Tamit Nadu
(타밀나두)등</td><td>Plantation Pb</td><td colspan="2">피베리</td><td rowspan="4">스크린 사이즈</td></tr>
<tr><td>Plantation A</td><td colspan="2">17</td></tr>
<tr><td>Plantation B</td><td colspan="2">15</td></tr>
<tr><td>Plantation C</td><td colspan="2">14</td></tr>
<tr><td rowspan="4">중국
(China)</td><td rowspan="4">• 최근 신흥 커피 생산국으로 부상하고 있음
• 아라비카 생산으로 유명</td><td rowspan="4">• 雲南(운남, Yunnan)</td><td rowspan="2">Grade1</td><td colspan="2">15~17 이상</td><td rowspan="4">스크린 사이즈 결점두 개수</td></tr>
<tr><td colspan="2">5% 이하</td></tr>
<tr><td rowspan="2">Grade</td><td colspan="2">12~14</td></tr>
<tr><td colspan="2">8% 이하</td></tr>
<tr><td rowspan="3">예멘
(Yemen)</td><td rowspan="3">• 세계 3대 커피로 잘 알려진 예멘 모카(Mocha) 커피의 산지, 커피의 귀부인이라는 별칭이 있음</td><td rowspan="3">• Bani Matter
(베니 마타르)
• Haraz(하라지)
• Sana(사나)</td><td colspan="3">Mattari</td><td rowspan="3">재배지역</td></tr>
<tr><td colspan="3">Hirazi</td></tr>
<tr><td colspan="3">Sanani</td></tr>
</table>

Chapter 12

커피 산지별 특성

중앙 아메리카

대체로 신맛이 좋고 바디는 강하지 않은 편이며 향이 좋다.

자메이카 Jamaica

영국의 식민지 시절이었던 1725년 '니콜라스 라웨즈'경이 마르티니크 섬으로부터 커피나무를 들여와 커피를 경작하기 시작하였다. 재배 조건이 우수한 자메이카는 9년 후에 40톤의 커피를 수출하게 되고, 1768년까지 커피 산업이 크게 발전하면서 서서히 그 경작지를 블루 산맥 Blue Mts. 으로 확대시켜 나갔다. 그리고 세계의 커피시장은 블루 마운틴에서 생산된 자메이카 커피의 품질을 높이 평가하게 되었고, 이 커피를 '커피의 황제'라고 부르기 시작하였다.

블루 마운틴 커피의 부드럽고도 조화로운 커피 맛의 원천에 대해 블루 산맥의 독특한 기후 조건을 살펴보지 않을 수 없다. 블루 산맥 고지대는 연중 짙은 안개가 덮여 있다. 이 짙은 안개는 강렬한 햇빛이 커피나무에 직접 내리쬐지 못하게 하는 일종의 차단막 역할을 하면서 커피나무의 성장을 더디게 조절하게 된다. 그 결과 블루 마운틴 커피는 같은 고도의 타 지역보다 높은 밀도의 커피가 생산된다.

1962년 영국으로부터 독립한 자메이카 정부는 커피 산업이야말로 자메이카의 대표 산업임을 강조하면서 자메이카 커피를 발전시키려고 했지만, 미약한 자본력의 한계가 있었다. 1969년 일본 자본이 투자되면서 일본인 특유의 생산 관리 기법이 도입되고, 이러한 엄격한 관리 하에 블루 마운틴 커피는 다시 살아나게 된다. 생산량과 품질의 엄격한 관리, 전체 생산량의 90%를 일본이 수입하는 독점 구매 정책, 높은 가격으로 수입한 커피를 더 높은 가격으로 재수출하는 가격 정책과 상품의 희소화 정책 등으로 자메이카 블루 마운틴은 커피의 황제 자리에 성공적으로 재등극하게 된다. 오늘날에도 자메이카 블루 마운틴의 80%는 일본으로 수출되고 있다.

자메이카 커피는 주로 네 가지로 분류된다. 해발 1,100m 이상에서 생산된 '자메이카 블루 마운틴', 해발 1,100m 이하에서 생산된 '하이 마운틴', 저지대 커피로서 중 · 저급의 '프라임 워시드' 그리고 저지대 생산 커피인 '프라임 베리'가 있다.

블루 마운틴은 대표적인 연질의 커피로서 열의 흡수와 통과가 용이한 특징을 가진다. 강하게 로스팅하면 향미가 줄어들고 맛의 균형이 깨지기 때문에 로스팅의 적절한 포인트는 중배전인 '하이'에서 '시티'정도가 적당하다. 약한 불로 느긋하게 로스팅하는 것이 권장되는 커피이다. 또 블루 마운틴은 블렌딩이 필요 없을 정도로 맛과 향에서 조화로운 커피로 알려져 있다. 신맛과 쓴맛이 균형을 이루며, 향이 부드럽고 풍부하다.

'블루 마운틴Blue Mountain' 상표는 포트란드, 성 토마스, 성 앤드류스 고지대에서 재배한 커피콩에만 사용한다. 낮은 지대의 콩은 '하이 마운틴 수프림High Mountain Supereme'과 '프라임 워시드 자메이카Prime Washed Jamaica'로 분류한다. 매우 부드러우면서 향기가 풍부하며, 상큼한 맛과 초콜릿 향이 있다.

멕시코 Mexico

1790년경부터 커피의 경작을 시작하였으며, 북부 지역은 커피존을 벗어나 있어 화산 지대가 형성되어 있는 남부 지방에서만 커피가 생산되고 있다. 커피 구매자들에게 멕시코 커피는 매력 있는 커피로 무엇보다도 가격이 품질에 비해 저렴하다. 세계 4위의 커피 생산국이면서도 가격은 저급 커피 이미지를 벗어나지 못하고 있어 유기농법이나 그늘 경작법으로 커피의 품질 향상에 박차를 가하고 있는 실정이다.

최상급 커피는 1,600m이상 고지대에서 재배하는 '에스트리멘테 알투라Estricmente Altura' 등급이며, 구스테페Gustepee, 프루시아Prussia, 리퀴담바르Liquidambar, 산타 크루즈Santa Cruz 등의 농장 이름을 붙여서 품질을 구분한다. 1,000~1,600 m에서 재배한 고급 커피에는 '알투라Altura' 등급을 붙인다.

엘살바도르 ElSalvador

1900년대에 들어서면서 커피 산업이 본격적으로 육성되기 시작하였으며, 오늘날에는 전 국토의 약 12%가 커피 농장으로 조성되어 있다. 엘살바도르 커피는 주로 미국과 독일로 수출되었다. 아직까지는 경작법이나 가공법이 충분히 개발되지 못하고, 정부 차원의 커피 경작 교육이 제대로 이루어지지 않아 지역마다 그 맛과 향에서 많은 차이를 보이고 있다. 하지만 천혜의 자연 조건으로 엘살바도르의 커피는 중급 이상의 마일드 커피로 평가되고 있으며, 생두는 모두 수세 가공으로 가공되며 대부분의 커피는 그늘 경작법으로 생산되고 있다.

유명 커피로는 '엘살바도르 SHG'와 '파카마라Pacamara', '피필Pipil' 등이 있다. SHG등급은 1,200m 이상의 고지대에서 생산되고, 살바도르 파카마라Salvador Pacamara는 교배종으로 맛이 부드럽다.

과테말라 Guatemala

1750년경에 커피가 도입되었으나, 본격적인 커피 생산은 19세기 초에 시작되었다. 과테말라 커피 중 대부분은 시에라마드레 산맥의 고원 지대에서 생산되고 있다. 이 산맥의 태평양 연안 경사면 지역에는 무려 33개나 되는 화산이 있는데, 바로 이러한 화산들로 인해 고급 스모크 커피가 생산될 수 있었다. 스모크 커피의 대명사는 단연 '안티구와Antiqua' 커피이다. 안티구와는 쏘는 듯한 스모크 향과 깊고 풍부한 맛에 살며시 느껴지는 초콜릿 맛이 일품인 과테말라의 대표 커피이다.

과테말라에서는 다른 나라에 비해 전형적인 커피 품종인 티피카 및 버번종이 주로 경작되고 있다. 상당 부분 그늘에서 경작되는 '쉐이드 그로운Shade Grown'은 대형 농장과 소규모 농장에서 모두 사용하고 있다. 향기가 풍부하고 상큼하며, 호두향이 특징인 고급 커피이다. 다양한 기후를 가진 나라로 안티구아Antigua, 코반Coban, 후에후에테낭고Huehuetenango 등이 유명한 생산지이다. 최고급 커피는 1,600m 이상의 지역에서 재배한 SHB 등급으로 세계적으로 명성이 높다.

코스타리카 Costa Rica

코스타리카 커피는 1779년 쿠바로부터 이식되면서 경작되기 시작하였다. 로부스타 커피의 경작을 불법 행위로 규정하는 등 엄격하지만 효율적인 커피 산업 정책으로도 유명하다. 연간 10만 톤의 커피를 생산하고 있으며, 특히 태평양 연안 산지의 커피가 우수한 평가를 받고 있다. 코스타리카 커피를 대표하는 것은 단연 '타라주Tarrazu'이다.

유기 농법으로 경작되어 생두의 크기는 크지 않으나 그 맛과 향은 최고급으로 평가된다. 타라주 중에서도 '라미니타' 농장의 커피가 최상급으로 알려져 있다. 신맛, 감칠맛, 와인맛이 특징이며, 완벽한 맛과 향이 조화를 이루는 커피이다. 코스타리카는 열대 우림 지역으로 곳곳에 있는 고지대 활화산 지형 조건만으로도 그 품질을 인정받고 있다.

온두라스 Honduras

우수한 자연 경작 조건을 갖추고 있음에도 불구하고 열악한 산업 정책과 인프라 구조로 인하여 커피 산업의 발전이 제대로 이루어지지 못하고 있다. 커피 산업 지원정책이나 가공시설, 운송시설 등이 거의 없어서 제법 괜찮은 고급 커피가 생산되고 있음에도 불구하고 제대로 인정받지 못하고 있는 실정이다.

부드러운 신맛과 달콤한 캐러멜향이 곁들어진 쓴맛이 조화를 이룬다는 높은 평가에도 불구하고 마케팅 전략의 미비와 열악한 인프라 구조로 인하여 품질에 상응하는 가격을 못 받고 있다. 유명 커피로는 '온두라스 SHG'와 '온두라스 HG'가 있다.

니카라과 Nicaragua

생산량은 많지 않으나 고급으로 평가되는 커피이다. 진한맛과 깨끗한 향, 조화로운 맛으로 고전적인 커피 맛 이라고도 표현된다. 그러나 니카라과 커피의 특징은 다른 중앙 아메리카의 많은 고원지대 커피와는 달리 날카로운 신맛이 거의 없다는데 있다. 하지만 실제 커피시장에서는 이러한 높은 품질에 비해 가격면에서 인정을 받지 못하고 있다.

파나마 Panama

파나마 커피의 상당량은 SHB급의 고급 마일드 커피이다. 무게는 가벼우나 달콤하고 알맞은 신맛, 균형 잡힌 깊고 풍부한 맛과 향을 가진 고급 커피로 평가되고 있으나 생산량은 그리 많지 않다. 파나마 커피 중에서도 진짜 고급 커피는 '보케테Boquete'커피인데, 소규모 농가들에서 생산되는 티피카 품종이다. 아라비카 커피만을 생산하는 파나마의 가공법은 대부분이 수세 가공법이다. 저지대에서 생산되는 커피는 대부분 미국 시장에서 판매되고 있다.

페루 Peru

페루는 안데스 산맥이 전 국토의 대부분을 차지하고 있는 산악 국가로, 아라비카 커피만을 생산하며 남아메리카 유기농 커피의 리더로 빠르게 부상하고 있는 나라이다. 하지만 아직까지는 불순물과 결점두들이 섞인 커피를 생산하고 있어 일부 페루 커피는 저평가되고 있지만 일반적으로는 산뜻하면서도 깊은 맛과 향이 있다.

남아메리카

오래전부터 많은 커피를 생산해 오고 있고, 지금도 커피의 물량을 결정짓는 역할을 하는 곳이다.

브라질 Brazil

커피 하면 연상되는 나라로 한때는 전 세계 커피 생산량의 절반가량을 차지하였다. 브라질의 본격적인 커피 생산은 포르투갈로부터 독립한 1822년부터이며 1845년에는 세계 커피의 45% 정도까지 생산하였다. 1950년대까지 전 세계 커피의 40%를 충당하였으며, 오늘날에도 20~30% 정도의 점유율을 차지하고 있는 세계 최대의 커피 생산국이다. 1727년 팔레타에 의하여 프랑스 기아나로부터 늦게 전파 되었으나, 대량 재배로 세계 커피의 상당량을 생산하고 있다. 생산량에 치우친 생산 증대, 즉 대량 생산 정책으로 다른 나라의 아라비카에 비해 중 · 저급 커피로 평가되고 있다. 브라질 커피의 대부분은 상파울로 산토스 항구로 집결되어 수출된다. 그래서 브라질 커피를 흔히 '산토스'라고 부르고 있다. 브라질의 유명 커피로는 '브라질 산토스Brazil Santos NY2', '브라질 산토스 버번Brazil Santos Bourbon NY2'가 있다.

티피카와 버번 품종이 섞인 아라비카와 로부스타를 함께 생산하며 한 번 수확하여 자연 건조한다. 향기와 상큼한 맛은 약하나 중후하고 달콤하여 다른 커피와 잘 조화를 이루며, 특히 에스프레소 커피의 베이스로 적합하다. 펄프 가공한 커피는 수세 가공 커피보다 달콤하면서도 자연 가공 커피의 중후함을 가지고 있다. 수출 커피는 결점두에 따라 NY2, 4, 6, 8 등급으로 구분한다.

브라질 커피 중 '마라고지페Maragogipe' 커피는 보통의 커피나무에서 매우 큰 열매를 딸 수 있도록 개량한 품종인데, 신맛과 향기가 강하다. 이 품종은 과테말라와 멕시코 등지에서 재배되며, 미디엄 로스트로 볶아 사용하면 가장 이상적이다. 일반적으로는 블렌드나 인스턴트 커피를 만드는 데 사용된다.

콜롬비아 Colombia

세계 2위의 생산국이며 1799년부터 커피를 경작하여 1900년을 기점으로 브라질 다음으로 최대 커피 생산국으로 부상하였다. 브라질이 생산량에 중점을 둔 반면, 콜롬비아의 경우 품질에 중점을 두어 최고의 커피를 생산함

에 자부심 또한 대단하다. 대부분 안데스 산맥의 해발 1,400m 이상의 고지대에서 경작하는데, 아라비카 커피만 생산한다. 주로 티피카, 버본, 카투라 품종이 섞여 있다. FNC(콜롬비아커피생산자조합)의 효율적 생산 관리로 품질이 안정되고 수프리모와 엑셀소의 상품급만 수출한다.

콜롬비아 커피는 스트레이트로 마셔도 좋다. 향기가 풍부하고, 상큼하며, 달콤하고, 부드러워 배합하기에 매우 좋은 커피일 뿐만 아니라, 감미가 있는 부드러운 커피이다. 콜롬비아의 경우 '카페테로'라고 불리는 농부들의 중소규모 자영 농장에서 생산된다. 오히려 이러한 중소 자영 농장에서 생산되기 때문에 품질 관리가 철저히 이루어져 세계 최고의 품질을 생산해 낼 수 있는 것이다. 메델린, 마르 메니아, 마니잘레스, 보고타, 부카라만가 등이 주요 생산지이다.

아시아

강한 바디감, 깊은 향 그리고 부드러운 질감을 가지고 있다.

하와이 Hawaii

하와이는 세계적인 최고급 커피 중 하나인 '코나Kona'커피의 생산지로, 태평양 연안 기슭에 자리한 소규모 농장들에서 세계의 유명 커피인 코나가 생산되고 있다. 코나는 철저하게 손으로 한알 한알 수확하여 수세 가공으로 생산하는 티피카 품종의 커피이다. 규칙적인 비와 배수가 잘 되는 화산재 토양 그리고 적절한 기온 덕분에 비교적 낮은 고도에서 경작됨에도 불구하고 고지대에서와 같은 고급 품질의 커피가 생산되고 있다. 단맛과 신맛 그리고 산뜻하고도 조화로운 맛과 향을 가진 부드러운 커피로 평가받고 있다. 진하며 깊고 풍부한 맛의 커피를 즐기는 사람들에게는 오히려 너무 부드럽고 가벼운 커피라는 느낌을 주기도 한다. '카우아이 이스테이트Kauai Estate'라고 하는 카우아이 커피는 신맛이 적으면서 바디가 짙은 커피로 알려져 있고, 몰로카이 섬에서는 '마루아니 이스테이트Mariani Estate'와 '몰로카이 무레 스키너Molokai Mule Skinner'라는 커피가 알려져 있다.

코나 커피 외에도 카우아이, 몰로카이, 오아후, 마우이 섬에서 커피가 생산되고 있는데, 이들 커피는 아직 코나의 명성에는 미치지 못하고, 하와이 코나 지역에서 재배한 커피에만 '코나Kona'라는 이름을 붙인다. 등급은 크기와 결점에 따라 코나 엑스트라 팬시Kona Extra Fancy, 코나 팬시Kona Fancy, 프라임Prime으로 분류한다. 매우 부드러우면서도 상큼하고 풍부한 향기가 특징이다.

인도 India

인도는 1585년에 이슬람의 순례자인 바바부단Baba Budan이 메카로부터 커피 씨앗을 몰래 가져와서 커피 경작이 시작된 오래된 커피 역사를 가진 나라이다. 그러나 커피가 본격적인 경제 작물로 생산되고 수출된 것은 1840년 이후부터이다. 현재 인도는 아라비카와 로부스타가 모두 생산되고 있지만, 전체 커피 생산량의 약 60% 정도를 로부스타가 차지하고 있다.

인도의 아라비카는 깊으면서도 부드럽고 달콤함, 낮은 산도와 함께 향신료와 초콜릿류의 맛이 있다고 평가되며, 이러한 질은 바디와 달콤함으로 에스프레소 커피의 블렌딩에 많이 사용되고 있다.

생두의 가공법에는 수세 가공법과 건조 가공법이 모두 사용된다. 수세 가공법으로 가공된 아라비카 커피를 '플렌테이션Plantation 아라비카', 수세 가공법으로 가공된 로부스타 커피를 '파치먼트 로부스타'라고 부른다. 인도는 고급 로부스타가 생산되는 것으로도 유명한데, 수세 가공법으로 가공된 로부스타 '카피 로얄'이 유명하다.

현재 인도 커피 중 가장 유명한 것은 몬순 커피인 '몬수니드 말라바르Monsooned Malabar'이다. 약 3~4개월 동안 몬순 바람에 건조시킨 커피로 노르스름한 색을 띠고 있으며 신맛이 줄어들고 무게도 가벼워진 커피이다. '플렌테이션Plantation A' 또는 '몬순Monsoon AA'가 최고급 등급이며, '말라바르Malabar'는 자연 건조 아라비카로 수 주간 해풍을 맞으며 몬순 가공한 커피이다. 독특한 몬순 향기와 중후함이 특징이다.

인도네시아 Indonesia

인도네시아는 아시아 최고의 커피 생산국으로, 커피 산업은 1696년 네덜란드인에 의해 커피나무가 이식되면서 시작되어 1706년에는 자바 커피가 유럽으로 수출되기 시작하였다.

1977년 이후부터 병충해에 강한 로부스타가 경작되면서 오늘날 인도네시아 커피의 90%이상은 로부스타가 차지하고 있다. 질 좋은 아라비카는 5~8% 정도에 머물고 있지만, 세계적인 고급 커피로 평가받고 있다. 인도네시아 커피의 생산지는 자바, 수마트라, 술라웨시, 발리, 티모르와 같이 섬 단위로 구분되고 있다.

- 자바: 다른 지역의 커피에 비해 보다 철저한 수세 가공법으로 생두를 가공하며, 유명한

'모카 자바' 브랜드를 탄생시킨 자바 커피의 생산지이다. 옅은 신맛과 짙은 바디, 초콜릿의 달콤함과 흙냄새 등이 어우러진 조금은 거칠고도 쓴 듯한 고급 커피로 유명하다.

- 수마트라: 야생의 이미지를 풍기며 원시의 낭만을 느끼게 하는 커피로 매끈하고도 통통한 원두의 모양과 함께 짙은 바디, 깊은 맛과 향으로 특히 유럽 사람들이 좋아하는 고급 커피이다. 유명 커피로는 만델링 Mandheling, 린통 Lintong, 가요 마운틴 Gayo Mountain, 코피 루왁 Kopi Luwak 등이 있다.
- 술라웨시: 술라웨시 역시 고급 커피로 토라자 Toraja 지방에서 주로 생산된다고 하여 '술라웨시 토라자'라는 이름으로 불린다. 과거 '셀레베스 칼로시 Celebes Kalasi'라고 불렸지만, 이는 네덜란드 식민지 시대의 명칭이며 현재는 더 이상 사용되지 않는다. 진한 향과 감칠맛, 초콜릿 맛이 조화를 이루고 있다고 평가된다.

파푸아뉴기니 Papua New Guinea

가장 큰 섬인 뉴기니섬 에는 빌헬름산이 있고, 이 산을 중심으로 한 고원 지대에서 파푸아뉴기니 커피가 생산되고 있다. 아라비카와 로부스타가 모두 생산되고 있으며, 연평균 약 7만 톤 정도의 커피가 생산된다. 파푸아뉴기니 커피는 대부분 북아메리카에서 소비되고 있으며, 아직은 고급 커피의 반열에 오르지 못하고 있다. 인접한 인도네시아의 커피와는 달리 부드럽고 달콤한 맛과 향을 지닌 깔끔한 커피로 알려져 있다. 하겐 산을 중심으로 한 서부 하이랜드 지역의 '시그리 Sigri' 커피와 동부 하이랜드 지역의 '아로나 Arona' 커피가 유명하다.

아프리카

커피가 발견된 곳이자 커피 재배의 중심지로, 대체로 신맛이 좋고 매우 향기롭지만 바디가 약한 편이다.

에티오피아 Ethiopia

커피의 고향 에티오피아는 커피가 처음 발견된 곳이며, 지금도 전국 곳곳에서 야생의 커피를 흔히 만날 수 있는 커피의 나라이다. 커피는 에티오피아 사람들의 생활이며, 수출의 절반 이상을 차지하는 주요 수출품으로서 나라 경제의 근간이다. 그러나 열악한 사회 간접자본, 낙후된 경작법과 가공시설 등으로 인하여 커피 산업 인구에 비해 그 생산량은 상대적으로 적은편이다. 거의 대부분의 커피가 전통적인 유기 농법과 그늘 경작법으로 재배되고 있다. 고유한 본래의 아라비카 품종만이 생산되고 있으며, 몇몇 고급 수출용 커피를 제외하고는 거의 건조 가공법으로 생두를 가공하고 있다. 연간 26만 톤의 커피를 생산, 이중 약 90% 정도의 커피가 '가든 커피'라고 불리는 소규모 커피 농가에서 생산되며 총 생산량의 절반 가까운 양이 내수용으로 소비된다.

에티오피아는 천혜의 커피 재배 조건을 갖추고 있으면서도 열악한 경제 사정으로 인해 효율적인 커피 생산을 하지 못하고 있는 형편이다. 에티오피아 정부도 커피 산업의 진흥정책을 통한 양과 질의 향상에 크게 노력하고 있다.

- **하라**: '에티오피아의 축복'이라고 불리는 에티오피아를 대표하는 정통 커피로, 전통적인 건조 가공법으로 생산된다. 거친 듯 깊고 중후한 향미, 감미로운 와인과 과실의 기분 좋은 산미와 단맛, 상쾌한 흙냄새 등이 어우러진 최고의 커피 중 하나로 평가되고 있다. 예멘의 모카 커피와 함께 세계 최고급 커피 중 보기 드문 건식 가공 커피이다.
- **예르가체프**: 하라의 커피가 다소 투박하고 거친 반면 예르가체프는 에티오피아 커피 중에서 가장 세련되고 매끄러우며 깔끔한 최고급 커피이다. 수세 가공을 거치며 건조 가공된 하라 커피에 비해 투박하고 거친 듯한 향미가 부드럽게 바뀌고 과실의 상쾌한 신맛과 초콜릿의 달콤함, 꽃과 와인에 비유되는 향미와 깊은 맛을 가졌다고 평가된다.
- **시다모, 짐마, 리무**: 이곳의 커피들 또한 수세 가공으로 생산된 에티오피아를 대표하는 고급 커피이다. 산지에 따라 조금씩 차이가 있으나 모두 하라, 예르가체프의 커피와 아주 비슷하다고 평가되는 커피들이다. 이중에서도 특히 시다모는 부드럽고 상쾌하며, 리무는 중후한 맛이 대체적이다. 짐마와 시다모의 커피는 그 크기가 다른 커피에 비해 더 작은 것으로 알려져 있다.

케냐 Kenya

1893년 에티오피아를 통해 커피를 도입한 케냐는 1963년 말 영국으로부터 독립을 쟁취한 후 커피를 주요 수출 품목으로 육성하면서 빠르게 커피 산업 구조를 구축 하였다. 미래 지향적인 정확하고도 치밀한 연구개발과 마케팅 전략, 농가 지원정책과 기술교육을 통하여 오늘날 세계 최고의 가장 신뢰받는 커피 생산국의 자리를 확고히 하게 되었다.

케냐는 광활한 고원지대, 적절한 토양과 강수량, 기온 등 고급 커피를 생산할 수 있는 자연환경이 이미 주어져 있었으며, 이러한 자연환경을 최대한 활용하고자 하는 의지와 목표가 있었다. 수십만의 커피 농장을 육성하여 그 농가들을 단위 협동조합으로 구성하고, 별도의 대형 커피 농장도 조성하였다. 단순히 AA, AB 등의 등급에 의해 가격이 정해지고 팔리는 것이 아니라, 전국의 모든 커피는 수도인 나이로로 바로 집결되고, 이 곳에서 LOT별로 경매를 통한 판매가 이루어진다. 그늘 경작법, 농약이나 제초제, 화학 비료 등은 거의 사용되지 않고 있으며, 수세 가공법을 통해 아라비카 커피만을 생산한다. 케냐의 커피는 강하면서도 상큼한 특징이 있다. 짙은 향미와 강한 신맛, 과실의 달콤함, 와인과 딸기의 향미를 가진 커피라고 평가된다. 부드럽고 신맛이 없는 커피를 즐기는 사람들에게는 오히려 그리 만족스럽지 못할 수 있을 정도로 그 맛이 깊고 강렬하다.

예멘 Yeman

세계 최초로 커피를 경작한 나라로 한때 최대의 커피 무역항이었던 모카가 있는데, 모카항을 통해 수출되었던 모든 커피를 '모카Macha'라고 불렀다. 아라비카 커피는 예멘의 커피에서 유래되었으며, 에티오피아에서 발견된 커피를 전 세계로 전파시킨 나라이다.

예멘에서는 자연 건조된 커피 열매를 씨앗을 발라낸 후 통째로 가루로 빻아 그 가루를 뜨거운 물에 넣어 홍차와 같이 옅은 색깔의 커피로 주로 마신다. 생두를 로스팅하고 그것을 분쇄하여 추출한 커피를 마시기도 하나, 이런 커피는 주로 아침에만 마신다.

예멘 커피는 에티오피아의 하라 커피보다 한층 더 강한 맛의 커피로 세계에서 개성이 가장 뚜렷한 커피로 알려져 있다. 생두 모양도 작고 불규칙하며 생두 가공 수준도 세련되지 못해 생두를 로스팅해 놓으면 원두의 색깔도 제각각이다. 하지만 그 맛은 일품이다. 예멘의 커피는 상당한 고지대 커피로 생두의 밀도는 높고, 깊고 풍부한 맛과 향이 있다. 또 커피 품종은 전통적인 티피카와 버번 뿐만아니라 각 지역마다 수많은 개량 변종도 있으며, 이러한 변종 커피 중에서 유명한 것으로 '마타리', '이스마일리'가 있다.

- 마타리Mattari: 수도 사나의 바로 서쪽에 위치한 베니 마타리 지방에서 생산되는 커피로 예멘 최고의 커피다.
- 이스마일리Ismaili: 초콜릿과 과일의 향미가 두드러지면서도 마타리보다 부드러운 커피로 평가된다.
- 히라지Hirazi: 신맛과 과실 맛이 강하면서 마타리보다 부드럽고 가벼운 맛을 지녔다고 평가된다.

• 사나니Sanani: 다른 커피들에 비해 약하고 부드러우며 균형 잡힌 맛과 향이 있다고 평가된다.

탄자니아 Tanzania

1964년 독립 국가로 출발한 탄자니아는 어려운 경제 상황에서 아직 벗어나지 못하고 있는 상태이다. 1893년부터 경작을 시작하였던 커피 산업도 아직 후진성을 면하지 못하고 있다. 생산량이 좀처럼 늘지 않고 품질개선도 잘 되지 않고 있다. 천혜의 자연 조건을 갖추고 있으면서도 경작방법을 제대로 알지 못하는 농부들은 토양의 성질을 모른 채 아무 곳에나 커피나무를 심는다. 그러나 그런 중에서도 탄자니아 '킬리만자로'는 세계 명품 커피의 자리를 유지하고 있다.

탄자니아에서는 최고급의 아라비카부터 로부스타 커피까지 경작되고 있다. 대부분의 커피는 탄자니아 인들의 식량인 바나나 나무와 함께 경작되어 자연스러운 그늘 경작이 이루어지고 있다. 이렇게 식량 농사에 함께 재배되는 커피는 현금화 시킬 수 있는 환금 작물로 여겨지고 있다.

탄자니아를 대표하는 킬리만자로 커피는 깔끔하면서도 기품 있고, 섬세하면서도 거칠며, 풍부한 맛과 향, 날카로운 신맛을 지닌 아프리카다운 커피로 "케냐AA와 구별하기 힘들다."라고도 하며, 에티오피아의 수세 건조 커피를 떠올리게 하는 맛 이라고도 한다. 상큼한 맛과 과실 향기가 특징으로 맛이 부드럽다. 크기가 가장 큰 규격을 AA로 표기한다. 북탄자니아 산의 경우 일본과 한국에서는 킬리만자로Kilimanzaro라고도 부른다.

우간다 Uganda

중앙아프리카의 우간다는 로부스타의 생산지로 유명한 나라이다. 일부 소규모의 시골 농가에서는 고급 아라비카를 생산하기도 한다. 케냐와의 접경지역인 엘곤 산 지역에서 '부기수Bugisu'라는 고급 커피가 생산되는데, 와인과 과실의 맛, 깊은 향미를 지닌 아프리카의 전형적인 커피로서 케냐 커피와 비슷하나 조금 더 거친 느낌이라는 평가를 받는다.

짐바브웨 Zimbabwe

1890년대부터 커피를 생산하였으나 본격적인 상업적 커피의 생산은 1960년대 후반부터 케냐의 커피 산업을 모델로 하여 시작되었다. 짐바브웨는 아라비카 커피만을 수세 가공으로 생산하고 있으며, 주요 산지는 모잠비크 Mozambique 국경 지역인 치팡가 Chipinge와 무타레 Mutare 지역이고, 주요 커피로는 '살림바 Salimba', '라루시에 La Lucie', '스말딜 Smaldeel', '피나클 Pannacle' 등이 있다.

미국 시장에서는 짐바브웨 AA급의 고급 커피가 'Code 53'이라는 이름으로 유통되고 있다. 강한 신맛과 상큼한 과실의 맛, 조화롭고 깊은 맛으로 인해 미국 시장에서는 가짜 짐바브웨 커피가 거래될 정도로 높은 평가를 받고 있으나, 아직은 케냐 커피의 그늘에 가려져 제대로 대접받지 못하고 있다.

잠비아 Zambia

잠비아는 1980년에 독립한 나라로서, 짐바브웨와 같이 케냐의 커피 산업을 모델로 하여 커피 산업을 육성하고 있는 나라이다. 주로 대형 커피 농장에서 아라비카 커피를 수세 가공으로 생산하고 있으며, 커피의 맛은 케냐 커피와 비슷하지만 전반적으로 부드럽다는 평을 받고 있으며, 유명 커피로는 '테라노바 Terranova', '카핑가 Kapinga' 등이 있다.

Chapter 13

커피 로스팅

커피 로스팅Roasting은 굽거나 볶는다는 의미로 커피 생두에 열을 가하여 잠재되어 있는 맛과 향을 발현시키는 과정이다. 커피 생두를 이용해 우리가 마시는 음료를 만들기 위해서는 세 가지 공정인 로스팅, 분쇄Grinding, 추출Brewing을 꼭 거쳐야 한다. 이중 로스팅은 커피의 고유한 향미가 생성되는 유일한 공정으로, 로스팅에 의해 1,000개 이상의 화학물질이 생성되기에 매우 중요하다.

로스팅은 온도와 시간에 의존하는 공정으로, 로스팅에 의해 커피원두는 물리적, 화학적 변화를 겪게 되고 구조 또한 변형된다. 수분이 증발되고, 이산화탄소가 생성되어 방출되며, 여러 휘발성 향기 성분 등이 생성됨과 동시에 일부 손실도 일어난다. 또 부피가 약 2배까지 증가하고, 밀도는 반 이하로 감소하며, 조직이 다공성으로 바뀐다.

로스팅의 정도에 따라 비례적으로 감소하는 커피의 성분으로는 트리고넬린, 클로로겐산이 있는 데, 이들의 함량을 측정하여 로스팅 정도를 파악하기도 한다. 로스팅은 열 전달 현상에 의한 것으로 결국은 전도, 대류, 복사에 의해 공급된 열이 커피원두를 가열하여 일어나는 것이다.

로스팅은 커피의 핵심적인 향기Aroma, 산미Acidity, 향미Flavor, 바디Body, 애프터테이스트Aftertaste가 조화롭게 생성되는 과정으로, 커피 생두 성분의 당, 단백질, 유기산, 무기물 등이 물리 · 화학적으로 상호 반응하여 일어난다.

Chapter 14

로스팅 머신

12~13세기 아랍에서는 찰흙이나 돌로 만든 그릇에 생두를 올린 후 불 위에서 로스팅을 한 것으로 알려져 있다. 그리고 1650년경 원통형의 로스터가 출현하였으며 19세기에 이르러 오늘날 가장 보편적으로 사용되는 드럼형 로스팅 머신이 등장하였다. 사용연료 또한 예전에는 나무나 석탄, 숯 등을 사용하였으나 최근에는 전기나 가스 등을 주로 이용한다. 로스팅 머신의 종류는 다음과 같다.

▲ 초창기 드럼 로스터

▲ 여러가지 핸드 로스터 (좌측부터) 도자기, 금속, 수망

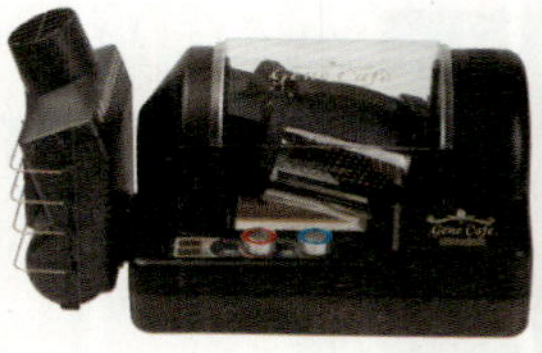

▲ 가정용 전기 로스터(제네카페)

▲ 소형 가스 로스터(프로밧)

▲ 중형 열풍식 로스터(롤링)

▲ 중소형 가스 로스터(기센)

▲ 중소형 가스 로스터(프로스타)

로스팅 머신의 외부 구조

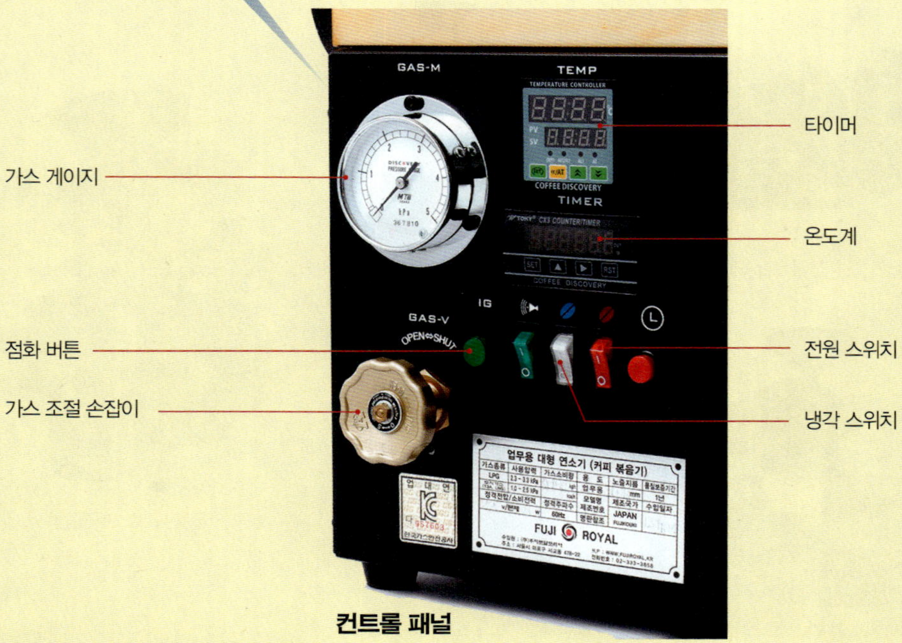

컨트롤 패널

모델: FUJI ROYAL DISCOVERY

로스팅 머신의 열전달 방식

전도열

접촉으로 전달되는 열로써 커피 표면부터 직접 가해지는 열을 의미한다. 같은 전도열을 사용해도 드럼을 구성하는 철판의 소재와 두께, 형상(타공 유무: 직화식) 등 여러 조건에 따라 열의 세기에 편차가 생겨 다른 결과를 보이기도 한다.

생두에 전도열을 가할 경우 드럼과 닿는 부분이 먼저 그을리기 시작하는데 이는 커피의 표면을 살짝 태워 부족한 깊이와 고소한 향미를 내는 것을 의미한다.

하지만 종이나 융으로 내리는 핸드드립과는 달리 별도의 필터가 없는 에스프레소의 경우 이렇게 그을린 커피로 추출을 하게 되면 맛이 농축되고 더욱 진해지는 경향이 있어 에스프레소용을 위해서는 로스팅 시 대류열을 대체로 선호한다.

복사열

로스팅에 직접적인 영향을 주지 않으면서 로스팅을 안정적으로 돕는 열이다.

드럼 내부의 열을 안정적으로 만들어주는 노爐 형태에서 생기는 열을 말하며, 이는 로스팅이 일정한 조건에서 진행될 수 있도록 균형을 맞추는 역할을 한다.

드럼 아래에서 나는 열은 주변을 감싸고 서서히 안쪽을 채워가면서 축적되는데, 이렇게 예열을 해야 로스팅 도중에 생두를 투입할 때에도 열이 쉽게 빠지지 않는다. 열이 제대로 축적되지 않은 경우 의도했던 로스팅과 달리 시간이 길어지는 등의 변수가 발생하게 된다.

대류열

대류열은 드럼에 열을 가할 때 데워진 열기를 말한다. 대류열은 안쪽으로 이동하기 쉬운 성질을 지니고 있어 커피 내부부터 천천히 익게 된다. 이러한 대류열의 흐름을 통제하고 커피의 향미를 조절하는 것이 댐퍼이며, 댐퍼를 잘못 조절할 경우 열이 계속 표면에만 축적되어 필요 이상으로 타게 되는 경우가 발생한다. 댐퍼를 열수록 표면 색상은 밝고 맛이 가벼워지며, 닫을수록 표면이 어둡고 맛이 무거운 특징이 나타난다.

로스팅 머신Roasting Machine의 종류

직화 방식

직화 방식의 로스팅 머신은 원통형 드럼의 회전에 의해 로스팅되는 방식으로 통 속에 생두를 넣고 열을 가하여 생두를 볶게 된다. 철판에 타공이 되어 있어 아래쪽의 버너가 가열되면 전면과 후면을 통해 이동하는 대류열의 양이 반열풍보다 급격하게 증가한다. 열풍식의 경우 댐퍼를 닫으면 대류열이 줄어들고 그 열이 생두의 표면으로 전달되는 것과 달리, 직화식은 대류열이 구멍을 통해 철판에 그대로 열을 전달한다. 이렇게 불길을 사용해 표면을 구워지도록 하는 방식은 캐러멜화를 극대화시키는 장점을 가지고 있으며, 고소한 맛을 발현시킨다. 댐퍼를 열고 작업을 하게 되면 열풍식에 가까운 향미를 내기도 한다. 경제적이며 커피의 맛과 향이 직접적으로 표현된다는 장점을 가지고 있어 널리 사용된다. 단점으로는 생두의 팽창이 적고, 균일한 로스팅이 어렵다.

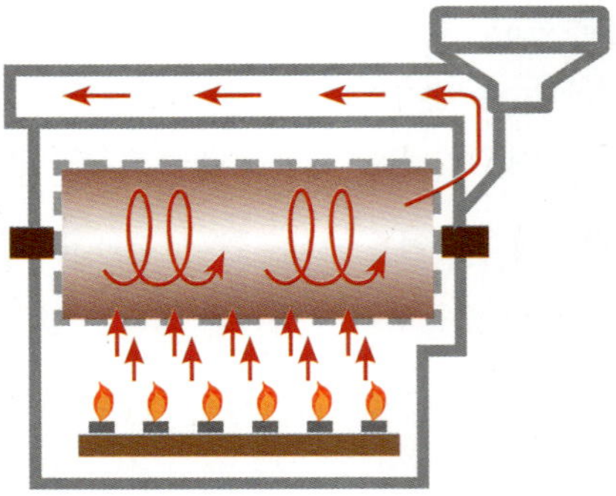
▲ 직화 방식 로스터의 구조

반열풍 방식

직화 방식의 로스팅 머신을 변형한 형태로 드럼 뒤쪽에서 내부로 열풍이 전달되어 연소열이 드럼 내부를 순환하는 방식이다.

댐퍼를 닫으면 아래쪽 드럼을 달구는 반면, 댐퍼를 열면 전도열은 낮아지고 대류열은 높아지면서 커피 맛이 밝아진다. 전도열과 대류열을 둘 다 사용하고 댐퍼 하나로 전혀 다른 두 가지 맛을 표현할 수 있어서 원하는 향미를 선택할 수 있다.

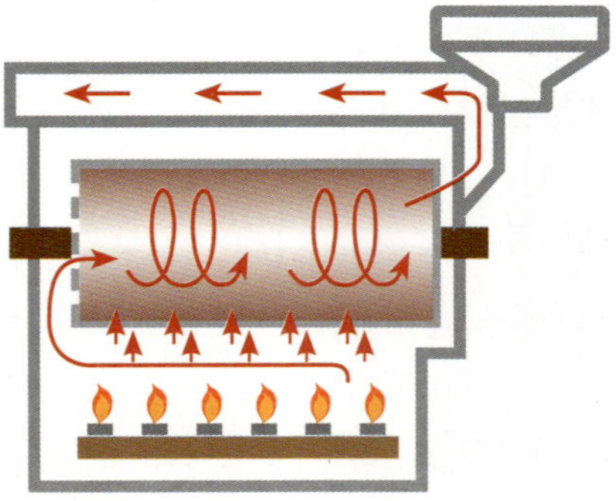
▲ 반열풍 방식 로스터의 구조

열효율이 높아 직화 방식보다 균일한 로스팅이 가능하며, 이동이 불편하고 비용부담이 많다는 단점이 있다.

열풍 방식

생두 고유의 맛을 살리는 방식으로 대류열만으로 로스팅이 이루어진다. 불이 철판에 곧바로 닿지 않기 때문에 드럼 표면 자체의 온도는 올라가지 않으며, 열풍의 양을 쉽게 조절할 수 있어서 다른 방식에 비해 고속 또는 저속 로스팅이 가능하다.

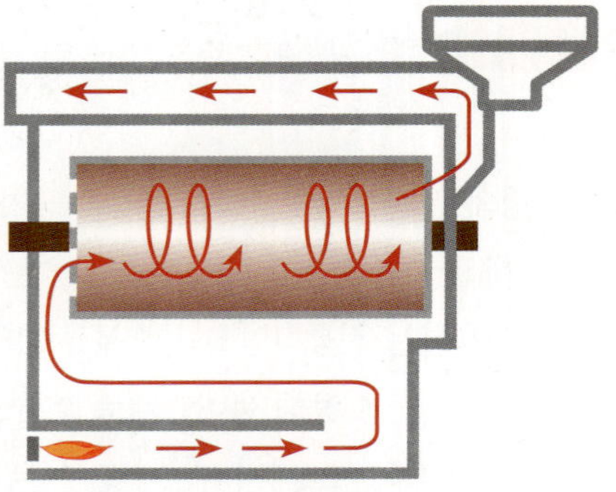

▲ 열풍화 방식 로스터의 구조

산뜻한 느낌이 장점인 열풍식 로스터는 최근 스페셜티 커피 트렌드로 생두 본연의 맛에 대한 관심이 높아지면서 함께 주목받고 있다. 균일하고 단시간에 로스팅이 가능하여 대형 공장이나 인스턴트 커피 제조 공장에서 많이 사용한다. 직화식이나 반열풍식 방식의 로스팅 머신에 비해 커피 개성의 표현이 어렵다는 단점이 있다.

▲ 로스팅 작업

Chapter 15

커피 로스팅의 단계

로스팅의 단계Degree of Roast별 명칭은 국가나 지역마다 조금씩 차이가 있다. 대표적인 것이 미국 스페셜티 커피 협회SCAA, Specialty Coffee Association of America의 SCAA분류법과 국내와 일본에서 주로 사용하는 전통적인 8단계 분류법이다. SCAA 분류법은 에그트론Agtron 사의 M-basic이라는 기계를 이용해 총 8단계로 분류한다. 그리고 로스팅 정도를 눈으로 확인해 볼 수 있도록 Tile #95~#25까지 8단계로 분류된 Color Roast Classification System을 소개하고 있다. 8단계 분류법의 명칭은 나라마다 선호하는 로스트 스타일에 따라 나라나 도시 이름을 따서 붙여졌다.

라이트 로스팅 Light Roasting

가장 연한 볶음도로 로스팅을 종료할 때 커피콩의 중심 온도가 195℃ 내외가 되며, 색도는 매우 연한 갈색Very Light Brown을 나타내며 신맛Sour Acidity이 강하고 곡류 맛이 나며 볶은 콩의 표면은 건조하다. 감미로운 향기가 나지만 이 단계의 원두를 가지고 커피를 추출하면 쓴맛, 단맛, 깊은 맛은 거의 느낄 수 없다. 생두를 로스터에 투입해 생두가 열을 흡수하면서 수분이 빠져나가도록 하는 초기 단계로 이때 생두는 누런색으로 변한다.

시나몬 로스팅 Cinnamon Roasting

라이트 로스팅에서 조금 더 진행된 상태로 커피콩의 중심 온도가 205℃가 되며, 색도는 연한 갈색Light Brown을 나타낸다. 상큼한 맛Acidity이 가장 강해지며, 품종 특성도 점점 뚜렷해진다. 뛰어난 신맛이 특징으로, 신맛을 즐기고 싶다면 이 단계의 원두가 최적이다. 누런색이던 원두가 계피색을 띠게 된다. 커피 생두의 외피Silver Skin가 왕성하게 제거되기 시작하며 표면은 건조한 편이다.

미디움 로스팅 Midium Roasting

로스팅 종료 시점에서 커피콩의 중심 온도가 205~215℃가 되며, 색도는 연한 중간 갈색Moderately Light Brown을 나타낸다. 이 단계를 아메리칸 로스트라고도 한다. 상큼한 신맛이 강하고 품종 특성도 가장 뚜렷하게 나타나는 단계이다. 신맛이 주역인 아메리카 커피는 이 단계의 원두가 최적이다. 향기와 중후함은 증가되며, 식사 중에 마시는 커피, 추출해서 마실 수 있는 기초 단계로, 원두는 담갈색을 띤다.

하이 로스팅 High Roasting

로스팅 종료 시 커피콩 내부 온도가 215~225℃가 되며, 색도는 더욱 진해져서 중간 갈색Medium Brown이 된다. 상큼한 신맛이 아직은 풍부하다고 할 수 있으나, 여기서부터 신맛이 엷어지고 단맛이 나기 시작한다. 품종 특성은 가장 약해지며, 향기와 중후함이 조금 더 강해지는 단계이다. 미국 서부 지역의 일반적인 볶음 단계라고 할 수 있다.

시티 로스팅 City Roasting

로스팅이 종료될 때 커피콩의 내부 온도가 225~230℃가 되며, 색도는 더욱 진해져서 중간 짙은 갈색Medium Dark Brown을 나타낸다. 상큼한 맛은 약간 약해지며 향기와 중후함은 더 풍부해진다. 품종의 특성은 일부 남아 있는 단계이다. 진하게 볶은 커피 향기Dark Roast Flavor와 달콤하고 쌉쌀한 맛Bittersweet이 나타나기 시작하는 단계이다. 커피콩에 있는 당이 분해되어 캐러멜 맛을 나타내며, 상큼한 맛은 톡 쏘는 맛Pungent으로 변한다. 이 단계를 저먼Geman 로스트라고도 한다. 균형 잡힌 강한 느낌을 주고 맛과 향이 대체로 표준이며 풍부한 갈색을 띠고 있다.

풀 시티 로스팅 Full-City Roasting

로스팅 종료 시 커피콩의 중심 온도가 230~235℃가 되며, 색도는 약간 짙은 갈색Moderately Dark Brown이 된다. 상큼한 맛과 품종의 특징은 느끼기 어려우나, 향기와 중후함은 가장 풍부해진다. 신맛은 거의 없어지고 쓴맛과 진한 맛이 커피 맛의 정점에 올라서는 단계로 아이스커피 용도로 사용할 수 있다. 커피 표면은 약간의 지방이 배어 나오는 단계이다Ool-Sweating. 크림을 가미하여 마시는 유럽 스타일, 에스프레소 커피용의 표준이다.

프렌치 로스팅 French Roasting

로스팅이 종료될 때 커피콩의 내부 온도가 235~240℃가 되며, 짙은 갈색Dark Brown이 된다. 향기가 약해지며 달콤하고 쌉쌀한Bittersweet 맛이 최고로 강하게 된다. 신맛과 품종의 특성은 쏘는Pungent 맛에 가려 느끼기 힘들다. 쓴맛, 진한 맛 중에 중후한 맛이 강조된다. 지방이 표면에 보이기 시작하는 단계로, 원두는 검은 갈색이 된다.

이탈리안 로스팅 Italian Roasting

로스팅이 종료될 때 커피콩의 내부 온도가 240~245℃가 되며, 진한 흑갈색Verydark Brown을 나타낸다. 향기, 중후함 그리고 달콤하고 쌉쌀한 맛도 약해지고 쓴맛과 진한 맛이 최대치에 달한다. 원두에 따라서는 타는 냄새가 나는 경우도 있다. 진하게 볶은 커피향Dark Roast Flavor이 강해서 우유를 첨가하는 에스프레소 음료에 주로 사용한다. 예전에는 이 로스팅이 에스프레소용으로 많이 선호되었으나 점차 줄어드는 경향을 보이고 있다.

커피 볶음도Degree of Roast와 향미 특성

온도	195℃	205℃	215℃	225℃	230℃	235℃	240℃	245℃
팽창	first crack			sencond crack				
볶음도	라이트	시나몬	미디움	하이	시티	풀시티	프렌치	이탈리아
향기	★★	★★	★★★	★★★	★★★★	★★★★	★★	★★
신맛	★★★	★★★	★★★★	★★★	★★★	★★	★	
달콤함	★	★	★★	★★	★★★	★★★★	★★★	★★
중후함	★	★	★★	★★★	★★★	★★★★	★★★	★★
품종 특성	★★	★★	★★★★	★★★★	★★	★		
자극적				★	★★	★★★	★★★★	★★★

(비고★ 매우 약함, ★★ 약함, ★★★ 풍부함, ★★★★ 매우 풍부함)

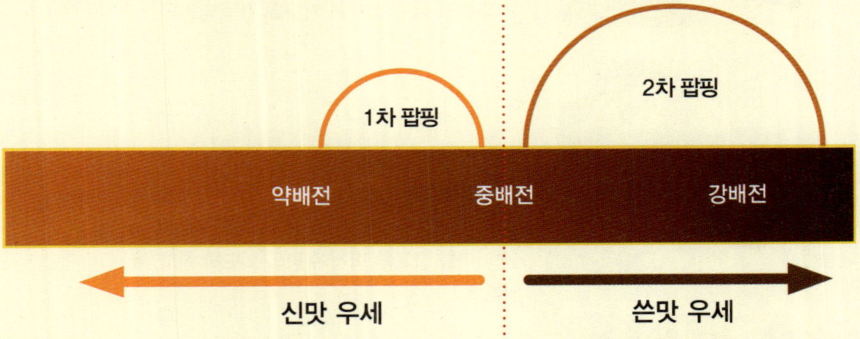

1차 팝핑 시기

탁! 탁! 소리를 내며 팝콘처럼 튀기 시작하고 색상이 갈색에서 진한 갈색으로 변해 가는 시기를 일반적으로 1차 팝핑이 시작되는 단계라 한다.

마른 단향과 함께 시큼한 냄새와 약간 매운 냄새가 나기도 하며 한편으로는 구수하고 달콤한 냄새가 난다. 이 시기에 느껴지는 맛은 대체적으로 바디감은 약하고 신맛은 강해진다.

2차 팝핑 시기

1차 팝핑 때처럼 한 번 더 팝콘처럼 튀기 시작하고 색상이 진한 갈색에서 다크브라운 색으로 변하는 시기를 2차 팝핑이 시작되는 단계라 한다.

고소하고 좋은 냄새가 나기 시작하며 생두 종류와 특성에 따라 다양한 향들이 풍겨 나옵니다. 시간이 지날수록 자극적인 냄새와 쓴 맛도 증가하며 오일 성분이 나오기 시작한다.

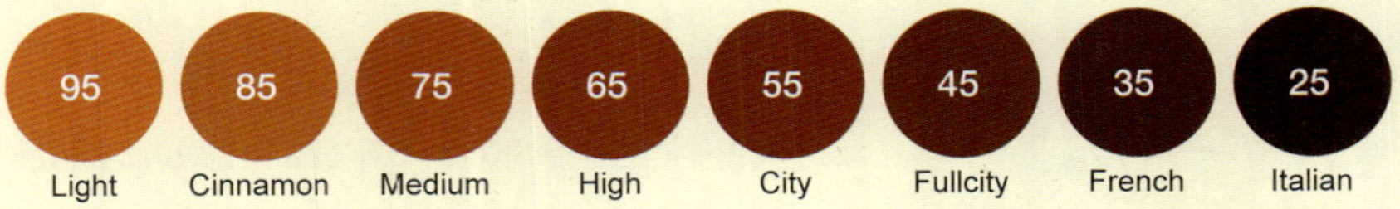

Chapter 16 커피 로스팅 컬러 측정 방법

1. 로스팅 컬러를 측정할 원두나 분쇄된 커피 샘플을 준비한다.

2. 측정기 샘플 접시에 커피를 가득 담는다.

3. 커피를 골고루 펴서 수평이 되도록 한다.

4. 컬러 측정기를 빛이 새지 않도록 정확하게 샘플 접시에 올려 놓는다.

5. 정확한 측정값을 위하여 2~3회 정도 측정하여 평균값을 사용한다.

▲ 컬러 측정기(Lighttels CM-100)

SCAA/Agtron Color File 분류에 따른 맛의 특성

SCAA color taile	Commercial name	Agtron No	Features
#95	Light Roast	80-95	강하고 얼얼한 신맛
#85	Cinnamon Roast	70-80	강한 신맛, 미미한 바디
#75	Medium Roast	60-70	강하고 산뜻한 신맛
#65	High Roast	60-70	산뜻한 신맛, 다양한 향기
#55	City Roast	50-60	약한 신맛, 바디, 풍부한 향기
#45	Full City Roast	45-50	미미한 신맛, 강한바디, 풍성한 향기
#35	French Roast	35-40	강한 단맛, 강한 쓴맛
#25	Italian Roast	25-30	약한 단맛, 쓴맛, 탄맛

Chapter 17

커피 로스팅 과정

건조 – 갈변 반응 – 건열 분해 – 냉각

1단계: 생두 투입

로스팅의 초기 단계로 가열된 드럼에 선별한 생두를 투입하는 과정이다. 생두의 색은 밝은 녹색에서 황록색으로 점차 변화되고, 생두가 단단하고 수분함량이 많을수록 풋내가 오래 지속되며 수분 증발이 늦게 나타난다.

2단계: 건조 Drying Phase

건조 단계는 실제 로스팅 과정의 첫 단계로, 생두가 가열된 공기나 전도열, 복사열 등으로 열을 흡수하여 생두가 가지고 있는 수분을 증발시켜 흡열 반응을 하는 단계를 말한다.

이 단계에서 생두는 황록색을 거쳐 노란색으로 바뀌며, 풋내는 고소한 빵 굽는 향으로 바뀌게 된다. 생두가 열을 흡수(흡열반응)하면서 70~90% 가까운 수분이 소실되고, 드럼의 온도가 서서히 증가한다. 댐퍼Damper(배기 송풍 조절기)를 통해 드럼 내부의 열량과 기압공급이 균일하도록(화력은 통상 210℃를 넘지 않도록 하고 댐퍼는 닫거나 30~50% 개방) 하고 드럼 회전속도는 40~50회 정도가 적당하다.

3단계: 갈변 반응 ▶ 1차 크랙(1st Crack)

갈변 반응 단계는 생두가 170~200℃에 도달하게 되면 생두의 당 성분이 캐러멜 당으로 변하여 커피의 향기와 맛 성분들이 생성된다. 이때 로스팅이 계속 진행되면서 생두의 온도가 205℃로 상승하면 1차 팽창음Crack Noise이 나며 커피의 부피가 두 배로 팽창하고 색깔은 연한 갈색으로 변한다. 생두의 온도가 220℃로 상승하면 갈색으로 변하게 되고 중량은 약 13~16% 줄어들게 된다.

열을 가한 생두는 이 시점에 탄수화물이 산화되면서 생두의 센터 컷Center Cut이 탁탁 갈라지는 소리가 들리게 된다. 이 과정을 통해 원두의 표면은 보다 팽창되고 색은 갈색에 가까우며 표면도 매끈해진다. 또 신향의 발산이 강한 시점으로 불필요한 신향을 줄이고 싶다면 댐퍼를 열어둔다. 통상 이 시점을 '시나몬 로스팅Cinamon Roasting 단계'라고 한다.

4단계: 건열 분해 ▶ 2차 크랙(2nd Crack)

건열 분해 단계는 커피 온도가 225~230℃ 로 오르면 커피의 세포 내에서 공기 없이 화학작용이 일어나면서 열이 생성되어 외부로 발산하는 발열 반응이 일어난다.

이때 커피 색깔은 진한 갈색으로 변하고 2차 팽창Second Crack이 일어난다. 이 단계에서 커피의 향기, 중후함, 달콤함, 그리고 짙은 커피향과 씁쓸한 맛도 생성된다. 이때 중량은 16~18% 감소하며 커피 표면에 기름이 배이기 시작하는 단계이다.

원두의 고유한 향이 발산되는 시점으로 로스팅 과정에서 가장 중요한 단계이다. 1차 크랙 이후 원두 내부의 오일 성분이 원두의 표면으로 올라오게 된다. 원두는 점차 갈색에서 진한 갈색으로 바뀌며 원두의 표면은 1차 크랙 때 보다 더 팽창한다. 대략 이 시점을 풀 시티 로스팅Full City Roasting 단계라고 하며 가열로 인한 캐러멜화로 신맛 보다는 단맛이 섞이게 된다. 2차 크랙 이후부터는 신맛과 단맛은 거의 없어지고 쓴맛이 강해지는 '프렌치 로스팅French Roasting', '이탈리아 로스팅Italian Roasting 단계'가 된다.

5단계: 냉각 공정

냉각 공정 단계는 커피의 온도를 신속하게 낮추는 공정으로, 물을 분사하여 커피 온도를 낮추는 물 냉각 방법과 공기를 순환하여 온도를 낮추는 공기 냉각 방법이 있는데, 신속한 냉각은 커피 품질을 높이는 데 필수적인 요소로 작용한다. 냉각이 지연될 경우 향기가 감소되고 쉽게 산패하기 때문에 최소 6분 이내에 냉각하는 것이 가장 좋다.

Chapter 18 커피 로스팅의 물리적 변화

커피 생두는 로스팅을 통해 여러가지 변화가 생기는데, 수분이 증발하면서 중량, 밀도, 질량 등이 감소하며 휘발성 물질을 방출하게 된다. 즉 생두에 열을 가하면 세포 조직이 파괴되면서 그 안에 있던 여러가지 성분(지방, 당분, 카페인, 유기산 등)이 밖으로 방출된다.

마일라드 반응은 식품성분 중 아미노산과 환원당(포도당, 과당, 맥아당 등)이 작용하여 갈색의 중합체인 멜라노이딘을 만드는 반응이다. 또한 캐러멜 반응은 식품 속에 들어있는 설탕이 160℃에서 캐러멜화되어 갈변이 일어나는 반응이다. 빵을 구울 때 빵 껍질부분의 색이 진한 것은 감미료의 '캐러멜화 반응Caramelization'과 '마일라드 반응Maillard Reaction' 때문인데 커피를 볶을 때도 마일라드반응이 일어나 커피향을 낸다.

색의 변화

생두를 투입하고 열을 가하면 색깔이 점차 변화하는 것을 발견할 수 있다. 처음에는 녹색인 콩이 노란색으로 바뀌고 1차 크랙이 다가오면 색깔이 계피색으로 바뀌게 되며, 크랙이 발생하면서 옅은 갈색으로 바뀌고 점차 열을 가하면 갈색에서 짙은 갈색으로 바뀌며 최종적으로 진한 갈색으로 바뀐다. 이러한 색의 변화로 로스팅의 변화와 원두가 가지고 있는 이산화탄소의 양이 다른 것도 알 수 있다.

맛의 변화

콩 내부의 탄수화물이 분해됨에 따라 휘발성 산Volatile Acid이 생성된다. 이러한 산은 미디엄 로스트에서 절정을 이루며 로스팅이 진행되면 감소되어 신맛이 약해진다.

특히 커피의 떫은맛Stringency과 바디에 영향을 주는 클로로겐산Chlorogenic Acid은 로스팅 정도에 비례하여 감소하며, 반대로 로스팅 속도에는 반비례하여 감소한다. 이러한 현상은 로스팅이 너무 빨리 진행되면 커피에서 떫은맛이 나는 이유를 설명해 준다.

너무 빠른 로스팅은 클로로겐산을 충분히 감소시키지 못하며, 신맛을 내는 다른 산Acetic, Malic, Citric의 생성에도 적합하지 않다. 단맛은 캐러멜화가 진행되면서 증가하는데, 2차 크랙 이후 로스팅이 더 진행되면 초기의 열분해를 통해 생성된 전분과 당분이 탄화되어 커피에서 탄맛이 나게 된다. 즉 이러한 맛의 변화에 의해 각각 로스팅 정도에 따른 원두의 맛을 구분 짓고 평가할 수 있다.

향의 변화

생두를 투입하고 시간이 조금 지나면 수분이 증발하면서 특유의 냄새가 나기 시작하고, 시간이 3~4분 정도가 지나면 색깔이 점차 노란색Yellow으로 바뀌면서 고소한 향이 나기 시작한다. 1분 이상 지속되어 이 단계가 끝날 때가 되면 고소한 향에 신향이 조금씩 같이 나기 시작하며 점차 신향이 강해진다. 신향은 1차 크랙 전에 최고조에 달하며 1차 크랙이 발생하면 신향과 생두 고유의 향이 같이 나게 된다. 2차 크랙이 발생하면 생두 고유의 향이 강하게 나며, 생두의 수분이 거의 없어 조직이 타면서 탄향이 강하게 나고 2차 크랙의 정점을 지나게 되면 향기 성분의 증발로 인해 오히려 향이 약해진다.

형태의 변화

생두를 투입하면 내부의 수분이 증발하면서 표면에 주름이 생기기 시작하며 콩의 크기는 계속 작아지게 되는데, 밀도가 강할수록 이러한 현상이 더 잘 일어나게 된다. 1차 크랙 이후 콩은 다공질 조직으로 바뀌며 부피가 팽창하는데 생두에 비해 50~60% 정도 커진다. 2차 크랙이 일어나면 색깔이 점점 진해지고 세포조직은 더욱 더 다공질로 바뀌어 부서지기 쉬운 상태가 되며, 생두의 원래 크기보다 최대 100% 정도 커지다가 오일분출 이후 로스팅이 계속 진행되면 조직은 파열되고 수분 함량은 1% 미만까지 감소한다.

중량의 변화

생두는 열을 받으면 콩 내부의 수분이 증발하게 되며 이에 따라 중량도 줄어들게 된다. 로스팅 시간이 길어질수록 비례하여 줄어들게 되는데, 1차 크랙 시점에서 15~17% 정도 줄고, 2차 크랙 시점에서 18~23% 정도 줄게 된다. 로스팅에 따라 압축강도는 감소하며 세포 내 성분은 유동화 된다.

중량은 수분 증발에 의해 84~85%가 줄어들며 나머지는 탄산가스와 채프Chaff에 의한 것인데 로스팅 전반은 주로 수분 증발, 후반은 주로 성분의 산화, 분해에 의한 것이다.

Chapter 19

커피 로스팅의 화학적 변화

커피원두를 로스팅한 후 성분의 변화는 다음과 같다.

성분		생두(%)		원두(%)	
		전체	가용성성분	전체	가용성성분
신맛	당분	10.0	10.0	18~26.0	11~19.0
	섬유소 외	50.0	–	37.0	1.0
지방		13.0	–	15.0	–
단백질		13.0	4.0	13.0	1.0~2.0
무기질		4.0	2.0	4.0	3.0
산	클로로제닉산	7.0	7.0	4.5	4.5
	유기산	1.0	1.0	2.35	2.35
알카로이드	트리고넬린	1.0	1.0	1.0	1.0
	카페인	1.0	1.0	1.2	1.2
휘발성 화합물	탄산가스	–	–	2.0	미량
	향기성분	–	–	0.04	0.04
페놀		–	–	2.0	2.0
총량		100	26	100	27~35
Sevetz & Desrosier–Coffee Technology					

구분	내용
신맛	• 클로로제닉산(Chlorogenic acid), 옥살릭산(Oxalic acid), 말릭산(Malic acid), 시트릭산(Citric acid), 타타릭산(Tartaric acid) 같은 유기산(organic acid)에 기인한다. • 아라비카 종은 pH 4.9~5.1 / 로부스타 종은 pH 5.2~5.6이다. • 라이트, 시나몬 로스티일 때 신맛이 가장 강하다.
단맛	• 환원당, 캐러멜당, 단백질 등에 기인한다. • 아라비카 종이 로부스타 종보다 더 강하다.
쓴맛	• 알카로이드인 카페인과 트리고넬린, 카페익산, 퀴닉산 등의 유기산과 페놀릭 화합물에 기인한다. • 로부스타 종이 아라비카 종보다 더 강하다.

볶은 커피의 CO_2 방출과 잔존량

로스팅 후에는 탄산가스, 즉 CO_2를 적절히 방출하는 작업이 꼭 필요하다. 볶은 커피는 로스팅과 저장중에 2~5배의 가스(87% 탄산가스)를 방출하는데, 50%는 즉시 방출하고 50%는 볶은 콩의 조직안에 남아 있으면서 서서히 방출된다.

탄산가스는 커피의 향기 성분이 산화되는 것을 억제하지만 포장을 팽창시키므로 일반적으로 볶은 원두 커피(홀빈)는 8~24시간, 분쇄 커피는 1~8시간 가스를 방출시킨 다음 포장을 한다. 가스를 방출하는 동안 부분적으로 일어나는 산화를 억제하기 위하여 볶은 커피의 저장 통을 질소가스로 채우기도 한다. 질소가스를 채움으로써 산패를 억제할 수 있기 때문에 이런 방법을 쓰기도 한다.

이렇듯 로스팅 후 커피는 50%의 CO_2를 방출하고 50%를 가지고 있다가 이를 서서히 방출하는데, 로스팅을 막 끝낸 커피의 경우 이를 추출하면 빠르게 추출이 되거나 드립으로 추출할 경우 부풀림이 심한 현상이 나타난다. 이는 커피 조직이 물을 만나 그 안의 고형물질을 탄산가스와 함께 배출해 내기 때문이다.

CO_2 잔존량에 따른 추출의 변화와 차이

CO_2 잔존량이 많을 경우 커피 속에 함유하고 있는 고형물질들이 물과 만나 밖으로 배출시킬 때 그 고형물질들과 함께 배출되는데, 이때 CO_2 잔존량이 많으면 같은조건의 같은시간 동안 추출 시 그 고형물질이 빠져나오는 길을 CO_2 가스가 방해하기 때문에 고형물질보다 가스가 더 많이 나오는 것을 확인할 수 있다. 반대로 CO_2 잔존량이 적을 경우 물과 만나 함께 배출되는데, 이때 물이 통과하는 길에 가스가 존재하지 않아 물이 고형물질 속에 머무는 시간이 짧아 그 진한 고형물질은 제대로 함께 배출되지 못하는 것을 볼 수 있다.

로스팅 후 얼마 안 된 콩의 경우

CO_2 가스 잔존량이 많기 때문에 에스프레소를 같은 조건으로 추출 할 경우 떨어지는 모습이 매끈하지 않고 출렁거리는 형태를 띤다. 이는 가스를 많이 함유하고 있기 때문에 기포가 발생하며 같은 조건(같은 시간)으로 추출 시 크레마가 일반적으로 액체보다 훨씬 많이 추출되는 것을 볼 수 있다.

로스팅 후 일정 시간이 지나서 CO_2의 잔존량이 적당히 안정화가 되었을 때

커피가 가장 맛있는 상태로서 CO_2 가스가 적당히 있어 물이 커피입자와 만나는 시간이 어느 정도 유지될 수 있게 하여 커피속의 고형물질을 충분히 알맞게 끌어 낼 수 있기 때문에 적당한 크레마와 액체를 추출할 수 있다.

CO_2의 잔존량이 거의 없을 경우

커피의 크레마가 거의 없고 주로 액체만 빠르게 추출되는 것을 볼 수 있다.

Chapter 20

커피 로스팅 후 보관

커피 원두 보관

로스팅된 원두는 품질유지를 위해 적절하게 보관해야 한다. 생산과 제조 공정의 모든 단계에사에서 엄선되고 로스팅된 커피가 최종적으로 추출하여 컵안에서 담길 때까지 원두의 좋은 특성들을 신선하게 간직될 수 있도록 포장되어지지 않는다면 순식간에 잃어버리게 된다. 만약 공기 중에 노출된다면 공기에 포함되어 있는 산소와 습기에 의해 원두가 지니는 최상의 향은 이산화탄소와 함께 휘발되고 산화하게 된다.

커피 원두의 품질 유지

로스팅 된 원두는 안정화(숙성), 포장 등 품질을 유지하는 기술이 필요하게 되는데 우선 고열에서 로스팅 된 원두는 이산화탄소가 발생하게 된다. 이러한 이산화탄소 가스는 원두의 내부에 팽창된 다공질에 가득 차게 되는데, 이를 제거하지 않으면 에스프레소와 더블어 커피 추출 시 가볍고 거친 거품(크레마)이 생성되게 된다. 유럽의 대형 커피 로스팅 회사들은 이러한 가스를 특수 제작된 사일로에서 강제 제거 한 후 포장하기도 한다. 포장된 커피는 3~15일정도 불안정화 되어 있는 가스와 오일을 안정화 시킨 후 유통하게 하게 된다. 만일 안정화 과정을 걸치기 않고 그대로 유통 하게 된다면 외부 환경 변화로 인해 급속한 원두 품질 변화를 가져오게 된다. 이는 추출에 변화에도 크게 영향을 주어 원두를 공급받는 커피점에는 매일 그라인더 분쇄 조절을 다시 해야 하는 불편함을 감수해야 된다.

포장 방법

상업적으로 유통되는 원두는 각별한 포장이 중요하다. 소규모로 판매하고 있는 원두제품은 단단히 밀봉되어져 있지 않아서 공기와 향을 포함한 가스들이 커피에서 쉽게 나오고 들어간다. 이 상태로 며칠이 지나면 원두는 이미 질적인 저하를 상당히 겪게 되고, 신선도와 향의 손실로 인해 훌륭한 맛을 지닌 커피에 이르지 못한다. 신선도를 오래 지속시키는 방법으로는 일반적으로 네 가지 포장 기술이 사용되는데 밸브포장, 진공포장, 질소포장, 가압포장이 이에 해당한다.

포장 방법과 신선도 유효기간

포장 방법	잔존산소(%)	유효기간(개월)	포장 재질
밸브 포장	10~12	3	복합 필름
진공 포장	4~6	4~6	복합 필름
질소 포장	1~2	6~8	복합 필름
가압 포장	〈1	〉18	금속 재질

자료 : illy Caffe

▲ 밸브 포장

▲ 진공 포장

▲ 질소 포장

▲ 가압 포장

장기 보관 방법

포장된 원두는 어느 정도의 품질을 유지할 수 있지만, 보관 장소에 따라서도 많은 차이가 발생한다. 원두는 특성상 소량씩 자주 구매하여 사용하는 것이 유리하다. 하지만 부득이 포장을 개봉하지 않는 커피를 장기간 보관을 할 때는 냉동고에 보관하는 것을 추천한다. 하지만 포장 재질이 종이 등 수분을 흡수할수 있는 제품, 완전히 밀봉되지 않는 제품은 추천하지 않는다. 주의할 점은 냉동고에서 보관한 원두를 꺼내서 바로 사용할 경우 품질을 보장할 수 없다. 포장을 뜯는 순간 공기 중의 수분이 차가운 원두에 흡수되면서 더욱 빠른 산화를 가져오기 때문이다. 냉동 보관했던 원두를 사용할 때는 포장을 뜯지 않은 상태로 하루 정도 실온에서 해동한 후 사용해야 한며, 포장을 뜯은 후 다시 냉동시켜서는 절대 안 된다. 장기간 보관이 아니라면 햇빛이 들지 않고 환기가 잘되는 어두운 곳에 보관하는 것이 더 안정적이다.

Chapter 21

커피 블렌딩

세계적으로 다른 커피를 혼합하지 않은 단종 커피의 음용 비율은 25% 정도이다. 일반적으로는 다른 커피들과 섞인 블렌딩Blending 커피로 만들어져 판매되기 때문에 판매량의 가장 큰 비중은 커피 블렌딩 베이스 여부에 달려 있다. 최초의 블렌딩 커피는 '모카-자바Moka-Java'로 알려져 있는데, 인도네시아 커피, 예멘 또는 에티오피아 커피를 혼합하여 모카 커피의 과일향과 꽃향이 나는 신맛과 자바의 강한 바디가 조화를 이루는 커피가 탄생하였다.

이처럼 블렌딩이란 단종 커피Single Orgin Coffee의 단조로움을 탈피하여 두 가지 이상의 특성이 서로 다른 커피를 혼합하여 새로운 맛과 향을 강조하는 것을 말한다. 원두의 품종에 따라 각각 지니고 있는 맛과 향의 특성이 다르기 때문에 어떤 종류의 원두에 부족한 점을 다른 원두로 보강시켜 줌으로써 더욱 조화로운 맛과 향을 얻을 수 있다. 블렌딩을 잘하기 위해서는 원산지별 커피의 특성을 제대로 이해하고 있어야 하고, 일관된 로스팅이 이루어져야 하므로 커피 블렌딩 이야말로 커피의 여러분야 중 가장 어려운 작업으로 판단된다.

	단종 블렌딩	혼합 블렌딩
산소	각각의 생두를 따로 로스팅하고 난 후 블렌딩하는 방법이다.	정해진 블렌딩 비율에 따라 생두를 미리 혼합하여 로스팅하는 방법이다.
수분	생두의 특성을 최대한 발휘한다. 로스팅 횟수가 많고 재고관리가 어렵다. 항상 균일한 맛을 내기 어렵다. 로스팅 컬러가 균일하지 못하다.	한번에 로스팅하므로 편리하다. 로스팅 컬러가 균일하다. 재고 부담이 적다. 균일한 커피맛을 낼 수 있다.

▲ 사진: www.dianliwenmi.com

블렌딩 목적

새로운 맛과 향을 창조

단종 커피에서 발견할 수 없었던 새로운 특성을 창조하기 위함으로 블렌딩 기법이 아니라 예술Art이라고 할 수 있다.

차별화된 커피 개발 Signature Blend

특정한 커피숍이나 커피 체인점만의 특징적인 커피를 개발함으로써 다른 커피숍이나 회사와 차별성을 부여해 고객에게 재구매를 유도하고자 하는 목적을 가지고 있다.

원가 절감 Low Cost Blend

상대적으로 가격이 저렴한 커피를 혼합하거나 고가의 커피를 성격이 유사한 커피로 대체 사용함으로써 제조 원가의 평균을 낮출 수 있다.

블렌딩 준비

- 각각의 종류의 원두를 테스팅하여 특유의 맛과 향을 미각과 후각을 통해 기억한다(커핑을 통해 그 맛과 특성을 알아낸다).
- 상반되는 커피(신맛+쓴맛)를 사용하여 밸런스가 좋은 커피를 만들어 본다. 커피의 대표적인 기본 맛(신맛, 단맛, 쓴맛, 짠맛)은 테스팅 반복 연습을 통해 기술을 익힌다.
- 같은 성질의 커피를 기본으로 하고, 다른 성질의 커피 특성을 가미하도록 일부 맛을 강조한 커피를 만들어 본다.
- 특정 커피를 기본으로 하고, 이 특성을 잃지 않을 정도로 다른 커피를 추가하여 커피 특징을 살리면서 조화롭고 중후한 커피를 만들어 본다.

블렌딩 방법

블렌딩 방법은 꼭 원산지만 다른 것이 아니라, 같은 커피라도 로스팅 정도가 다르거나 가공 방법이 상이한 특성이 다른 커피를 혼합하는 것도 가능하다.

원산지가 서로 다른 커피 블렌딩

가장 일반적인 방법으로 원산지가 서로 달라 그 맛과 향의 특성이 크게 차이가 나는 경우이다. 새로운 맛을 창조할 가능성이 매우 큰 동일 국가라 하더라도 지역이 다른 경우도 포함된다.

예) 브라질 산토스(Santos) + 콜롬비아 수프리모(Supremo)
에티오피아 시다모(Sidamo) + 에티오피아 하라(Harrar)

로스팅 정도가 서로 다른 커피 블렌딩

한 가지 생두를 로스팅 정도를 달리하여 블렌딩하는 방법이다. 로스팅 정도를 8단계로 분류하였을 때 3단계 이상 차이가 나지 않는 것이 좋다.

예) 시티 로스트(City roast) + 프렌치 로스트(French roast) (O)
미디엄 로스트(Medium roast) + 프렌치 로스트(French roast) (X)

가공 방법이 서로 다른 커피의 블렌딩

커피는 가공 방법에 따라 맛과 향이 상이하므로 이를 이용한 블렌딩 방법이다.

예) 브라질 수세 가공방법 + 브라질 건조 가공방법
- 자연 건조 아라비카: 중후함, 색깔, 크레마 강화
- 수세식 아라비카: 향기, 뒷맛, 맛 강화
- 고급 로부스타: 크레마의 품질과 안정성 강화

〈원두의 특징〉

커피종류	향기	신맛	단맛	중후함	감칠맛	쓴맛
브라질				o		
콜롬비아	o	o	o			
과테말라	o	o	o			
코스타리카		o	o			
온두라스				o	o	
블루 마운틴	o		o			
멕시코				o	o	
모카	o	o	o		o	
케냐	o	o				
탄자니아	o	o				
자바 만델링				o		
로부스타						o

블렌딩의 일반 원칙과 단계

커피를 효과적으로 블렌딩하기 위하여 다음의 원칙을 권한다.

원두의 성격 확인을 잘 알아야 한다.

사용하고자 하는 원두의 장 · 단점을 잘 파악하고 결점을 보완할 수 있는 원두를 선택하여야 하며, 각각의 원두를 사용해서 얻을 수 있는 효과의 정도를 명확히 알고 있어야 제대로 된 커피를 만들어 낼 수 있다.

블렌딩은 2~3 품종을 사용한다.

너무 많은 종류를 사용하는 것은 블렌딩을 복잡하게 만들 뿐이며 장점은 미미하다.

각 단종 커피는 의미있는 양, 즉 최소 15% 이상 사용한다.

너무 적은양을 섞는 것은 공정의 추가적 복잡성을 생각할 때 가치가 없다.

개성이 있는 원두를 중심으로 그 위에 보완해주는 원두를 브렌딩한다.

각 원두의 향미 특성을 상호 보완하도록 블렌딩한다.

모카-자바Moka-Java가 좋은 사례로, 예멘 모카는 꽃향기와 상큼한 맛이 강하나 중후함이 약한 반면, 자바 커피는 상큼한 맛은 약하나 중후함이 강하며 열대 향신료 향기와 흙내음이 있다. 두 종류의 커피콩을 블렌딩 함으로써 모카 자바라는 각각의 커피콩이 가지지 못한 새로운 향기와 맛을 탄생시켰다.

향미의 특성	원인
1. 향미가 약하다.	로부스타 비율이 높을 때 충분히 끓이지 않은 물로 추출했을 때
2. 향기가 부족하다.	아라비카 커피의 비율이 적을 때 로부스타 비율이 많을 때
3. 중후함이 약하다.	브라질 블렌딩 비율이 많을 때 저지대 아라비카 비율이 많을 때
4. 와인향과 중후함이 난다.	아라비카의 비율이 많을 때 자연 건조 아라비카 비율이 많을 때
5. 악취가 난다.	너무 발효된 브라질을 사용할 때 저급의 로부스타 커피나 오랜된 원두를 사용할 때

Chapter 22

커피 향미 평가

커핑

커피 커핑은 커피콩 표본의 맛과 향의 특성을 체계적으로 평가하는 데 쓰이는 방법이다. 즉 미리 정해진 방식에따라 커피를 추출한 다음 일련의 절차에따라 커피 커퍼의 미각과 후각에 의해 커피의 맛과 향을 평가하는 것이다.

커핑은 커피를 구매하거나 배합하는 등 경제적 목적과 밀접한 연관이 있으므로 커핑 전문가들은 절차와 기술을 엄격하게 준수한다.

표본 준비

추출 방식은 우려내기이다. 작은 컵에 볶아서 분쇄한 커피를 넣고 거의 끓는 물(섭씨 89~95℃)을 붓는다. 처음에는 입자가 물 위로 떠올라 막을 형성하지만, 뜨거운 물에 서서히 잠기면서 가라앉기 시작한다. 여기에 소요되는 시간은 3~5분이다. 스푼으로 저어 커피 입자가 완전히 컵 밑바닥으로 가라앉게 한다. 가라앉지 않는 입자는 걷어내서 버린다. 이 추출 방식의 요점은 커피를 거르거나 커피 입자에서 맛과 향을 내는 성분이 추출되는 것을 막지 않는다는 것이다.

한 컵의 커피와 물의 비율은 커피 8.25g에 물 150ml이다. 이렇게 할 때 커피의 농도는 1~1.3%이다. 이것은 1.89L짜리 추출기에서 물 1.89L에 커피 90g 또는 물 9.46L에 커피 453g을 쓰는 것과 같다. 이 추출 방식에 쓰이는 커피의 입자 크기는 70~75%가 미국 표준체 20호를 통과할 정도로 고와야 한다. 커피를 이렇게 곱게 분쇄하는 것은 18~22%의 추출률을 얻기 위해서이다. 실험에 의하면 이것은 커피의 맛과 향을 내는 성분을 모두 추출하는 데 최적 추출률이다.

추출된 커피의 약 99%가 물이므로 물의 질이 대단히 중요하다. 수용성 무기물이 100~200ppm Part Per Million 함유되어 있어야 하는데, 이것은 소매점에서 판매하는 일반 생수의 경도와 같다. 증류수를 쓰면 안되며, 염소 등 물에 첨가된 화학물질을 모두 걸러내야 한다. 커핑은 미각과 후각을 쓰는 것이므로 물의 질이 매우 중요하다.

감각적 평가

냄새 맡기, 소리내어 마시기, 꿀꺽 삼키기 등 커핑에서 취하는 동작은 일상적인 식생활에서 취하는 동작보다 훨씬 더 과장된 것이다. 이렇게 과장된 동작을 취하는 이유는 커피의 자극성 물질로 되도록 많은 말초신경을 자극하여 미각과 후각을 극대화하기 위해서이다. 일상생활에서 이런 행동을 하면 교양없는 사람으로 간주되겠지만, 커핑에서는 필수적인 행동이다.

커피콩의 향Fragrance, 추출된 커피의 향Aroma, 맛, 냄새, 뒷맛, 그리고 밀도Body를 평가하는 커핑은 여섯 단계로 이루어진다.

1단계: 커피콩의 향

커핑의 1번째 단계는 커피콩의 향을 평가하는 것이다. 표본 8.25g을 분쇄하여 컵에 넣고, 막 분쇄된 커피콩에서 이산화탄소가 방출되면서 발생하는 여러가지 기체의 냄새를 맡는다.

향의 특성은 곧 맛의 특성을 나타낸다. 향긋한 냄새는 새콤한 맛으로, 코를 찌르는 냄새는 톡 쏘는 맛으로 이어진다. 향의 강도는 표본의 신선도, 즉 표본을 볶을때부터 분쇄할 때까지의 시간을 나타낸다.

향은 메틸메르캅탄 따위의 황이 함유된 강휘발성 물질들로 이루어져 있다. 이런 물질들을 커피콩 안에 붙잡아 둘 수 있는 방법은 없다.

2단계: 추출된 커피의 향

2번째 단계는 추출된 커피의 향을 평가하는 것이다. 막 분쇄된 커피에 끓인 생수 150ml를 붓고, 약 3분 동안 커피 입자가 물에 젖게 한다. 커피 입자가 물에 떠서 막을 형성한다.

커핑 스푼으로 부드럽게 저으면 물의 온도에 의해 여러가지 기체가 발생하는데, 이 기체들을 코로 길게, 깊이 들이마신다. 이때 맡을 수 있는 냄새는 과일, 풀, 견과류 등 다양하다. 커핑을 반복하다 보면 이런 여러가지 냄새를 분류하고 구별할 수 있게 된다.

3단계: 맛

커핑의 3번째 단계는 막 추출된 커피의 맛을 평가하는 것이다. 커핑용 스푼(8~9cc의 액체를 뜰 수 있고 열이 빨리 전도되도록 은도금되어 있는 둥근 수프용 스푼)으로 추출된 커피를 6~8cc 떠서 입을 바로대고 쉬~잇 빨아들인다. 이런 식으로 마시면 커피가 혓바닥 골고루 퍼지며, 그에 따라 모든 말초신경이 단맛, 짠맛, 신맛, 쓴맛 등 네가지 맛에 즉각 반응한다.

온도는 자극을 느끼는 데 매우 중요한 역할을 하므로 맛을 어디서 느끼느냐가 맛의 특성을 구분하는 데 도움이 된다. 이를테면, 온도는 단맛을 감소시키므로 새콤한 커피는 처음에는 부드럽게 느껴지지 않고 혀끝이 얼얼한 것 같은 느낌을 준다. 그러므로 커피를 3~5초 동안 입안에 머금고 맛의 방향과 강도에 주의를 기울여야 한다. 그래야 커피의 1차적인 맛과 2차적인 맛을 알 수 있기 때문이다.

4단계: 냄새

4번째 단계는 3번째 단계와 동시에 이루어진다. 추출된 커피가 혓바닥에 고루 퍼지면 커피에 함유된 액체 상태의 유기물질들이 증기압의 변화에 따라 기체 상태로 변한다. 그러므로 커피를 강하게 빨아들이면 이 기체들이 코로 들어가 냄새를 분석하게 된다.

5단계: 뒷맛

커피의 뒷맛을 평가하는 5번째 단계는 커피를 몇 초 동안 입안에 머금고 있다가 삼키면서 후두를 수축시켜 입천장 뒤쪽에 남아 있는 증기를 콧속으로 보냄으로써 이루어진다. 뒷맛을 내는 물질은 다양한 맛과 향을 낸다. 초콜릿처럼 달콤한맛, 모닥불이나 담배연기 같은 냄새, 정향처럼 혀를 톡 쏘는 향신료맛, 소나무 수액맛 또는 이러한 다양한 맛과 향이 합쳐진 것 같은 맛과 향 등을 낸다.

6단계: 밀도

마지막 단계에서는 혀로 입천장을 고루 핥으면서 촉감을 느껴 본다. 미끌미끌한 느낌은 커피에 함유된 지방을 나타내고, 끈적거리는 듯한 느낌은 섬유질과 단백질을 나타낸다. 이 두 가지 느낌이 바로 커피의 밀도를 이룬다.

커피가 식으면 위에서 말한 3단계에서 5단계까지, 즉 맛과 냄새와 뒷맛을 평가하는 과정을 반복한다. 커피를 식히는 이유는 온도가 네 가지 기본 맛에 영향을 끼친다는 것을 감안하여 보다 정확하게 맛과 향을 평가하기 위해서이다.

커핑 준비

1. 로스팅

커핑을 하기 전 24시간 이내에 로스팅되어야 하며, 로스팅 정도는 라이트Light에서 라이트~미디움Light~Medium 사이가 되어야 한다. 로스팅 시간은 8~12분 사이가 되어야 하며 커피에서 탄맛이 느껴지면 안된다. 샘플로 사용될 커피는 밀봉하여 어두운 곳에 보관하여야 하는데, 냉장이나 냉동이 아닌 실온(20℃) 상태에서 보관하여야 한다.

2. 분쇄

분쇄는 커핑 전 15분 이내에 이루어져야 한다. 커피는 가늘게Fine Ground 분쇄해야 하는데 모든 분쇄 입자의 약 70~75% 정도가 미국 표준 20번체를 통과하는 굵기이다. 이런 분쇄 표준을 정하는 것은 분쇄 커피의 추출 수율이 18~22%가 되도록 하기 위해서이다.

3. 비율

커피와 물의 비율은 물 150ml(약 5oz)에 커피 8.25g의 비율이다. 이 비율로 추출하면 가용성 성분의 농도가 1.1~1.3% 정도가 된다.

4. 물

커핑에 사용되는 물은 깨끗하고 냄새가 없어야 하며 100~200ppm 사이의 미네랄 총 용존고형물(TDS)을 함유하고 있어야 한다. 125~175ppm 사이가 적당하다. 시중에서 판매되는 생수와 같은 경도이다.

▲ 커핑 컵

5. 커핑 컵

커핑 시 사용되는 컵의 재질은 강화 유리나 도자기로, 용량은 약 150~180ml(5~6oz)이고 컵의 지름은 7.6~8.9cm(3~3.5inch)가 되어야 한다. 샘플당 5개의 컵이 필요하다.

▲ 커핑스푼

6. 커핑 스푼

열 소산이 잘되는 은재질의 스푼으로 4~5ml의 커피를 담을 수 있는 크기여야 한다.

커핑 수행 방법

1. 분쇄 커피 담기

샘플 로스터기로 로스팅한 후 커피향을 잘 맡을 수 있도록 가늘게 분쇄한 커피를 컵에 각각 8.25g씩 담는다.

2. 분쇄된 커피 향기 Dry Aroma, Fragrance

분쇄한 후 15분 이내에 코를 컵에 가까이 대고 커피 세포로부터 탄산가스와 함께 방출되는 기체를 깊게 들이마시면서 분쇄된 커피의 향기 속성과 강도를 체크한다. 분쇄 향기의 특성은 맛의 특징을 나타낸다. 분쇄 향기는 가장 휘발성이 강한 방향물질로 구성되어 있으며, 향기 성분은 아주 짧은 시간동안 분쇄 커피의 내부에 있다.

3. 물 붓기

약 93℃ 정도의 끓인 물 150ml를 모든 커피 입자가 적셔지도록 컵에 가득 부어준다. 이렇게 하면 가용성 성분의 농도가 1.1~1.3%가 된다.

4. 추출 커피의 향기 Break Aroma

물을 붓고 3~5분 정도 지나면 커피 입자는 컵 표면에 층을 만든다. 커핑 스푼으로 세번 정도 밀면서 향의 변화를 평가한다. 이런 행동을 통해 평가할 샘플의 향기특성을 평가할 수 있다. 커핑 경험을 통해 향기의 독특한 패턴을 분류하여 머릿속에 기억하게 되면 향기를 다른 향과 구분할 수 있게 해 준다.

5. 거품 걷어내기

흡입을 위해 표면의 거품은 스푼을 이용해 조심스럽게 걷어서 없앤다. 스푼 두개를 사용하면 더 편리하다.

6. Flavor, Aftertaste, Acidity, Body and Balance 평가

거품을 걷어내고 물의 온도가 70℃ 정도가 되면 커핑 스푼으로 약 6~8ml 정도 떠서 입안으로 강하게 흡입Slurping해 혀와 입안 전체에 골고루 퍼지게 한다. 먼저 Flavor와 Aftertaste를 평가한다. 그런 다음 커피의 온도가 60~70℃가 되면 Acidity, Body and Balance 항목을 평가한다. 커피가 식으면 반복해서 평가한다. 커피 온도가 내려가면 기본적인 맛에 영향을 주기 때문에 여러 번 반복해서 맛을 보아야 정확한 평가를 할 수 있다.

7. Sweetness, Uniformity, Clean Cup 평가

물의 온도가 내려가 실온에 접근한 정도(약 37℃)가 되면 Sweetness, Uniformity, Clean Cup 항목을 평가한다.

8. 결과 기록

평가가 끝나면 그 결과를 항목별로 기록하여 평가한다.

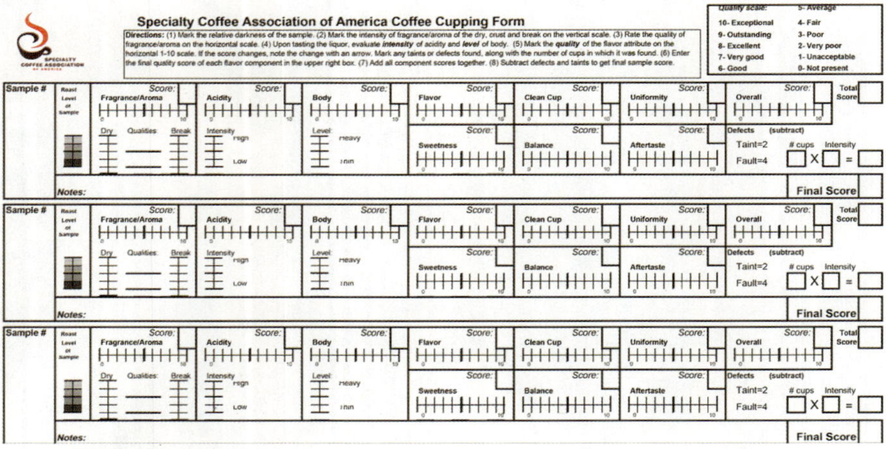

Specialty Coffee Association of America Coffee Cupping Form

Directions: (1) Mark the relative darkness of the sample. (2) Mark the intensity of fragrance/aroma of the dry, crust and break on the vertical scale. (3) Rate the quality of fragrance/aroma on the horizontal scale. (4) Upon tasting the liquor, evaluate ***intensity*** of acidity and ***level*** of body. (5) Mark the ***quality*** of the flavor attribute on the horizontal 1-10 scale. If the score changes, note the change with an arrow. Mark any taints or defects found, along with the number of cups in which it was found. (6) Enter the final quality score of each flavor component in the upper right box. (7) Add all component scores together. (8) Subtract defects and taints to get final sample score.

Quality scale:	5- Average
10- Exceptional	4- Fair
9- Outstanding	3- Poor
8- Excellent	2- Very poor
7- Very good	1- Unacceptable
6- Good	0- Not present

Sample # / Roast Level of Sample / Fragrance/Aroma Score: (Dry, Qualities, Break) / Acidity Score: (Intensity High–Low) / Body Score: (Level Heavy–Thin) / Flavor Score: / Clean Cup Score: / Uniformity Score: / Overall Score: / Total Score / Sweetness Score: / Balance Score: / Aftertaste Score: / Defects (subtract) Taint=2 Fault=4 # cups × Intensity = / Notes: / Final Score

▲ SCAA 커핑 평가표

PART

03

NCS 기반의

에스프레소 머신

최상의 커피를 추출하고 그 맛을 유지하기 위해
커피기계의 설정, 상태 확인, 소모품 교체 및 세척 등의
능력을 함양할 수 있다.

Verona RS

Chapter 01 에스프레소 머신

에스프레소 머신은 특별히 고안된 밀폐된 필터에 분쇄된 커피를 담아 압력이 가해진 뜨거운 물을 필터에 통과시켜 커피를 추출해 주는 기계이다. 온도와 압력이라는 두 가지 요소를 결합하여 당분과 단백질 등의 수용성 성분과, 지방과 콜로이드 같은 불용성 성분을 원두에서 추출해 주는 것이다. 에스프레소의 역사를 창출한 이탈리아인들에게 에스프레소 머신은 수많은 사람들의 창의성과 천재적 공학의 표현이라 할 수 있다.

방식	1900~30년대	1930~50년대	1960년대 이후	현재
가압방식	증기압력	피스톤	전동펌프	전동펌프
작동방식	밸브식	레버구동식 수압밸브식	밸브&버튼식	전자버튼식
가열방식	단독보일러	단독보일러	열교환보일러	열교환보일러 개별보일러

▲ SANREMO OPERA 3그룹

머신의 발전

천이나 금속필터를 이용하여 중력방식으로 커피를 즐길 무렵 유럽의 각 나라들은 산업혁명에 의해 급속한 도시화가 진행되었다. 많은 사람들이 도시에 몰리면서 카페는 좀 더 빠른 시간 내에 커피를 추출하는 새로운 방식을 필요로 하게 되었다. 1855년 프랑스 파리에서 카페를 경영하는 '산타이스Edward Loysel de Santais'는 증기 기관의 수증기 압력을 이용해 커피를 추출하는 머신을 개발하였다. 이 머신은 시간당 2,000잔의 커피를 추출하였으나 거대한 크기와 작동이 복잡하다는 문제로 보급되지는 못했다. 그 후 커피를 한 잔씩 차례로 추출해 주는 머신 모형은 1882년 파리에서 나왔고, 1900년대 초에 이르러 좀 더 혁신적 모델의 에스프레소 머신이 이탈리아의 여러 제작자들에 의해 만들어졌다.

1900~30년대: 수증기 가압방식

1901년 이탈리아의 '루이지 베제라Luigi Bgzzera'라는 사람에 의해 특허를 출원하여 최초로 상업용 머신을 제작 판매하기 시작했다. 이때부터 에스프레소라는 이름을 사용하게 되었으며, 연속 추출이 가능한 방식을 개발해 현재와 같은 에스프레소 머신의 원형이 되었다. 1903년 '파보니Desidero Pavoni'는 베제라의 특허를 획득하여 개량해 1905년 에스프레소 머신을 생산하기 하기에 이르렀다.

▲ 초창기 커피 머신의 형태

하지만 이 당시 보일러의 구조는 수증기의 압력(약 1.5bar)을 이용하여 추출하는 큰 모카포트와 같은 형태였다. 그 후 더욱 압력을 높이기 위한 연구를 하였지만 단순히 한 공간에서 수증기 압력을 증가시키면 압력에 의해 온도가 상승하여 쓴맛이 강한 커피가 추출되는 문제가 발생되었다. 그 후 압력을 만들어내는 다양한 방식을 고안하면서 지속적인 발전을 이루게 되었다.

▲ 베제라 에스프레소 머신(1906년)

1930~40년대: 피스톤 가압방식

1935년에 수증기 대신 피스톤을 사용해 물을 압축하여 압력을 생성하는 방식이 일리커피의 창업자인 '프렌시스코 일리Illy'에 의해 착안되고, 1938년 '크레모네시M. Cremonesi'는 수증기를 사용하지 않는 에스프레소 추출법으로 특허를 취득했다. 이 머신은 피스톤 상부에 회전체를 부착해 돌려서 압축하는 방식이었다. 그 후 크레모네시가 사망하자 아낄 가지아Achille Gaggia는 크레모네시의 특허를 인수하여 10여년의 개발을 거쳐 1946년에 크레마를 만드는 아이디어로 특허No.365726를 출원하고 머신을 판매하기 시작하였다. 이 머신은 앞부분이 구부러져 커피가루를 통과하는 물에 정확한 압력을 전달해주는 기다란 레버와 대형 스프링을 이용, 피스톤을 구동시켜 밀폐된 공간에서 9bar 이상의 고압력을 얻는 방식으로 머신 작동을 간소화 시켰다. 고압력에 의해 추출된 커피는 뜻하기 않게 크레마Crema를 형성시켰다. 이에 아낄 가지아는 천연 크림 커피Crema Coffee Naturale라는 문구를 머신에 부착하여 광고하기 시작하였다. 아낄 가지아의 수동 레버식 모델들은 오늘날까지 사용되면서 수동형 머신의 원조가 되었다.

▲ 가지아 에스프레소 머신(1946년)

1950~60년대: 펌프 가압방식

머신은 더욱 발전하여 1950년대에 '심발리Cimbali'는 수도관 수압을 이용해 피스톤을 구동하는 방식으로 자동화 하였지만 차가운 물에 의해 추출 온도가 떨어지는 문제가 발생되어 많은 보급을 하지 못했다.

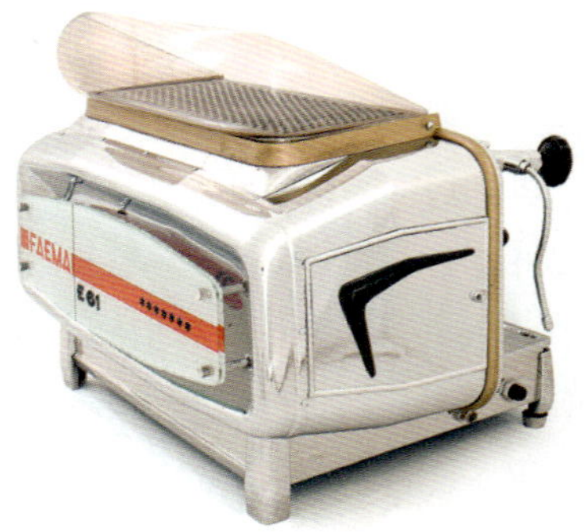

▲ 훼마 E61 에스프레소 머신(1961년)

다양한 방식의 피스톤 구동방식이 개발될 무렵, 이중구조의 열교환기Heart Exchange 보일러가 개발되었다. 1961년에 '어네스토 발렌터Ernesto Valente'는 이를 채용하고 전동식 펌프를 부착, 자동으로 물을 균일하게 뿌려주는 펌프 가압방식으로 개발해 특허를 받고 '훼마Faema E61'을 출시하였다. 기존의 머신은 물을 먼저 데운 후 압력을 생성하는 구조였는데, 이중구조의 열교환기 보일러에 의해 먼저 압력을 생성하고 데우는 기능이 가능해졌다. 이처럼 에스프레소 머신은 개발과 개량을 거쳐 전문 바리스타 양성화라는 어려운 문제를 점차 해결하기 시작했다.

1960~현재

펌프 가압방식의 머신이 완성되고 중흥기를 맞이 할 무렵 자동화 발전은 더욱 가속화를 이루었고 현재는 완전 자동식 머신으로 발전되는 양상을 띄게 되었다. 원두분쇄에서 필터바스켓 청소에 이르는 모든과정을 자동적으로 수행하는 에스프레소 머신이 개발되었다. 머신에 전자 방식이 장착되고 제어되면서 여러가지 메뉴 커피를 제조할 수 있게 되었다. 다양한 물의 양을 사용해 진한 에스프레소와 연한 에스프레소를 만들 수 있으며 우유와 재료를 자동으로 혼합하는 단계에 이르게 되었다.

머신은 전자제어를 넘어 더욱 진보된 발전과 개량이 이루어지고 있는데 판매되는 잔 수량을 파악하여 소비성향과 통계적 데이터를 제공해 주는 컴퓨터가 부착된 머신도 판매되고 있다. 이러한 머신들은 바리스타가 하는 일을 많은 부분 대신하여 바리스타가 하는 일 이라고는 버튼을 눌러주는 것과 잔이 채워지기를 기다리는 것뿐이다.

오늘날 에스프레소 머신은 놀라운 발전을 이루며 편의성과 더불어 디자인도 더욱 화려해지고 컴퓨터 제어장치가 장착되면서 더욱 섬세한 에스프레소 추출을 할 수 있도록 발전되어 가고 있다. 그중 추출 보일러만을 따로 분리하여, 최적의 온도를 항상 유지할 수 있는 기술이 개발되었으며, 이러한 개별보일러 장치는 추출 온도 조절을 용이하게 만들었다. 또한 스팀과 온수 등도 개별적으로 온도 조절이 가능하여 더욱 강력한 스팀과 원활한 온수를 사용할 수 있다는 장점을 지니고 있다. 현재는 기존에 널리 보급되어 있는 일체형 보일러 방식의 머신에 새로운 온도 제어장치와 보완장치가 속속 개발되면서 구조는 더욱 다양해짐과 동시에 복잡해지고 있다. 이는 머신의 기술적 관리가 중요하게 되는 문제점을 발생시켰고 이러한 새로운 문제의 해결책으로 인터넷 통신을 이용하여 기술자가 원격으로 통제와 수리가 가능하도록 발전되어 가고 있다.

▲ 쉐라 Coffee Art 에스프레소 머신

Chapter 02

에스프레소 머신의 분류

현재의 에스프레소 머신은 사용처에 따라 다양한 방식이 판매되고 있다. 한쪽에서는 발전을 거듭하는 동시에 과거에 사용하던 방식을 새롭게 채용하고 옛 향수를 불러오는 머신 등 오늘날 에스프레소 머신은 과거와 현재 미래를 동시에 느낄 수 있게 되었다. 매장에서 바리스타가 주로 사용하는 상업용 에스프레소 머신을 구조와 작동 방법에 따라 여러가지로 분류할 수 있다.

보일러 구조에 따른 분류

관통형 보일러

1960년대부터 사용해오는 방식으로 여러가지 형태로 변형이 용이하여 많은 머신 제조회사들이 채용하고 있는 보일러 형태이다. 그룹헤드와 보일러가 별도로 떨어져 있는 것이 특징으로 그룹헤드의 온도를 유지하기 위해 별도의 가열 장치를 부착해야 한다. 보통 보일러에서 가열된 온수를 그룹헤드까지 순환시켜 온도를 유지함과 동시에 커피 추출에 함께 이용하는 방식을 많이 사용하고 있다. 최근에 관통형 보일러를 채택하여 새롭게 개량되는 머신들은 그룹헤드 온도 유지배관과 추출배관을 완전히 분리한 새로운 방식의 기술을 사용한다. 이러한 기술을 채용한 머신은 추출온도가 일정하게 유지되며, 초기 추출 시 발생하는 고온의 강한 스팀 추출수를 저하시켜 안정된 추출을 할 수 있도록 보완되고 있다.

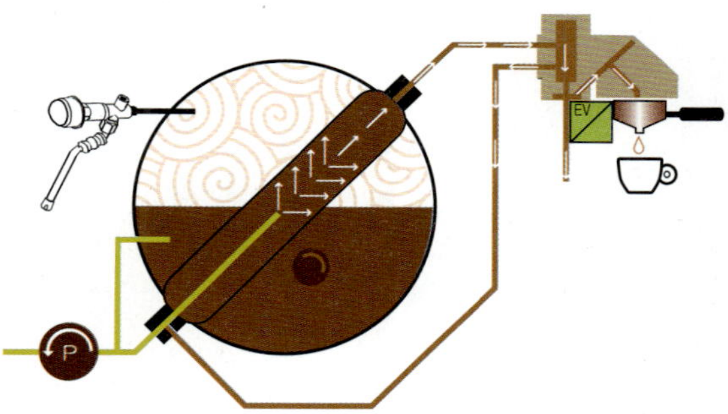

▲ 관통형 보일러의 구동 원리

침출형 보일러

관통형 보일러 방식을 개량한 방식으로 그룹헤드를 보일러 속에 심듯이 장착한 방식이다. 보일러에서 발생된 열을 이용하여 그룹헤드의 온도를 유지시켜 주기 때문에 외부로 노출된 그룹헤드로 인해 보일러의 온도에도 영향을 미치기도 한다. 이러한 형태의 보일러의 장점은 추출구까지 배관거리가 매우 짧아 추출 온도유지가 유리하다. 또한 추출 보일러만 외부에서 손쉽게 분리가 가능하여 보수관리가 용이하고 오래전부터 사용하던 방식이므로 내구성과 유지보수성이 뛰어나다는 장점이 있다.

개별형 보일러

두개의 보일러를 장착하는 방식으로 스팀 보일러와 추출 보일러를 개별적으로 가열하는 방식이다. 각각의 온도관리가 가능하며 그룹 온도 유지성도 매우 뛰어나며 내구성도 우수하여 강력한 머신이라 할 수 있다. 하지만 두개의 대형 가열장치를 장착하므로 많은 전기 에너지가 필요하게 된다.

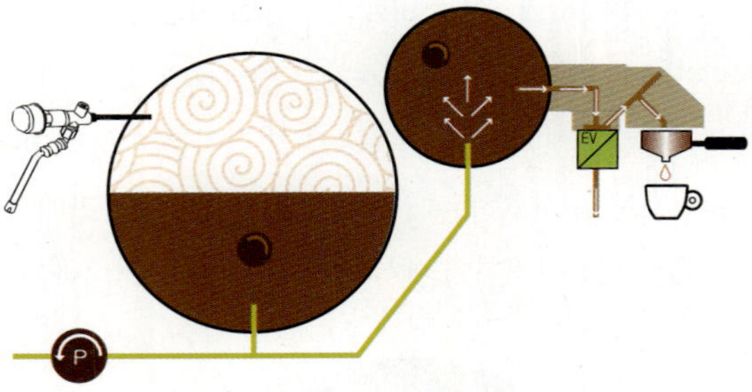

▲ 개별형 보일러의 구동 원리

다중형 보일러

머신을 자동화 하기위해 여러가지 전자식 컨트롤 장치를 부착하여 제어를 쉽게 하기위해 오래전부터 완전자동 머신 회사에서 개발하여 사용하던 방식으로 기존의 개별보일러의 단점인 전기효율을 높이기 위해 그룹별로 소형의 보일러를 개별적으로 장착한 방식이다. 완성된 형태라기보다는 현재도 지속적으로 변형되고 있는 방식이며, 같은 구조를 사용하더라도 각 회사별로 독창적인 기술을 사용한다. 최대의 장점은 그룹별 온도조절이 가능하여 커피 추출 온도 관리가 좋다. 하지만 여러 개의 보일러 온도를 관리하기 때문에 온도센서와 전자 프로그램이 복잡하여 설치 장소의 전기안정성이 요구되며, 유지보수가 지속적으로 필요하다.

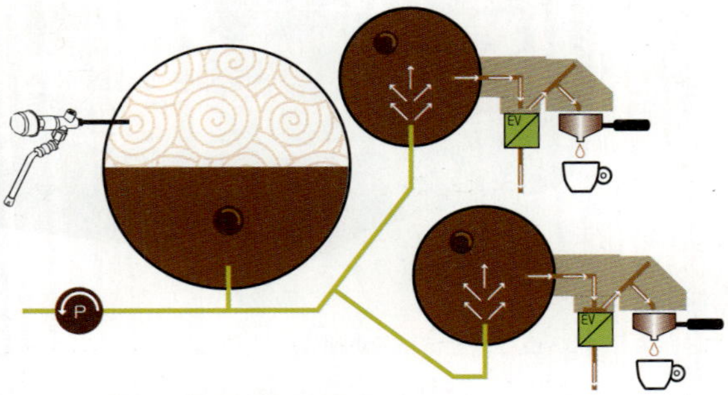

▲ 다중형(독립형) 보일러의 구동 원리

작동 방식에 따른 분류

반자동 Semi Automatic과 자동 Automatic

우리나라에서 보편적으로 가장 많이 사용하는 머신의 형태이다. 우리나라에서는 흔히 반자동 머신으로 불려지나 이탈리아에서는 두 가지 형태로 구별한다. 이탈리아에서 불리는 반자동 머신은 추출버튼이 각 그룹에 한 개만 부착되어 있고 추출버튼을 바리스타가 수동으로 작동하는 방식이다. 월드 바리스타 챔피언십에 사용되는 머신이 반자동 머신에 해당된다. 자동은 반자동과 같은 형태를 가지고 있으며 각 그룹위에 추출버튼이 5개가 장착되어 있다. 버튼마다 물량을 입력하여 자동으로 멈춰지는 기능의 머신을 말한다. 우리나라에서는 반자동 보다는 자동을 선호하는데 이는 다양한 메뉴를 판매하는 커피전문점이 대부분으로 커피를 추출하는 동안 여러가지 메뉴와 다른 일들을 처리하기가 편리하기 때문이다.

▲ 에스프레소 머신(SANREMO Verona TCS)

▲ 반자동(Semi Automatic)

▲ 자동(Automatic)

완전자동 Full Automatic

한 번의 버튼 조작만으로 에스프레소 추출은 물론 카페라떼, 카푸치노 등 다양한 메뉴의 제조가 가능한 머신이다. 머신 본체에 그라인더까지 함께 장착되어 있어 분쇄와 추출, 우유, 기타 코코아등의 메뉴를 자동으로 만들어 낸다. 커피 맛이 일정하고 누구나 손쉽게 사용 가능하다는 장점이 있지만 완벽한 커피맛과 고객의 주문에 따라 커피 맛을 변경하기가 어렵다는 단점이 있다. 때문에 전문 바리스타를 고용하지 않는 레스토랑, 스넥코너, 멀티샵, 대형사무실 등에서 많이 사용되어 진다.

▲ 소형 자동 에스프레소 머신(세코)

수동 Manual

머신의 전면 그룹헤드 상부에 부착된 기다란 레버를 밑으로 당겨 커피를 추출하게 되는데 이때 바리스타가 압력(6~13bar)과 추출 양을 조절하게 된다. 이로인해 커피 맛의 변화가 크다는 것이 단점이며, 기술숙지가 안 된 바리스타가 사용하는 경우는 고품질의 커피 추출이 어려운 경우도 발생한다. 하지만 다양한 커피 맛을 제조할 수 있는 구조를 가지고 있다. 최근에 바리스타의 기술 수준이 향상되면서 수동 머신을 사용하고자 하는 바리스타가 늘고 있으며 외관이 클래식하여 디자인을 추구하는 영업장에서는 구입이 늘고 있는 추세이다.

▲ 수동 레버 에스프레소 머신(웨가)

머신의 선택

커피전문점에서는 사용량에 맞춰 상업용 머신을 선택해야 품질을 보장할 수 있다. 에스프레소 커피시장을 성장시키는 결정적인 요인은 바로 품질이다. 이러한 품질은 향과 맛, 농도에 의해 결정되고 커피전문점에서 제공되는 에스프레소 음료는 가정에서보다 월등해야 하며 같은 가격이지만 최상의 커피를 제공하는 곳을 고객은 지속적으로 찾을 것이다.

	구분	그룹갯수	기술 숙련도
반자동		1~4	중급
완전자동		1	초급
수동		1~4	고급

머신의 작동 개념도

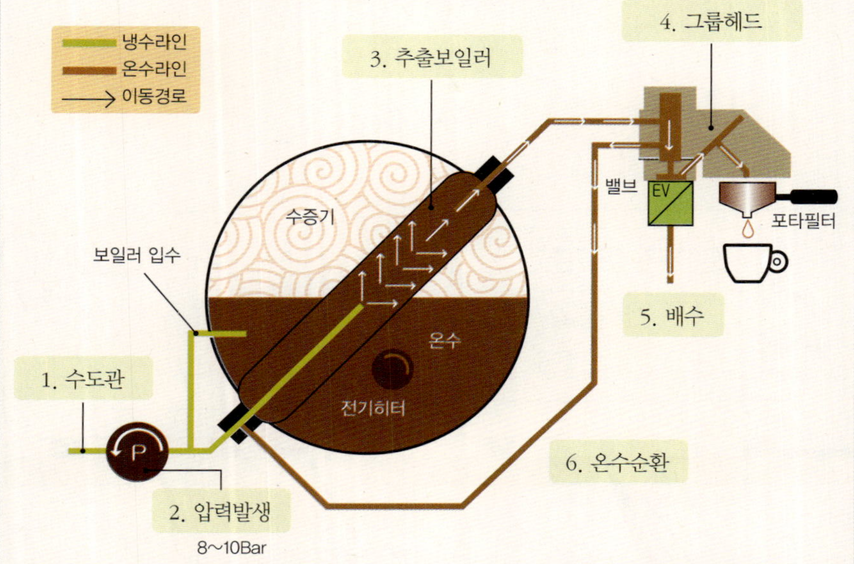

1. 정수와 연수를 걸친 수돗물은 가압펌프를 지나게 된다.
2. 가압펌프에서 추출에 필요한 압력을 형성한다.
3. 추출 보일러에서 찬물은 온수에 의해 가열된다.
4. 가열된 온수는 전자밸브(EV)를 통해 그룹헤드로 보내진다.
5. 추출되고 남은 온수는 배수관을 통해 버려진다.
6. 추출에 사용되지 않는 온수는 그룹헤드 가열용으로 사용하기 위해 추출보일러(3)로 재 공급된다.

머신 설치 방법

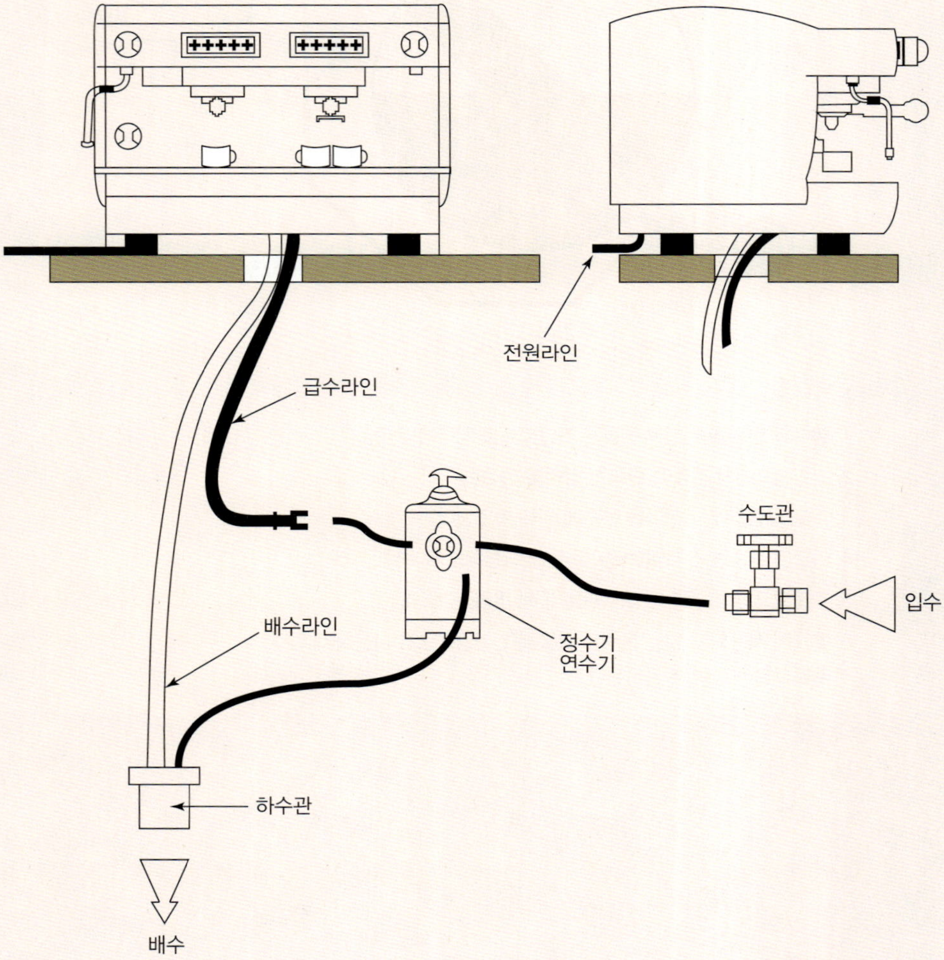

Chapter 03

에스프레소 머신의 추출 과학

사전 주입의 원리 PRE-INFUSION

커피 추출 시 최대 추출압력이 필터바스켓에 형성되기 전에 낮은압력으로 추출수를 미리 주입하여 커피를 적시고 부풀려 커피가루 입자간의 밀착력을 높여 안정적인 추출을 유도하기 위한 기능으로 '프리-인퓨징PRE-INFUSION'이라고도 한다.

사전주입에 사용되는 추출수는 낮은 압력을 사용해야 한다. 다시 말해 필터바스켓에 담긴 전체 커피에 추출수를 주입하는 동안에는 추출단계로 진행되면 안되기 때문이다. 하지만 현대식 에스프레소 머신은 전동식 모터를 사용하여 작동되므로 추출버튼을 누르는 순간 빠른 속도로 9bar의 압력이 작용하여 상부 커피층에서는 빠르게 추출 단계로 진행된다. 이러한 문제를 해결하기 위해 일반적인 에스프레소 머신에 전자식으로 사전주입 기능을 부착하기도 한다.

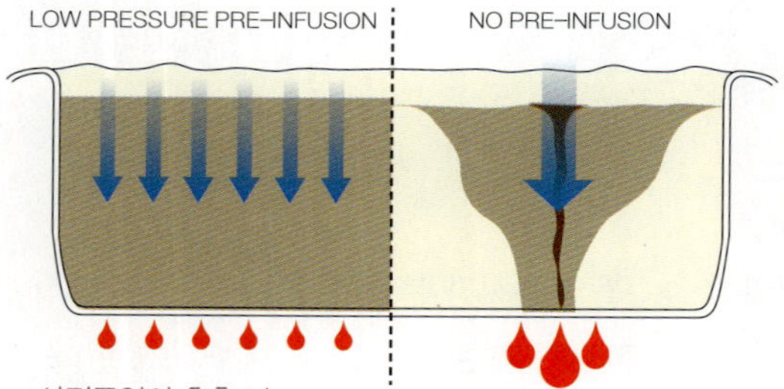

▲ 사전주입의 추출 비교

사전 주입의 필요성

에스프레소에 사용되는 커피원두는 과거에 비해 가용하기가 어려운 상태로 변화되었다고 볼 수 있다. 이로 인해 커피양, 추출온도, 추출시간 까지도 에스프레소라는 말이 무색할 정도라고 해도 과언이 아닌듯하다. 이는 개인의 기호와 향, 맛을 위해 변화하고 있는 것이다. 결론적으로 사전주입 기능적 측면만을 설명하면 좀 더 안정적인 고품질의 에스프레소 추출을 유도하기 위해 사용한다고 할 수 있다.

또 하나의 원리는 필터바스켓에 커피를 분배하고 고르고 누르는 여러과정 속에서 발생될 수 있는 바리스타의 미세한 결함과 문제점을 현저하게 줄여주고 보완해주는 역할과 커피의 추출농도를 높이기 위해 사용되기도 한다.

여러가지 사전 주입 방법

기계식 사전 주입

펌프와 그룹헤드 사이에 스프링으로 작동되는 피스톤을 장착하여 자연적으로 사전주입 기능을 하는 원리이다. 일반적으로는 그룹헤드 하부에 부착되지만 최근에 머신 내부 추출관에 장착하기도 한다. 초기 추출수가 커피에 닿게되면 커피의 저항력에 의해 필터바스켓의 압력이 증가하게 된다. 이때 커피에 가해지는 압력보다 약한 스프링을 밀어내고 피스톤안에 추출수가 채워지는 동안 커피는 부풀게 된다. 피스톤이 모두 채워지면 비로써 압력이 형성되어 커피를 추출하게 된다.

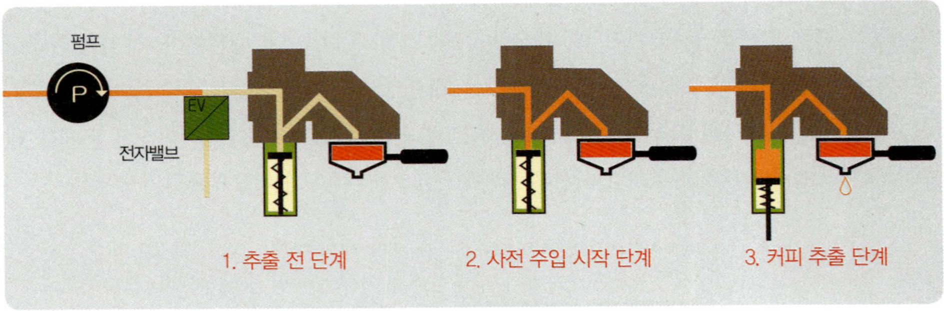

전자식 사전 주입

추출버튼을 작동시키면 추출수를 짧은시간 분출 후 잠시 멈춘 후 다시 배출하는 원리로 작동된다. 대체적으로 많은 머신 제조회사에서 이 기능을 채택하고 있다. 하지만 아직까지 전자식 사전주입 기능에 대한 논란의 여지가 많다. 추출버튼 작동 시 가압펌프의 압력이 지속적으로 발생되게 되는데 이 과정에서 밸브만 차단하고 열리는 기능을 말한다. 정확히 말하면 사전주입 기능과는 근본적인 원리가 다르다. 수동 스위치 방식의 에스프레소 머신에서는 바리스타가 추출버튼을 수동으로 작동시켜 사전 주입하는 경우도 있다.

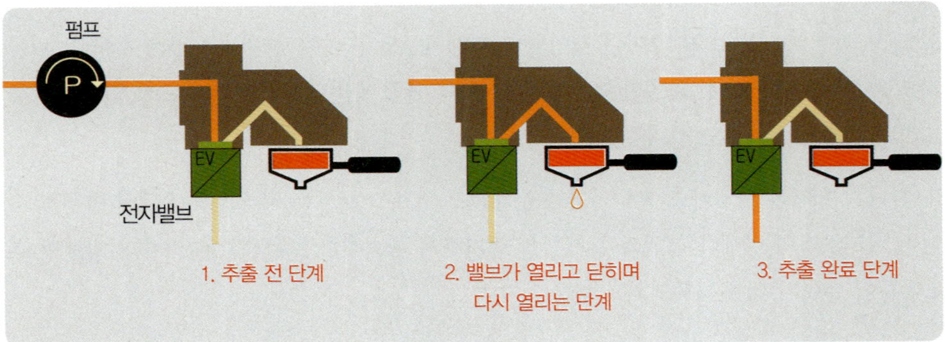

그룹헤드 온도 변화

바리스타는 커피를 추출하는 온도가 중요하다는 것을 잘 알고 있을 것이다. 하지만 실제 추출수의 온도를 유지하는 것은 매우 어렵다. 여러가지 원인에 의해 추출 온도는 변화를 하게 되는데 그 중 그룹헤드가 외부에 노출되어 발생하는 온도 변화일 것이다. 우리나라에서 유행처럼 번지고 있는 개방형 샵Shop에 경우 바Bar 내부의 온도 유지가 중요하다. 좋은 품질의 커피 맛을 원하는 커피전문점 이라면 바를 설계할 때 계절별 실내 온도관리에 만전을 기해야 한다.

고도에 따른 물의 온도 변화

물의 온도는 고도와 밀접한 관련이 있다. 에스프레소 머신을 설치할 때는 고도를 고려하여 온도 조절을 해야 정확한 추출 온도를 만들어 낼 수 있다.

보일러 압력과 스팀온도

온도	압력
109℃	0.4bar
111℃	0.5bar
113℃	0.6bar
115℃	0.7bar
117℃	0.8bar
119℃	0.9bar
120℃	1bar
122℃	1.1bar
123℃	1.2bar
125℃	1.3bar
127℃	1.4bar

고도에 따른 물의 끓는 온도

고도	온도
0~1,000m	95℃
1,000~2,000m	90℃
2,000~3,000m	85℃

PID 온도 제어

보일러의 상부 스팀부분에 열전대Thermo Couple를 부착하여 스팀온도를 감지하는 방식이다. 기존의 온도센서로는 스팀온도를 측정하기 어렵지만 열전대는 영하 200℃에서 영상 1,700℃까지 측정이 가능하며 0.1℃의 미세한 온도도 측정할 수 있다. 이렇게 측정된 온도 신호는 PID 제어기로 보내지게 되고 메모리 IC에 입력된 PID 알고리즘 프로그램에 의해 제어장치에 명령을 내리게 된다. 명령신호가 보내진 전자식 릴레이SSR는 AC전기(예220V) 보일러히터를 연결하여 히터가 작동하게 된다. 전기는 지속적으로 보내지는 것이 아니라 PID 프로그램에 의해 사용환경에 따라 불규칙적인 환경을 파악하여 최대한 규칙화된 신호로 보내주게 되어 보일러의 물 온도편차를 현저하게 감소시켜 준다.

PID 작동 원리

최근 개발되는 에스프레소 머신에는 온도의 안정적 유지를 위해 PID 제어 알고리즘을 장착하고 있다. 전자기술의 발전은 머신을 이용하여 추출하는 에스프레소에서는 매우 중요하다. 그 중 머신의 물 온도를 제어하기 위해 새롭게 도입되는 제어기술이 바로 PID이다. 일반적으로 사용되는 기계식 압력제어기는 단순히 보일러의 수증기 압력작용에 의해 전기의 접점을 작동시켜는 원리이다. 스팀압력이 낮아지면 가열하게 되고 제어기를 조절한 압력만큼 스팀압이 상승하면 가열을 멈춘다. 하지만 이때 가열되어 있는 히터는 바로 차가워지는 것이 아니기 때문에 잔열로 인한 물 온도는 더욱 상승하게 된다. 이런 경우 정확한 물 온도가 필수적인 에스프레소 머신에서는 많은 온도 편차가 발생된다. 이를 보안해주기 위해 PID 제어기술을 사용하게 되는 것이다. 커피로스터, 온수기 에어로 등 온도제어가 필요한 여러 산업분야에서 널리 적용될 것이다.

▲ PID의 부품 구성

에스프레소 머신 PID 작동 원리

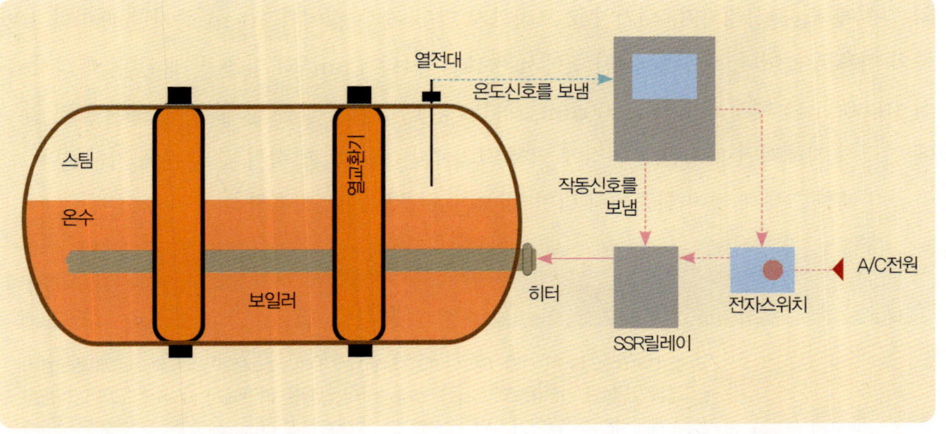

열전대

열전대는 제베크효과를 이용하여 넓은 범위의 온도를 측정하기 위해 두 종류의 금속으로 만든 장치이다. 발전소, 제철소 등에서 온도를 측정하기 위해 사용한다. 내구성이 좋아 극한상황에서 많이 이용된다.

전자식 릴레이 SSR

기계식 릴레이RELAY를 전자식으로 바꾼 형태로 위상 제어가 아니라 단순히 ON/OFF 기능을 하며, 주로 ON/OFF가 빈번한 곳에 많이 사용된다. 릴레이보다 응답속도가 빠르고, ON/OFF 시 소음이 없다. 수명이 반영구적이며, 특히 ZERO CROSS SSR의 경우 교류의 전압이 0V 지점을 지날 때 ON/OFF를 함으로써 급격한 전류가 흐르는 것을 막아 수명을 연장시키고, 노이즈를 없애는 작용도 한다.

Tip

제베크 효과(Seebeck Effect)

두 개의 다른 금속을 고리 모양으로 연결하여 한쪽은 고온, 한쪽은 저온을 했을 때 그 회로에 전류가 형성되는 현상을 말한다.

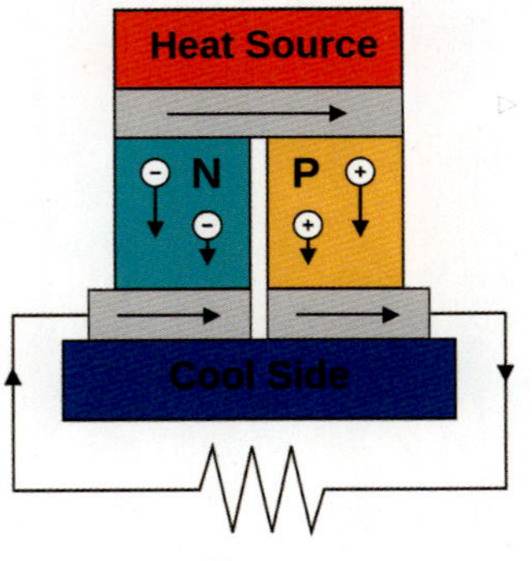

▲ 제베크 효과의 원리

압력의 이해

수압은 정수압靜水壓이라고도 하며, 흐름에 의한압력, 즉 동압動壓에 대응하는 말이다. 물속의 한 점에는 전후 · 좌우 · 상하의 모든 방향에서 같은 세기의 힘이 미치게 된다. 그 크기는 물의 깊이에 의해 정해지며, 대기압을 고려하지 않을 경우 깊이가 10cm 증가할 때마다 10g 중의 비율로 늘어나, 수심 10m인 곳에서는 1kg 중(약 1atm)의 힘을 받게 된다. 따라서 수심 10,000m의 해저라면 약 1,000atm, 즉 1㎢당 1만 t의 수압을 받게 된다. 또한 물의 일부에 압력이 가해지면 파스칼의 원리에 의해 그와 같은 크기의 압력이 각 부분에 가해진다. 즉 물을 밀폐한 그릇에 넣어 한쪽에서 밀면 각 부분에 같은 힘이 작용한다.

1 Bar = 1기압 = 1kg/cm^2 = 100,000 Pa로 환산	
Bar	기호는 bar 또는 b. 1바=10 ^{5}N/m^2=10 ^{6}dyn/cm^2. 1911년 노르웨이의 V.비예르크네스에 의해 도입되어 14년 기상통보에 사용되었다. 1바의 압력은 해면에서 100m 정도의 압력으로, 기상관계에서는 이 단위가 너무 크므로 그 1/1,000인 밀리바(mb)를 쓴다. 1기압은 수은주 760mm의 압력으로, 1,013.250밀리바에 해당한다. 이 밖에 압력의 CGS단위로는 바리에가 있다.
Kg (Kilogram)	질량의 기본 단위이다. 기호는 kg으로 표시하며, 국제 킬로그램 원기의 질량이자 미터법의 기준으로 되어 있다. 유도 단위로서는 유량(流量) 및 공률(工率)의 단위인 킬로그램매초(kg/s), 밀도의 단위인 킬로그램 매세제곱미터(kg/m^3), 일의 단위인 킬로그램힘미터(kgf · m), 중력 단위계의 단위인 킬로그램중(kgf)이 있다.
Kgf (Kilogram Weight)	중력단위계의 힘의 단위로 중량킬로그램이라고도 한다. 기호는 kgf. kgw로 표시하는 나라도 있다. 표준중력가속도하에서 1kg의 질량에 작용하는 중력의 크기로 나타낸다. 1 kgf = 9.80665N이다. CGS질량 단위계에서는 그램중(gw)을 쓴다. 1 gw = 980.665dyn이다.

가압 펌프 작동 원리

에스프레소 머신에서 사용되는 펌프는 로터리 펌프Rotary Pump이다. 로터리 펌프는 다시 다양한 종류로 나뉘는데 그중 에스프레소 머신은 베인 펌프Vane Pump를 사용한다. 베인 펌프는 회전자Rotor 부분이 들어 있는 케이싱속에 여러장의 날개(베인)를 설치하여 회전시켜 유체를 흡입하고 송출하는 펌프이다. 회전자는 반지름 방향이거나 그보다 더 경사진 방향으로 4~12개의 홈이 같은간격으로 파여 있으며 이 홈에 날개가 들어 있다. 이것은 회전자가 회전할 때 홈 안에서 왕복운동을 한다. 흡입구 쪽에서 가까운 날개 사이로 들어온 유체는 이 날개, 케이싱 그리고 회전자로 이루어진 공간에 담겨져서 회전운동에 의해 송출구로 보내진다.

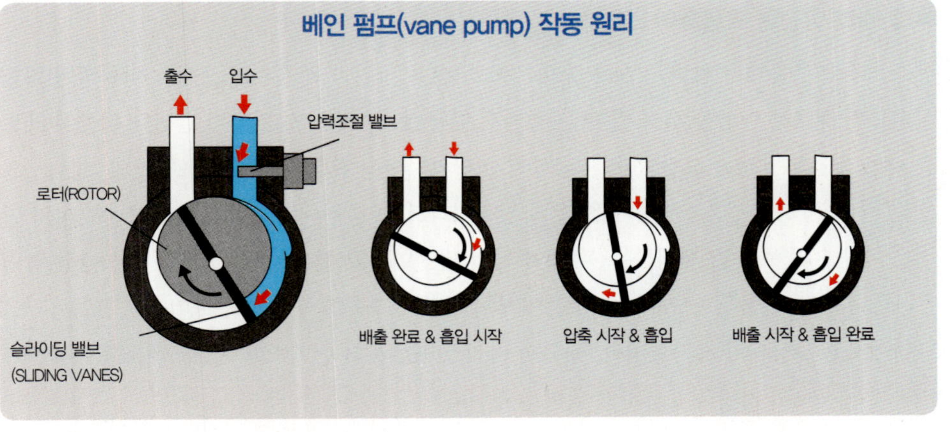

가정용 에스프레소 머신은 왕복펌프를 사용한다. 왕복운동을 하는 피스톤Piston 또는 플런저Plunger의 움직임에 따라 체적변화를 일으켜 물을 흡입하고 내보내는 원리로 작동한다. 상업용 머신처럼 모터를 사용하지 않기 때문에 비교적 간단하고 소형화 할 수 있다는 장점이 있다. 하지만 안정적으로 지속적인 고압력을 만들어 내야 하는 상업용 에스프레소 머신에서는 널리 사용되지는 않는다.

▲ 소형 가정용 머신의 왕복 구동 펌프

에스프레소 추출 개념과 유체 역학

지구상에는 여러 형태의 운동력이 존재한다. 대표적인 현상이 대류와 난류이다. 대류는 온도 에너지에 의해 규칙적인 흐름으로 움직인다. 하지만 난류는 사전적인 어원을 보면 "난류Turbulence, 亂流 : 유체역학용어로서, 유체 각 부분이 시간적 · 공간적으로 불규칙한 운동을 하면서 흐르는 흐름"을 말한다. 이는 즉 분쇄된 커피에 물을 부었을 때 커피입자에 의해 물이 불규적인 흐름으로 커피입자 사이를 통과하면서 커피의 성분을 녹이게 된다. 또한 물의 물질적 특성인 응집력에 의해 한번 통과된 물길에 의해 지속적으로 물이 한쪽으로 빠져나가게 되는데 이러한 불규칙적인 추출을 하게되면 전체의 커피에서 고른 성분적 추출이 발생되지 않게되어 불안전한 상태의 성분추출이 발생되게 되는 것이다.

추출 원리 발전과 흐름제어

에스프레소 추출에서 압력은 매우 중요한 요소이다. 하지만 최근 에스프레소 머신의 변화를 살펴보면 새로운 양상을 띄고 있다. 지금까지 언급했던 여러가지 기술적 발전과 더불어 새로운 추출기술의 발전이 그것이다. 지금까지 머신의 발전변화를 살펴보면 초창기의 "압력생성원리"의 발전 그 후 "온도생성과 유지"의 발전이라고 보면 현대의 에스프레소 추출방식의 발전은 추출수의 흐름을 제어하는 "유체역학"의 발전이라고 본다. 에스프레소 머신에서 압력은 새로운 불용성물질(크레마)의 추출이 발견되면서 가속화되었고 이는 머신의 표준규격을 만들어내고 보급되기 시작했지만, 최근의 바리스타들은 더욱 완벽한 에스프레소를 추출하기 위한 유체공학의 기법을 도입하고 있다는 것이다.

에스프레소 머신의 유체공학이란?

기본적인 압력을 생성하는 펌프의 조절 보다는 펌프에서 생성되는 압력을 가진 물을 제어하는 "유체흐름제어"를 이용한 추출변화를 만드는 기술이다. 이는 커피추출에 있어서 새로운 변혁을 일으키며 발전되고 있다. 이러한 모든 기술적인 요소들은 압력과 밀접한 관련이 있다는 것은 두말할 나위 없을 것이다. 우리는 압력이라는 조금은 이해하기 힘든 원리를 접근 해봐야 한다.

결론적으로 에스프레소 추출은 정해진 크기의 포타필터의 공간에 생성된 압력으로 추출한다. 이 공간에 생성되는 압력은 어떻게 생성 하냐의 문제를 넘어 압력이 생성되기까지의 일련의 과정을 생각해야 한다. 다시 말해 펌프에서 압력이 가해진 흐르는 물양을 조절함으로써 커피 추출력을 변화시키는 기술이 바로 현시점에서의 고민해 봐야 할 문제이며, 이것이 바로 바리스타가 알아야 할 유체역학이다.

Chapter 04

에스프레소 머신 외부 구조

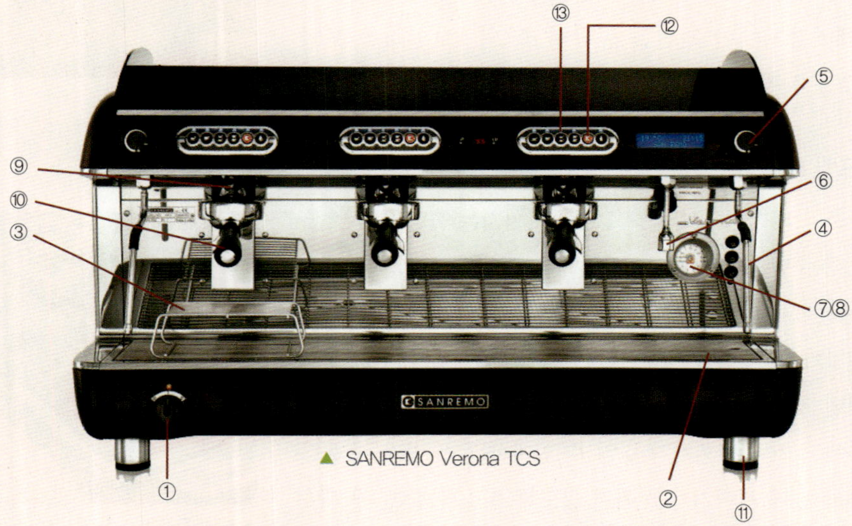

▲ SANREMO Verona TCS

① 메인 전원 스위치 Main Power Switch
② 드립 트레이 Drip Tray
③ 드립 트레이 그릴 Drip Tray Gril
④ 스팀 완드 Steam Wand
⑤ 스팀밸브 Steam Valve
⑥ 온수 추출구 Hot Water Dispenser
⑦ 펌프 압력 게이지 Water Pressure Gauger
⑧ 보일러 압력 게이지 Boiler Pressure Gauger
⑨ 그룹헤드 Group Head
⑩ 포타필터 Portafilter
⑪ 조절 받침대 Adjustable Foot
⑫ 온수 추출버튼 Hot Water Dispensing Buttons
⑬ 커피 추출버튼 Coffee Control Cuttons

① 메인 전원 스위치 Main Power Switch

에스프레소 머신에 전원을 공급하는 스위치이다. 스위치에 숫자가 '0' 으로 표시되면 'OFF' 상태이고, 오른쪽으로 돌려 숫자 '1'이 표시되면 머신이 'ON' 상태가 된다. 전원 스위치나 방식은 각 머신 제조사마다 차이가 있으나, 머신에 전원을 공급하고 차단하는 역할을 한다.(사진의 모델은 '1'은 제어장치에만 전원을 공급하고 '2'는 보일러를 포함한 모든 장치에 전원을 공급한다.)

▲ 전원스위치

② 드립 트레이 Drip Tray

에스프레소 머신의 그룹헤드에서 떨어지는 물을 배수로 흘려보내는 받침대이다. 즉 머신에서 떨어지는 모든 여유분의 물들이 흘러 내려가는 곳이다. 사용 중에 드립 트레이에 찌꺼기가 많이 있을 경우 물을 부어 찌꺼기를 배수로 흘려보내면 청결을 유지할 수 있다. 드립 트레이 밑에 있는 배수통에도 커피 찌꺼기가 쌓일 수 있기 때문에 마감 시 물을 충분히 부어 찌꺼기가 쌓이지 않도록 청소를 함께 해 배수관이 막히는 경우가 발생하지 않도록 해야 한다.

▲ 드립 트레이

③ 드립 트레이 그릴 Drip Tray Gril

커피 추출 시 컵을 놓는 받침대이다. 드립 트레이 그릴은 컵을 올려놓는 곳이므로 항상 청결을 유지해야 한다. 만일 드립 트레이 그릴에 이물질이 많이 묻어 있다면 커피 잔 바닥에 자국이 남게 된다. 영업 중에는 행주로 자주 닦아 주고 마감 시에는 분리를 해서 물로 깨끗이 씻어 준다.

▲ 드립 트레이 그릴

④ 스팀 완드 Steam Wand

▲ 스팀 완드

에스프레소 머신에서 스팀이 나오는 노즐이다. 스팀노즐은 우유를 데울 때 사용되는 부분으로 매우 뜨겁기 때문에 조심해야 하며, 우유를 사용하기 때문에 청결한 상태가 되도록 사용법을 숙지해야 한다. 스팀을 사용한 후에는 먼저 스팀밸브를 열어 스팀을 분출해 주어야 하는데, 스팀을 사용할 때 완드안에 우유가 들어가게 되므로 이를 빨리 제거하지 않으면 우유가 완드안에서 굳어 스팀이 점점 약해지는 현상이 일어날 수 있다. 스팀밸브를 열면 스팀 완드에 남아있는 우유가 나오게 되므로 반드시 배출시켜 주어야 한다. 스팀 완드에 묻어있는 우유를 젖은 행주로 깨끗이 닦아 준다. 영업 마감 시에는 스팀 완드 청소 후에 스팀 피쳐에 물을 담아서 스팀 완드를 넣어 둔다.

⑤ 스팀밸브 Steam Valve

▲ 스팀밸브

스팀 사용 시 스팀을 열어주는 밸브이다. 스팀밸브는 손잡이를 시계 반대방향으로 돌리면 스팀이 나오고, 시계 방향으로 돌리면 스팀이 멈춘다. 스팀밸브는 사용하는 기계에 따라 약간의 차이가 있다. 바리스타는 사용하는 기계의 스팀간격을 항상 체크하고 사용범위를 알고 있어야 편리하게 사용이 가능하다.

⑥ 온수 추출구 Hot Water Dispenser

▲ 온수 추출구

보일러에서 데워진 온수를 추출하는 추출구이다. 카페 아메리카노나 차Tea를 조리할 때 사용한다.

⑦ 펌프 압력 게이지 Water Pressure Gauger

▲ 펌프 압력 게이지

커피 추출수의 압력을 표시하는 게이지이다. 펌프 게이지는 커피가 추출되는 압력을 표시해 주므로 항상 점검하여 정상적인 상태를 유지해야 하며, 펌프 게이지 확인방법 또한 숙지하고 있어야 한다. 펌프 게이지는 머신마다 약간의 차이는 있으나 그 기능은 같다. 펌프 게이지는 일반적으로 0~15 정도의 숫자로 이루어져 있으며, 머신마다 사용 가능한 범위가 녹색 또는 기타 색의 부채꼴 모양으로 표시되어 있다. 바리스타는 게이지를 보면서 원하는 펌프의 압력을 조절해서 사용하면 된다. 정상 범위보다 높을 경우(바늘이 적색에 위치)에는 다른 부품에 영향을 줄 수 있으므로 필히 펌프를 점검하여 정상 범위로 조절해야 한다. 머신이 대기 상태에서 표시되는 수치가 아닌 머신이 작동이 되었을 때 표시되는 수치가 현재 펌프의 압력임을 유의하여야 한다.

⑧ 보일러 압력 게이지 Boiler Pressure Gauger

▲ 보일러 압력 게이지

스팀 보일러의 압력을 표시하는 게이지이다. 보일러 압력 게이지는 0~3bar 정도로 숫자가 표시되어 있다. 머신이 꺼진OFF 상태에서는 바늘이 0bar, 정상가동이 되면 바늘이 1~1.5bar 사이를 유지한다. 만일 바늘이 적색에 위치하면 압력이 너무 높다는 표시이므로 즉시 점검을 받아야 한다. 매일 머신을 사용하기 전에 압력 게이지를 확인하여 보일러 압력을 점검한 후 게이지가 정상적일 때 머신을 사용하는 것이 바람직하다.

⑨ 그룹헤드 Group Head

▲ 그룹헤드

보일러에서 데워진 온수가 커피와 닿아 커피를 추출하는 부분이다. 그룹의 개수에 따라 1그룹, 2그룹 등으로 구분된다. 그룹은 커피물이 최종적으로 통과를 하는 곳이므로 온도 유지가 매우 중요한 요소가 된다. 그룹의 형태는 일반적으로 독립 보일러 방식과 강제 가열 방식, 간접 가열 방식의 세 가지로 구분된다. 독립 보일러 방식은 커피 보일러와 그룹이 같이 붙어 있어서 커피 물이 데워지면서 그룹이 같이 예열되는 방식이며, 열이 빠르게 그룹으로 전달된다는 장점이 있다. 다음으로 강제 예열 방식은 그룹의 온도를 히터에 의해 강제로 예열시키는 방식의 그룹이다. 열이 히터에 의해 예열이 되므로 보일러와 상관없이 빠른시간에 예열이 된다는 장점이 있으나, 온도가 높기 때문에 그룹의 개스킷이 빨리 경화된다는 단점도 있다. 마지막 방식은 일반적으로 많이 사용되는 간접 가열 방식으로, 보일러가 데워진 후에 관을 통해서 열이 그룹으로 전달되는 방식의 그룹이다. 이 방식은 완전히 예열되기까지 시간이 상당히 많이 걸린다는 단점이 있다. 그러므로 이 방식은 오픈 시 머신 점검이 매우 중요하다. 그룹의 형태에 따라 예열 방법을 숙지하는 것이 양질의 에스프레소를 빠르게 얻을 수 있을 것이다. 그룹의 크기는 52~58mm 등으로 다양하고 머신마다 형태와 크기는 다르지만 그 구조는 비슷하다.

에스프레소 머신 그룹헤드의 구조

그룹은 두껍게 만들어지며 재질은 동으로 되어 있다. 동은 열전도가 잘 되고 열을 품고있는 성질이 강하므로 그룹 몸체는 동으로 만들어 진다. 하지만 동은 공기와의 접촉에 의해 부식이 일어날 수 있다. 그래서 동으로 만든 그룹에 크롬으로 도금을 해서 부식을 방지한다. 그룹의 구조는 먼저 커피 추출 시 압력이 밖으로 새는 것을 막아주는 그룹개스킷Group Gasket과 그룹Chrome Body Group에서 한 줄기로 나온 물을 여러 가닥으로 나뉘어 떨어지게 하는 샤워홀더Shower Holder로 되어 있다. 샤워홀더에서 여러가닥으로 분산된 물줄기를 포타필터에 담겨져 있는 커피 표면 전체에 골고루 분사시켜 주는 역할을 하는 샤워필터Shower와 샤워필터를 고정시키는 나사로 되어 있다.

Tip

샤워홀더 Shower Holder = 디퓨져 Diffuser

샤워필터 Shower Filter = 디퓨져 스크린 Diffuser Screen

⑩ 포타필터 Portafilter

열을 유지하기 위해 일반적으로 동재질로 만들어진다. 포타필터에 부착된 스파웃은 최종적으로 에스프레소가 나오는 곳이므로 항상 청결하게 유지해야 한다. 커피 추출 과정중에는 깨끗한 장소에서 작업을 하고, 그룹헤드에서 분리 시 드립 트레이 그릴이나 바닥에 닿지 않도록 주의해야 한다.

포타필터의 구조

⑪ 조절 받침대 Adjustable Foot

에스프레소 머신을 지탱하는 받침대이다. 나사방식으로 되어 있어 에스프레소 머신의 높이 또는 수평이 맞지 않는 경우 조절 받침대를 돌려 높이와 수평을 맞출 수 있다.

▲ 조절 받침대

⑫ 온수 추출버튼 Hot Water Dispensing Buttons

온수 추출을 작동하는 버튼스위치이다. 따뜻한 온수가 필요할 때 사용한다. 원하는 양을 수동으로도 사용이 가능하며 최근의 머신은 물양 세팅기능이 있어 자동으로 원하는 물양 조절이 가능하다.

▲ 온수 추출버튼

⑬ 커피 추출버튼 Coffee Control Buttons

커피를 추출하기 위해 사용하는 버튼스위치이다. 원하는 양을 수동으로도 사용이 가능하게 하며 최근의 머신은 물양 세팅기능이 있어 자동으로 원하는 물양 조절이 가능하다.

1. 적은 양을 추출하는 에스프레소 커피의 경우에는 한잔 그림은 한잔 분량을, 두잔 그림은 두잔 분량을 추출한다.
2. 많은 양을 추출하는 에스프레소 커피의 경우에는 한잔 그림은 한잔 분량을, 두잔 그림은 두잔 분량을 추출한다.
3. 연속 추출버튼으로 수동으로 작동한다.

▲ 커피 추출버튼

Chapter 05

에스프레소 머신 내부 구조

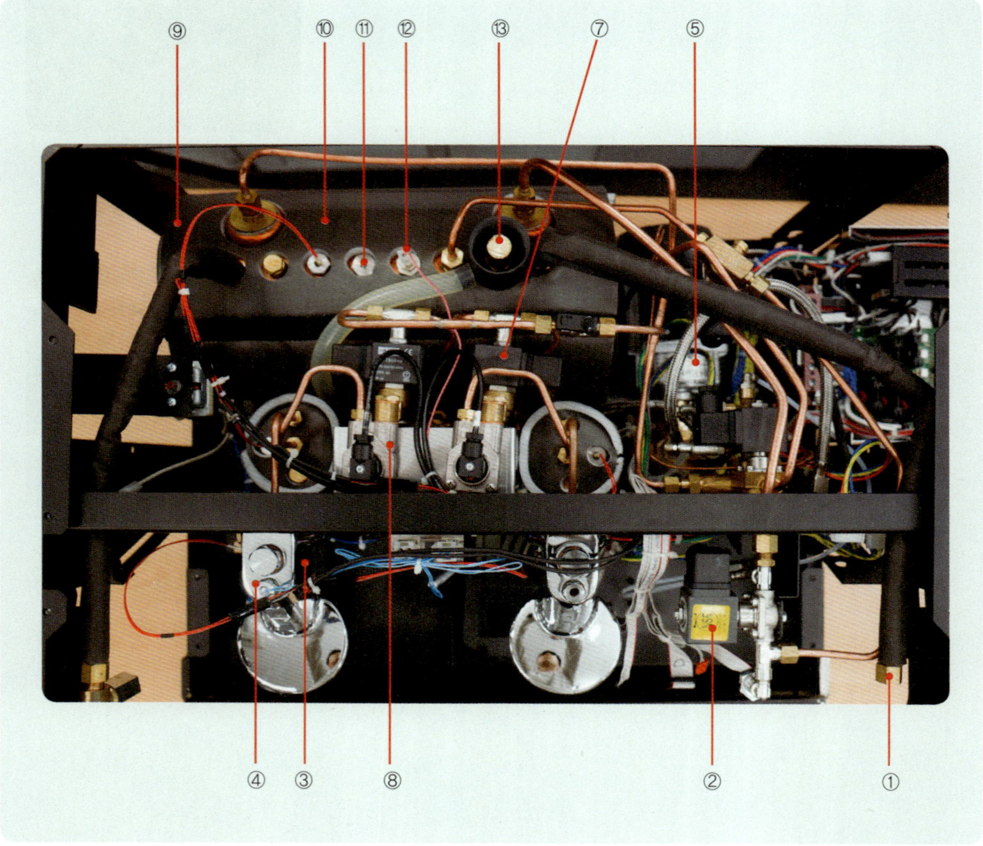

① 스팀밸브
② 온수 전자밸브
③ 커피 추출 전자밸브
④ 과수압 방지밸브
⑤ 펌프 모터
⑥ 역류 방지밸브(내부)
⑦ 물 공급 전자밸브
⑧ 플로우미터
⑨ 히터
⑩ 보일러
⑪ 진공밸브
⑫ 수위감지봉
⑬ 과압력 방지밸브

1. 스팀밸브 Steam Valve

일반적으로 에스프레소 머신은 스팀밸브 손잡이를 돌리면 스팀이 분출된다. 전자 버튼식과 레버방식 등이 있으나 돌리는 다이얼 손잡이 방식을 가장 많이 사용된다. 많이 돌리는 경우 스팀이 강하게 분출되고 조금만 돌리면 약하게 나온다(일정 이상 돌리면 스팀세기는 동일하다). 스팀의 분출량은 스프링에 장력에 의해 조절되는데, 스팀밸브 손잡이를 시계 반대방향으로 돌리면 스프링이 당겨지면서 밸브가 열리고, 시계 방향으로 돌리면 스프링이 늘어나면서 밸브가 잠긴다. 장시간 사용으로 스팀밸브의 부품이 마모되면 스팀밸브를 완전히 잠근상태에서도 스팀노즐에서 스팀이나 물이 새어 나오게 된다. 이런 상태가 지속되면 보일러 압력이 떨어지게 되어 보일러 히터가 자주 작동되면서 전기소모가 많아지게 된다. 이때는 빠른시간내에 부품을 교체해야 한다.

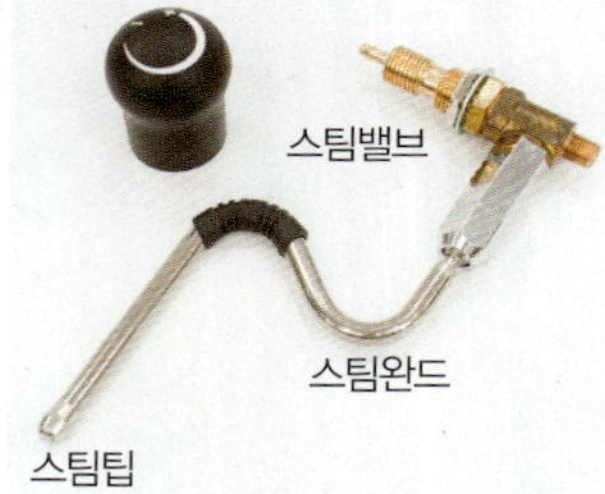

2. 온수 전자밸브

온수 전자밸브는 전자석이 작동하여 온수추출을 작동시키는 밸브이다. 이 전자밸브는 온수에만 작동한다. 온수버튼을 누르면 밸브의 코일에 전기가 공급되어 전자석의 원리로 안에있는 추가 당겨지면서 온수를 통과시키고, 전기를 차단하면 다시 스프링에 의해 원위치되어 온수를 차단하는 방식이다. 코일에 전기를 공급하면 전자석이 생겨 유동추를 움직이게 한다. 코일은 8~9W 정도의 전력이 소요가 되고 24V용과 220V용이 있다. 이 코일이 불량이면 온수가 추출되지 않으므로 교체해야 한다. 온수는 물량 감지센서에 의해 작동되는 것이 아니라 메인 컨트롤 보드에서 시간을 입력시켜 작동하게 된다. 그러므로 보일러의 압력에 따라 온수의 양이 변화가 생길 수 있다.

2way 전자밸브

3. 커피 추출 전자밸브

커피 추출 시 작동하는 전자식밸브이다. 그룹헤드 부분에 장착되어 있으며, 코일로 작동하는 전자석 원리의 방식이다. 커피 추출 전자밸브는 세 방향으로 연결되어 있는데 한쪽은 머신 보일러에, 다른 한쪽은 그룹헤드에, 나머지는 배수로 연결되어 있다.

커피 추출 전자밸브의 작동과정은 다음과 같다. 온수 전자밸브는 두 방향으로 되어 있지만 커피 추출 전자밸브는 커피 추출이 끝나면 남아 있는 압력과 물을 배출하기 위해 세 방향으로 되어 있다. 이는 그 다음 커피 추출 시 영향을 주지않게 하기 위해서이다.

3way 전자밸브

4. 과수압 방지밸브

급수의 과수압을 방지해 주는 안전을 위한 밸브이다. 만일 공급되는 수압이 10bar 정도로 높으면 전자밸브를 강제 작동시켜 보일러 및 물의 압력과 관련된 부품에 영향을 주어 머신의 고장의 원인이 되므로 과수압 방지밸브가 과수압 공급 시 중요한 역할을 한다. 이 밸브는 과수압이 공급될 때만 작동하고 평상시에는 대기상태에 있다. 과수압 방지밸브에 불량이 생기면 펌프 모터가 작동할 때마다 배수통Drain Tank으로 연결된 관에서 물이 계속 나오게 된다. 과수압 방지밸브가 불량인 상태에서 커피를 추출하면 정상적인 입자와 투입량을 공급하더라도 커피 추출 속도가 상당히 오래 걸리고 정상적인 커피가 추출되지 않는다. 바리스타는 이러한 증상이 생기면 임의로 밸브의 압력을 조절하거나 분해하지 말고 머신업체 기술자와 상의하여 부품을 조절하거나 교체해야 한다.

5. 펌프 모터 Pump Motor

에스프레소 추출 시 추출압력을 생성하는 역할을 한다. 에스프레소 머신에서 커피의 맛과 향을 결정하는 중요한 요소는 일정한 압력(8~10bar)과 일정한 온도(90~95℃)이다. 그중 하나인 압력을 상승하고 유지해 주는 부품이 바로 펌프 모터이다. 일정한 압력이란 커피에 가해주는 일정한 가압, 즉 추출압력이다. 수도관의 압력은 보통 1~3bar 정도인데 이 압력으로 추출하는 것은 가압하기 보다는 우려낸다는 표현이 적절할 것이다. 이런 경우는 크레마가 없이 맛과 향이 부족한 상태로 추출된다. 펌프 모터는 1~3bar의 수돗물을 8~10bar의 압력으로 승압시켜 주는 역할을 한다. 낮은 압력에서 커피의 향과 맛이 떨어지는 것을 펌프 모터의 작용으로 풍부한 향과 맛을 함유한 커피로 추출할 수 있도록 도와준다. 에스프레소의 가장 중요한 역할을 하는 부품이다.

6. 역류 방지밸브

급수관 중간에 장착

에스프레서 머신 보일러의 물이 역류하는 것을 막아 주는 역할을 한다. 펌프에서 나온 냉수는 통과가 되지만 보일러에서 데워진 물은 역으로 통과하지 못하도록 막아 준다. 역류 방지밸브에 이상이 생기면 물은 역류하게 된다. 이 때 증상은 머신 작동을 5분 이상 멈춘 후에 작동을 했을 때 첫 잔만 양이 다르게 추출되고 그 이후에는 제대로 추출되는 증상이 발생된다. 이 증상이 계속 발생하게 되면 펌프에 무리를 가해 펌프의 수명이 단축시키고 첫 번째 추출된 에스프레소를 버리게 되어 커피 소모량도 많아지게 된다. 신속히 머신업체 기술자에게 상의하여 점검을 받아야 양질의 에스프레소를 추출하고 펌프를 보호할 수 있다.

7. 스팀 온수 보일러 물 공급 전자밸브

스팀 온수 보일러에 물을 공급하고 차단하는 역할을 한다. 스팀 온수 보일러에 물을 공급할 때 작동하며 냉수를 통제한다. 스팀 온수 보일러에 물이 부족하면 전원이 공급되면서 밸브가 열려 냉수를 공급하고 보일러에 물이 차면 밸브에 전원이 차단되면서 물 공급이 중단된다. 스팀 온수 보일러 물 공급 전자밸브에서 일어날 수 있는 고장은 밸브의 코일이 불량인 경우와 유동 추가 오염되는 경우가 있다. 코일이 불량이면 물 공급이 이루어지지 않는데 이때는 코일을 교체해야 한다. 유동추가 오염되었을 때는 머신의 전원과 무관하게 밸브에서 물을 완전히 차단해주지 못하기 때문에 보일러에 물이 넘치게 된다. 이때는 수도밸브를 잠그고 머신 업체 기술자와 상의하여 부품을 수리하거나 교체해야 한다.

2way 전자밸브

8. 플로우 미터 Flow Meter

에스프레소 추출 시 추출량을 감지하는 센서 부품이다. 반자동식 머신에는 부착되어 있지 않다. 고장의 원인은 오랜 기간 사용 시 물에 의해 스케일링이 발생하여 회전체가 제대로 작동하지 않은 원인과 회전체 감지를 하지 못하는 전기적 고장이 발생되기도 한다. 고장이 발생되면 추출물량을 감지하지 못하게 되어 추출 시 추출수가 멈추지 않는 원인과 추출 때 마다 추출량이 바뀌는 문제가 발생한다. 온수의 자동 양 조절이 가능한 머신에는 2그룹일 경우 총 3개의 플로우 미터가 부착되어 있다.

9. 히터 Heater

보일러의 물을 데우는 역할을 한다. 에스프레소 머신 보일러에 사용하는 히터는 수식 히터를 사용한다. 수식 히터란 물속에서 발열하는 히터를 말한다. 이 히터는 물 밖에서는 부식이 일어나기 때문에 항상 보일러의 수위를 확인해야 한다. 히터의 재질은 동으로 되어 있다. 히터는 물속에 잠겨 있기 때문에 동이라도 부식이 일어날 염려는 적지만 스케일링은 많이 발생할 수 있다. 따라서 연수기 청소나 정수기 필터교환으로 스케일링이 끼는 것을 최대한 억제해 주어야 한다. 히터 역시 1~2년에 한 번씩 보일러 청소하고 스케일링을 제거해 주어야 한다. 히터에 많은 스케일링이 흡착되어 있으면 발열에 많은 지장을 초래한다. 발열이 잘 이루어지지 않으면 커피 추출 온도에 영향을 주어 커피 맛에 변화를 줄 수 있다. 히터의 용량은 보통 1~6kw 정도를 많이 사용한다.

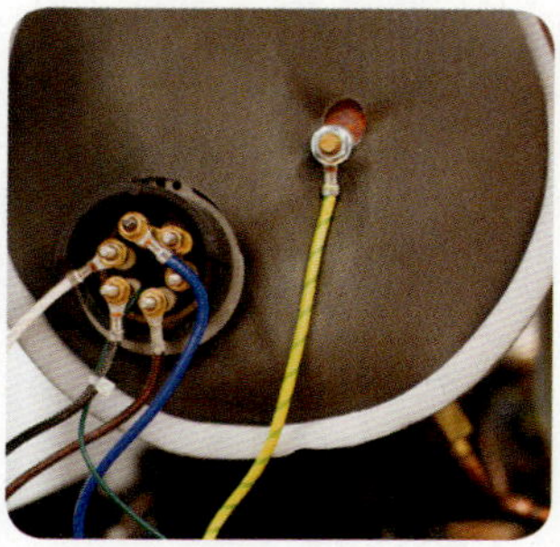

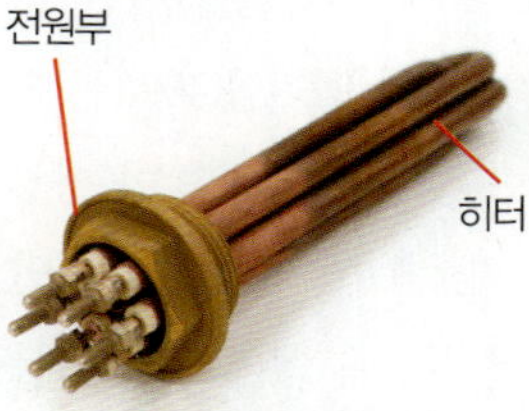

보일러 내부에 장착

한 그룹의 경우에는 1~3kw의 한 개짜리 히터를 주로 사용한다. 2그룹 이상은 3~6kw의 세 개짜리 히터를 사용한다. 한 개짜리 히터는 끊어지면 물이 데워지지 않는다. 세 개짜리는 하나가 끊어져도 물은 데워지나 시간이 오래 걸린다. 히터 또한 기술자에게 의뢰하여 교환해야 안전하다.

10. 보일러 Boiler

커피 물과 온수, 스팀을 생산하는 부품이다. 보일러는 주로 동재질로 제작한다. 몇몇 회사는 스테인레스 스틸 재질로 제작하기도 하지만 열효율과 기타 유지보수의 편리성 등의 이유로 동제품이 많이 사용한다. 이탈리아에서는 지금도 가스를 이용하여 보일러를 가열하는 방식을 채택하고 있지만 우리나라에 수입되는 대부분의 머신은 전기식 히터로 가열하는 방식이다. 보일러의 용량은 클수록 적절한 스팀 압력과 커피 추출온도를 유지시키는 장점이 있다. 보일러

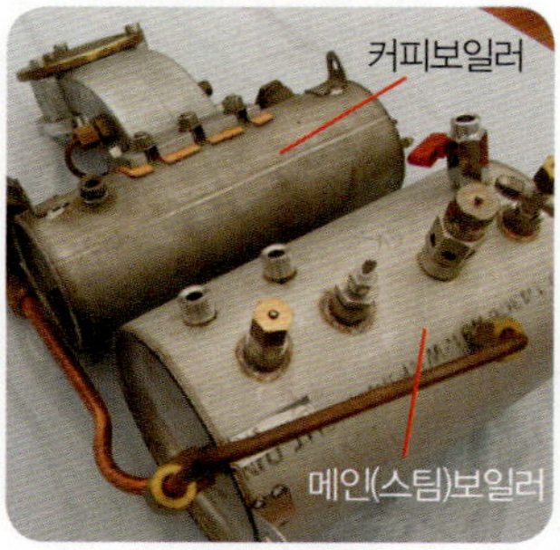

내부는 보통 열교환방식인 이중구조의 보일러가 많이 사용되는데 한 개의 보일러는 커피 추출용으로, 다른 한 개는 스팀과 온수 공급용으로 설계되어 있다. 보일러 내부의 온수 온도는 90~95℃ 정도이며 스팀압력은 0.8~1.2bar정도로 조절하여 사용한다.

보일러의 구조는 크게 두 가지 형태로 이루어진다. 커피와 온수가 같이 붙어 있는 일체형과 분리되어 있는 독립형이 있다. 일체형과 독립형 보일러의 온도를 제어하는 방식이 다르기 때문에 사용하는 머신의 방식을 잘 이해해야 양질의 에스프레소를 추출할 수 있다.

11. 진공밸브 Vacuum Valve

에스프레소 머신을 꺼진 상태에서 다시 가열할 경우 보일러 내부의 공기를 빼주는 역할을 한다. 공기를 빼 주지 않으면 공기가 열을 받아 팽창하면서 압력 스위치Pressure Switch를 작동하게 되어 정상적인 온도를 유지할 수 없게 된다. 이런 현상을 없애기 위해 물이 데워지면서 공기(뜨거운 공기)가 진공밸브를 통해 빠져나가게 된다. 보일러에 공기가 너무 많이 있을 경우 진공밸브에서 다 배출하지 못하므로 수동으로 제거해 줄 필요가 있다. 수동 제거는 머신작동 후 20분 정도 후에 스팀밸브를 열어 공기를 빼 주면 된다. 진공밸브의 구조는 간단하다. 보일러가 데워지면서 보일러의 압력에 의해 막아주는 시스템이다. 압력이 새지 않도록 고무오링이 차단역할을 한다. 진공밸브에서 고장이 난 경우는 스팀이 계속새는 경우로 이런 경우 보일러의 압력이 떨어지고 스팀이 새어나와 주위에 있는 다른부품에 영향을 미칠 수 있으므로 스팀이 샐 경우엔 즉시 교환을 해 주어야 머신을 안전하게 사용할 수 있다.

보일러 상부에 장착

12. 수위 감지봉

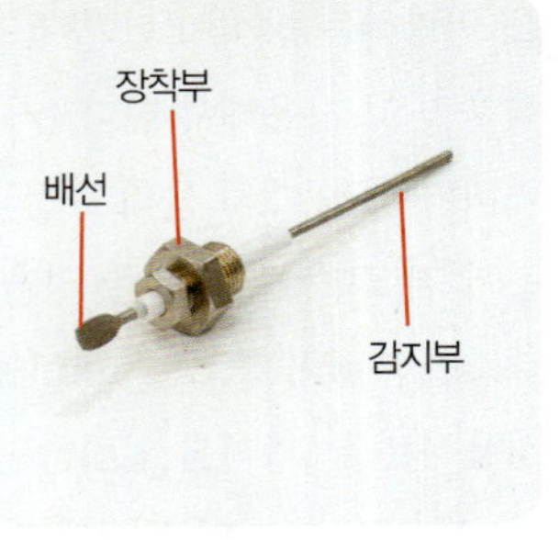

온수나 스팀 사용 시 수위가 내려갈 때 이를 감지하여 물을 보충해 주는 역할을 한다. 스팀 온수 보일러는 70%만 물로 채워져 있기 때문에 70%의 공간에는 항상 물이 있어야 한다. 수위 감지봉은 단순히 수위만 감지해 주지만 이것이 불량이면 70%의 온수와 30%의 스팀 공간 확보가 힘들기 때문에 바리스타가 메뉴를 만들 때 많은 불편을 겪을 수 있다. 수위 감지봉은 보일러 속에 있기 때문에 스케일이 낄 수 있다. 스케일이 끼면 수위가 떨어져도 감지를 할 수 없게 된다. 이럴 경우 수위 표시기를 통해 이상 유무를 확인하면 된다. 바리스타는 정상적인 수위를 항상 숙지하고 체크해야 한다. 보일러 수위 표시기가 없는 머신들은 전자적으로 감지해 머신 자체에서 에러 표시를 한다.

13. 과압력 방지밸브

보일러 상부에 장착

스팀 온수 보일러에서 규정이상의 압력이 올라갈 경우 보일러를 보호하기 위해 작동하는 안전장치이다. 이 밸브는 단지 과압이 생길때만 작동하고 평상시에는 변화가 없어야 한다. 이 밸브는 1.7~2bar 정도의 압력에서 작동한다(머신의 종류에 따라 차이는 있을 수 있다). 이 밸브는 스프링의 간격에 의해 압력의 세기가 결정된다. 압력 방지밸브의 고장은 압력차단 고무판이 경화되거나 케이스가 부식되어 스팀이 새는 경우이다. 고무판이 망가지면 고무판만 교환해 주면 되지만 케이스가 망가지면 전체를 교환해야 한다. 이 밸브에서 스팀이 샐 경우는 굉장히 위험하기 때문에 절대로 바리스타가 만져서는 안 된다. 뜨거운 스팀 압력이 들어 있기 때문에 반드시 기술자가 교체하여야 한다.

Chapter 06

에스프레소 머신의 조절

추출 용량 조절

에스프레소 머신은 물 양을 입력하지 않고 사용하는 수동 방식과 입력을 해 놓고 사용하는 자동 방식의 두 가지가 있다. 수동 방식은 시험이나 대회에서 주로 사용하고 일반 매장에서는 물 양을 입력시켜 놓고 편리하게 사용하는 방식을 선택하고 있다. 각 머신회사마다 물 양을 입력하는 방식이 다르다. 그래서 사용하는 머신의 물 양 입력방법을 머신 회사로부터 교육을 받고 사용해야 한다. 커피 추출 물 양은 항상 커피를 공급 한 후에 설정해야 정확하다. 커피가 있을 때의 물의 흐름과 커피가 없을 때의 물의 흐름이 다르기 때문에 사용하고자 하는 입자 크기에 맞게 물 양을 입력하는 것이 좋다. 일반적으로 리스트레토는 20ml, 에스프레소는 30ml, 룽고는 40ml를 입력한다. 메뉴 버튼은 두 가지로 되어 있기 때문에 가장 많이 사용하는 두 가지를 입력하면 된다. 그 외에는 수동 버튼을 사용해서 추출량을 결정하면 된다. 물 양은 커피의 상태에 따라 수시로 변할 수 있으므로 항상 점검을 해야 한다. 한 잔 분량 추출 시에는 한 잔 버튼을, 두 잔 분량 추출 시에는 두 잔 버튼을 눌러 주면 된다.

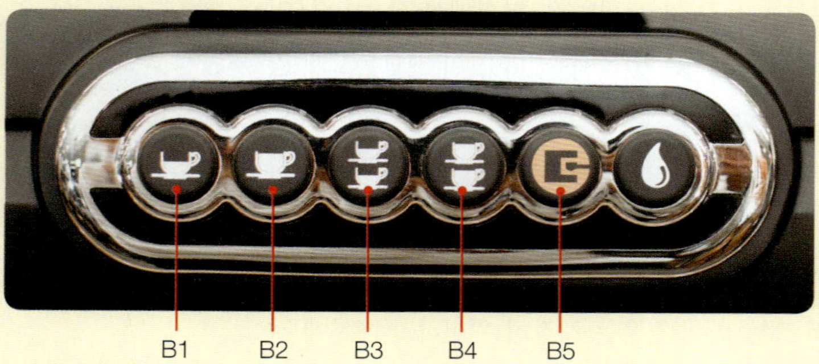

B1 – Single espresso coffee (에스프레소 한 잔 추출버튼)
B2 – Double espresso coffee (에스프레소 두 잔 추출버튼)
B3 – Single long coffee (룽고 한 잔 추출버튼)
B4 – Double long coffee (룽고 두 잔 추출버튼)
B5 – Programming/Continuous (프로그램 및 연속 추출버튼)

추출 용량 조절 방법

에스프레소 1잔 또는 원하는 양이 정확히 추출되지 않으면 프로그램을 새롭게 입력해야 하는데 머신 제조 회사에서 제공되는 머신 프로그램 방법을 모두 설명하기는 어려운 관계로 일반적으로 가장 많이 채용하고 있는 머신 프로그램 방식을 설명하였다.

① 프로그램 모드로 진입하는 방법은 2그룹 이상의 기계일 경우 맨 왼쪽 추출버튼 패널의 연속 추출버튼(B5)을 5초 동안 누른다.

② 연속 추출 표시램프가 점등되면 프로그램 입력을 시작한다.

③ 램프가 점등되지 않은 버튼은 이미 프로그램 입력을 해 놓은 버튼이며, 다시 입력해도 무방하다.

④ 5초 이내에 작동을 하지않으면 버튼을 누르지 않아도 일상 모드로 돌아간다.

⑤ 포타필터에 커피를 담은 후 장착하고 입력하고자 하는 버튼을 누르면 커피가 추출되기 시작한다. 이 때 원하는 양이 추출되면 다시 한 번 버튼을 눌러준다. 이렇게 버튼 하나는 설정이 완료된다. (위와 같은 작업을 각 버튼마다 반복하여 추출용량을 입력 한다.)

⑥ 모든 프로그램이 완료된 후 5초 동안 기다리면 프로그램 모드에서 일상 모드로 전환된다.

가장 왼쪽 그룹의 추출 패널에 프로그램을 입력하면 다른 모든 그룹의 추출 패널에 동일하게 프로그램이 입력된다. 만일 그룹별로 프로그램을 입력하고자 할 경우 위와 같은 방법을 왼쪽 그룹을 시작으로 그룹별로 입력하여 사용할 수도 있다. 이 때 모든 프로그램 작업은 240초(4분) 안에 이루어져야 하며 프로그램이 작동되면 전원이 차단되어도 프로그램 된 추출량은 유지된다.

▲ 프로그램 작업

온수 용량 조절 방법

온수 프로그램을 입력할 때도 2그룹 이상의 기계일 경우 맨 왼쪽 추출버튼 패널의 연속 추출 버튼(B5)을 5초 동안 누른다. 그 다음 온수 버튼을 눌러 원하는 물이 채워지면 다시 온수 버튼을 눌러 입력을 완료한다. 설정방법은 추출 용량조절과 동일하다.

추출수 온도 조절

일체형 보일러 온도 설정하기

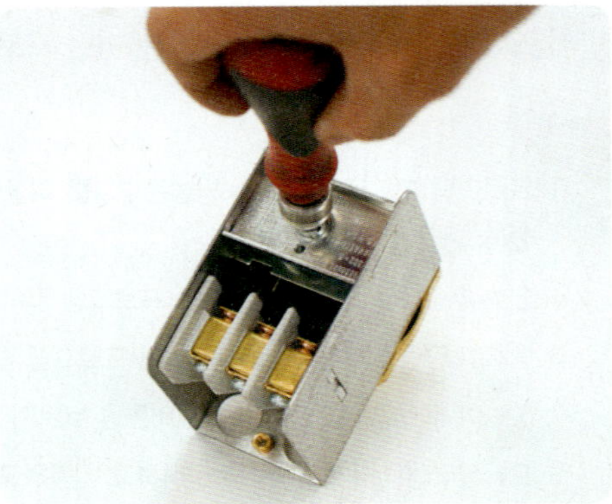
▲ 기계식 압력 조절기

일체형 보일러는 온도 설정이 되지않기 때문에 머신에 온도변화를 주는 방법을 숙지해서 사용해야 한다. 일체형 보일러는 일반적으로 온도가 높은편인데, 머신을 사용하지않는 대기 상태에서는 물의 온도가 더 상승하고, 많이 사용하면 물의 온도가 내려가므로 수시로 온도를 확인할 필요가 있다. 또한 사용하는 커피에 따라 온도를 내릴 때와 올릴 때를 판단해야 한다. 온도를 내리는 방법은 그룹헤드의 물을 충분히 빼 주거나 포타필터를 식혀 사용하면 된다. 온도를 올리는 방법은 압력을 제어하는 시스템의 특성으로 스팀을 틀어서 압력을 내려주면 히터가 작동을 하여 온도를 상승시킨다. 이 작업을 여러 번 반복해 주면 커피물의 온도가 상승하게 된다.

독립형 보일러 온도 설정하기

▲ 디지털 표시 장치

독립형 보일러 방식의 머신은 보일러별로 따로 온도 설정이 가능하다. 원하는 커피 맛을 이해하고 사용하는 원두의 상태를 확인하여 온도를 설정해야 한다. 각 머신 제조회사별로 조절 방법은 다르다.

보일러의 온도를 직관적으로 디지털 숫자로 표기하기 때문에 수시로 육안으로 온도 확인이 가능하며, 원하는 온도를 쉽게 설정할 수 있다.

추출압력 조절

에스프레소 머신 전면에 부착된 추출압력 게이지의 눈금이 평상시에는 1.5~4bar 정도의 압력을 표시하고, 포타필터에 분쇄된 커피를 담은 후 장착하여 추출버튼을 누르게 되면 8~10bar를 표시하게 된다. 만일 정해진 추출압력이 정확하지 않을 때는 펌프 압력을 조절해야 한다. 모터가 구동되지 않거나 추출압력 게이지 자체의 결함이 있을 경우에도 압력 게이지는 작동되지 않는다.

▲ 추출압력 조절

1. 추출버튼을 눌러 펌프 게이지의 압력을 확인한다. 펌프 압력 게이지에서 압력(8.5~9bar를 가장 많이 사용)을 확인한다.
2. 압력 펌프가 있는 부분의 머신 커버를 연다. 펌프는 일반적으로 머신 내부 왼쪽에 위치해 있다.
3. 펌프의 조절나사 고정너트를 푼다. 왼쪽으로 돌리면 풀어지며, 손으로 풀리지 않을 경우 스패너를 이용하여 풀어 준다.
4. 추출버튼을 눌러 준다.
5. 펌프 압력 게이지를 확인하면서 펌프의 압력 조절나사를 돌려 원하는 압력을 설정한다. 왼쪽으로 돌리면 압력이 내려가고 오른쪽으로 돌리면 압력이 올라간다.
6. 추출버튼을 눌러 설정된 압력을 다시 확인한다.
7. 압력 펌프의 조절나사 고정너트를 오른쪽으로 돌려 고정시킨다.
8. 머신의 커버를 원위치 시킨다.

Chapter 07 에스프레소 머신의 확인

보일러 압력 확인 방법

▲ 보일러 압력 게이지

보일러 압력 게이지는 보일러 내 스팀의 압력을 나타낸다. 스팀 압력이 낮으면 우유를 데우거나 우유 거품을 만들 때 작업을 할 수 없게 된다. 보일러 압력 게이지는 항상 1~1.5bar 사이를 유지해야 한다. 보일러 압력 확인은 머신을 끄고 켤 때마다 확인해야 한다.

온수 온도 확인 방법

▲ 디지털 표시 장치

온수는 전자적 방식이 아닌 기계적 제어 방식으로 온도가 제어된다. 크게 두 가지 방식으로 추출이 이루어지는데, 보일러에서 데워진 물이 스팀 압력에 의해 바로 추출되는 경우와 보일러에서 데워진 온수와 냉수가 희석되어 추출되는 방식이 있다. 두 가지 방식 모두 보일러의 압력과 온도에 영향을 받는다. 보일러에서 직접 추출하는 방식은 보일러의 온도와 압력이 정상적이면 온수 추출구Hot Water Dispenser에서 강하게 분사가 되면서 추출이 되지만, 온도가 낮으면 조용히 떨어진다. 만일 온수의 온도가 낮다면 일체형 보일러의 경우 압력 제어 시스템이므로 스팀밸브를 열어 공기를 수동으로 제거해주면 히터가 작동되면서 온도가 상승된다. 만일 압력이 지속적으로 낮다면 머신에 문제가 발생했을 가능성이 많으므로 기술자와 상의해야 한다. 냉수와 혼합해서 추출되는 방식은 육안으로 확인이 힘들기 때문에 추출수의 온도를 확인해야 하며, 이때 온도계를 이용하여 확인하는 것이 좋다.

추출수 온도 확인 방법

▲ 온수 추출버튼

에스프레소 머신의 온도는 커피맛과 밀접한 관계가 있으므로 커피 추출수 온도를 수시로 확인해야 한다. 특히 일체형 보일러는 온도설정이 되지않기 때문에 세밀히 확인해야 한다. 사용량이 많으면 온도가 내려가고, 사용량이 적으면 온도가 올라간다. 높은 온도에서 사용할 것인지 아니면 온도를 낮춰서 사용할 것인지를 결정하여 온도를 확인한 후, 온도가 낮을 경우 스팀을 배출하여 온도를 올리고, 높을 경우에는 그룹헤드에서 추출수를 흘려서 온도를 내리는 것이 좋다. 독립형 보일러는 온도가 디지털로 표시되므로 원하는 커피 맛에 따라 온도를 수시로 조절할 수 있다.

펌프 압력 확인 방법

▲ 압력 게이지와 압력 펌프

에스프레소 머신 펌프 모터 압력게이지의 추출압력을 확인하면 되는데 보통 일반 수돗물의 압력(1~2bar)을 8~10bar의 압력으로 승압시켜 주는 부분이 펌프이다. 펌프의 압력이 높거나 낮을 경우 양질의 에스프레소를 얻을 수 없으므로 펌프의 압력을 펌프 압력 게이지를 통해 확인하는 능력이 필요하다. 펌프의 압력은 수압에 따라 변할 수 있으므로 항상 확인해야 한다. 머신을 사용하지 않는 경우 일반적으로 가해지는 수압에 위치해 있다가 머신을 작동하게 되면 8~10bar 사이로 압력이 높아지는데, 그중에서 원하는 압력을 확인한다. 만일 압력이 맞지 않을 경우 펌프의 압력 조절부를 시계 방향으로 돌리면 압력이 높아지고, 시계 반대 방향으로 돌리면 압력이 줄어든다. 압력 조절 시에는 항상 머신을 작동시켜 놓고 조절하는 것이 용이하다.

예열 상태 확인 방법

▲ 에스프레소 머신 작동

그룹의 예열 상태는 육안으로 확인이 힘들기 때문에 커피를 추출했을 경우 추출이 정상적으로 이루어졌다면 예열이 잘 된 상태로 볼 수 있다. 추출 조건은 모두 정상적인데 추출 속도가 빠를 경우는 그룹 온도가 낮은 경우이다. 추출 조건은 모두 정상적인데 추출된 커피의 크레마가 흐린 경우는 그룹 온도가 낮은 경우이다. 그룹의 예열 형태는 일반적으로 독립 보일러 방식, 강제 가열 방식, 간접 가열 방식의 세 가지로 구분된다. 독립 보일러 방식과 강제 가열 방식은 빠른 시간에 예열이 이루어지지만 간접 예열 방식은 시간이 많이 필요하다. 그룹이 예열되지 않으면 에스프레소 추출 시 추출수의 온도가 그룹으로 옮겨져서 커피를 추출할 때의 온도가 떨어지게 되고, 추출 온도가 내려가면 양질의 에스프레소를 얻기 힘들다. 그러므로 사용하는 머신이 간접 예열 방식의 머신이라면 원활한 커피 추출을 위해 머신의 그룹 온도를 높여야 한다. 머신을 켜고 나서 보일러에 물이 데워지면 그룹의 추출수를 흘려서 예열하면 된다. 다른 형태의 그룹은 빠르게 예열이 되지만 양질의 커피를 얻기 위해 확인할 필요성이 있다.

포타필터 온도 확인 방법

▲ 포타필터 온도 확인

포타필터의 예열 상태는 육안으로 확인이 힘들지만 분리할 수 있으므로 손으로 정상 상태를 확인하거나 추출을 통해 확인해야 한다. 포타필터는 그룹의 예열이 일어나고 나서 예열이 되고 외부에 노출되어 있으므로 항상 예열 상태를 확인해야 한다. 만일 예열 상태를 확인하기 힘들다면 매장 오픈 시 머신 예열이 끝나고 난 후 그룹의 추출수를 이용해서 급속 예열을 시키고, 정상 영업 시는 그룹헤드에 장착해서 보관해야 한다.

보일러에 유입된 공기 제거 방법

▲ 보일러에 부착된 여러가지 안전 장치

일체형 보일러는 70%의 공간에 온수가 저장되고 나머지 30%의 공간에 스팀이 저장된다. 그리고 70%의 온수에는 커피물이 저장되는 관이 한 그룹당 한 개씩 내장되어 있다. 일체형 보일러는 온도 센서에 의해 온도를 제어하는 방식이 아니라, 압력 스위치에 의해 온도를 제어하는 방식이다. 보일러에 공기가 차 있으면 보일러에 열을 가할 때 공기가 팽창하여 압력 스위치를 작동하게 된다. 공기가 열을 받아 압력 스위치를 작동하면 온수는 데워지지 않았는데 머신의 보일러 압력 게이지는 1~1.5bar 사이로 표시되고, 이때는 온수의 온도와 커피 추출수의 온도가 낮아진다. 그러므로 에스프레소 머신을 켜서 보일러 게이지가 1~1.5bar가 되면 스팀밸브를 열어 공기의 유무를 확인해야 한다. 보일러에 직접 연결되어 있는 스팀밸브를 열었을 때 압력 게이지가 정상 범위에 있다면 공기가 없는 상태이고, 만일 공기가 있다면 압력 게이지는 0bar로 내려간다. 이때부터 다시 물이 데워지기 시작한다.

그룹개스킷 훼손 여부 확인 방법

▲ 포타필터 주변으로 물이 새는지를 확인

그룹개스킷은 커피 추출 시 압이 밖으로 새는 것을 막아주는 역할을 한다. 그룹개스킷이 훼손되면 압이 세기때문에 커피에 가해지는 압이 떨어져 양질의 에스프레소를 얻기 힘들다. 항상 그룹개스킷의 상태를 확인해서 교환시기를 결정해야 양질의 에스프레소를 얻을 수 있다. 그룹개스킷은 포타필터를 그룹에 장착했을 때 탄력이 느껴지지 않거나 정면으로부터 수직이 되지않은 상태에서 추출 시 옆으로 물이 샐 때 교환해야 한다. 포타필터를 장착했을 때 정면에서 너무 많이 우측으로 돌아가는 경우 그룹개스킷이 마모되어 가운데가 홈이 생길 수 있으므로 이럴 경우에는 교환을 해 주어야 그룹 몸체와 포타필터에 영향을 주지 않는다.

에스프레소 머신의 소모품 관리

Chapter 08

그룹개스킷 교체

커피 추출 시 압력이 새면 커피에 가해지는 압력이 떨어져서 양질의 커피를 얻을 수 없는데, 그룹개스킷은 압력이 새는것을 막아주는 역할을 한다. 그룹개스킷은 소모품이므로 바리스타는 교체시기와 교체방법을 알고 있어야 한다. 커피 추출 시 옆으로 물이 새거나 포타필터 장착 시 그룹개스킷의 탄력이 없는 경우, 개스킷이 마모되어 과도하게 돌아가는 경우에는 교체해야 한다.

▲ 그룹헤드와 개스킷

샤워필터 교체

샤워필터는 포타필터의 커피 위에 물을 분사시켜 주는 부품이다. 샤워필터가 마모되면 물이 고르게 분사되지 않아 양질의 커피를 얻기 힘들다. 항상 점검을 해서 찌그러지거나 홈이 생기면 교체해 주어야 한다.

▲ 샤워필터

필터바스켓 교체

필터바스켓은 분쇄된 커피를 담아 추출하는 금속여과망을 말한다. 머신 제조회사별로 약간씩 모양은 다르지만 사용방법은 같다. 사용용도에 따라 다양한 크기가 있으며 차Tea나 드립커피 추출이 가능한 대용량 필터바스켓도 있다. 호환성이 뛰어나 같은 부품을 구입할 수 없을 경우 타 업체의 부품을 사용하더라도 문제가 발생되지 않는다. 다만 구입할 때 장착을 해보고 고정 스프링 홈이 맞는지를 미리 확인해 보는 것이 좋다.

▲ 다양한 필터바스켓 16g / 18g / 21g

수명은 사용빈도(6개월~1년)에 따라 다르지만 필터바스켓의 노즐이 마모되면 교환해야 한다. 실제 육안으로는 마모상태를 확인할 수가 없기 때문에 추출할때 미세한 크레마가 잘 형성되지 않거나 잔 바닥에 커피가루가 심하게 침전되면 교체해줘야 한다. 특히 상부 가장자리 부분은 그룹개스킷과 밀착되는 부분이므로 마모가 빨리 진행된다. 이처럼 필터바스켓은 항상 주의깊게 사용해야 하며 바닥에 떨어뜨리거나 손상이 발생되면 즉시 교체해야 한다. 가장자리의 모양이 둥근형태가 없어지고 평평해지면 교환해야 추출압력형성이 원활하고 샤워필터와 커피케익과의 간격(헤드스페이스)을 유지해 사전주입단계에서 정확한 부풀림이 일어나게 된다.

정수기 필터 교체

정수기는 물속에 함유된 이물질이나 소독약 냄새를 제거하는 역할을 한다. 물이 좋지 않으면 좋은 커피맛을 얻을 수 없다. 정수기의 교환시기는 사용량에 따라 다르다. 정수기에 표기되어 있는 사용량을 숙지하고 하루동안 매장의 정수물 사용량을 계산해서 교환시기를 결정해야 한다.

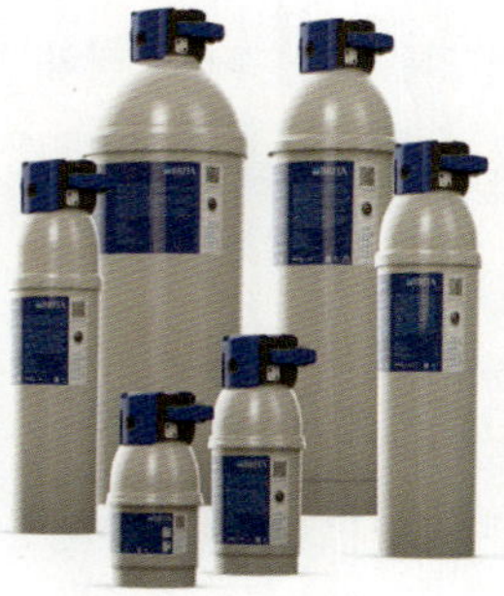

▲ 정수기 필터(브리타)

스팀 완드 교체

스팀 완드는 자주 사용하는 부품으로, 나사부분이 풀릴 수 있고 마모가 될 수도 있으며 고무오링이 마모될 수도 있다. 그러므로 이상이 생길 때마다 조정 또는 교체해 주어야 하고, 식용윤활유를 자주 발라주는 것이 좋다.

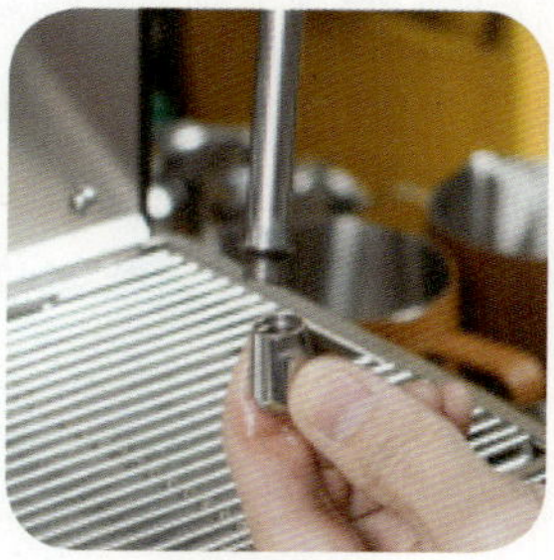

▲ 스팀완드 팁 분리

Chapter 09

에스프레소 머신의 유지 관리

그룹헤드 청소

샤워필터와 샤워홀더는 항상 청결하게 유지해야 한다. 아침에 일을 시작하기 전에 샤워홀더에 청소패드(블라인드필터)를 장착하여 청소를 해주고 영업중에도 한 시간에 한 번씩은 세제를 사용하지 않더라도 "역류세척"을 해줘야 한다. 샤워필터와 샤워홀더 사이에는 커피 퇴적물이 쌓이게 되므로 영업을 마친 뒤 청소패드(블라인드필터)를 이용해 세정제를 첨가해 역류세척과 그룹개스킷을 청소 해야하며 또 일주일에 한 번씩은 완전히 분해하여 완벽히 닦아내야 한다.

▲ 그룹헤드

샤워필터 구멍에 커피 찌꺼기에 의해 막혔는지를 수시로 검사하고 막혔을 때에는 무리하게 금속기구를 사용하지 말고 머신 전용세제를 희석한 미지근한 물에 담가서 자연스럽게 제거되도록 한다. 포타필터와 필터바스켓은 항상 청결하게 유지하기 위해 영업이 끝나면 머신 전용세정제를 넣고 따뜻한 물에 담가 놓는다. 연마제가 첨가된 세제를 사용하지 않도록 한다.

그룹헤드 청소 방법

에스프레소 머신 전용세정제는 식물을 이용해서 만든 세제로 인체에 무해한 세정제이다. 에스프레소 머신 전용세정제를 이용해서 청소하는 방법은 다음과 같다.

이 와 같은 청소 방법은 매일매일 영업장에서 이루어져야 할 필수적인 작업이다.

에스프레소 머신 그룹을 청소하는 방법에는 자동 세척 방법과 분해 청소 방법의 두 가지가 있다. 분해 청소는 육안으로 모든곳이 보이므로 더 깨끗이 청소할 수 있다. 분해하는 방법을 숙지하고 분해를 할 수 있어야 한다. 대부분의 구조는 (–)형 드라이버를 이용하여 볼트를 풀게되면 원형의 샤워필터가 분리된다. 아무리 좋은 성능의 기계라 할지라도 이 필터를 주기적(횟수가 잦을수록 좋음)으로 관리해 청결하게 유지하지 않으면 완벽한 에스프레소가 추출되기 힘들다.

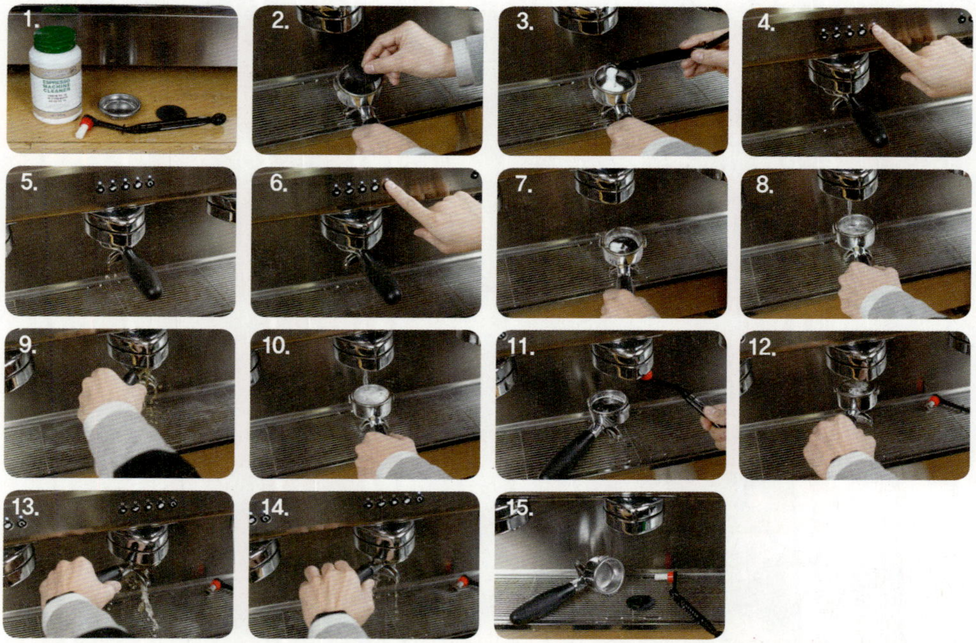

1. 전용세정제, 가스킷 브러시, 청소용 패드(블라인드필터)를 준비한다.
2. 포타필터를 그룹헤드에서 제거한 후 청소용 패드를 장착한다.
3. 전용세정제를 넣은 후 그룹에 포타필터를 장착한다.
4. 추출버튼을 누름과 멈춤을 수차례 반복한다. (5회 정도)
5. 추출버튼이 작동되지 않는 상태시 1분 정도를 대기한다.
6. 다시 한 번 추출버튼을 누름과 멈춤을 수차례 반복한다. (5회 정도)
7. 포타필터를 그룹헤드에서 제거한다.
8. 세정제가 녹아 거품과 녹아내린 커피오일을 확인할 수 있다.
9. 추출버튼을 작동시켜 포타필터를 헹궈준 후 온수를 받는다.
10. 온수가 포타필터에 완전히 채워지길 기다린다.
11. 그룹에 살짝 장착하여 역류하도록 2~3회 반복한다.
12. 가스킷 브러시로 고무 가스킷을 문질러 준다.
13. 다시 그룹에 살짝 장착하여 역류하도록 2~3회 반복하여 세척한다.
14. 충분히 물을 흘려서 세척하고 포타필터를 장착한다.
15. 다른 쪽 그룹도 같은 방법으로 청소한다.

세정제를 이용한 청소 후 잔존 세제 제거

에스프레소 머신 전용세정제를 이용해서 청소할 경우 머신에 남아있는 세정제를 완전히 제거해야 한다. 세정제가 남아있으면 다음날 커피 추출 시 세정제 냄새로 인해 커피의 맛이 변할 수 있다. 세정제를 제거하는 방법은 물로 많이 헹궈주면 된다.

그룹헤드 분해 청소 방법

1. 포타필터를 그룹헤드에서 제거한다.

2. (–)형 드라이버를 이용하여 샤워필터 고정나사를 돌려 빼낸다.

3. 샤워필터와 샤워홀더를 제거한다.

4. 별도의 용기에 샤워필터, 샤워홀더, 고정나사를 담는다. (분실주의)

5. 머신 전용 세제에 20분 정도 담아 놓는다.

6. 흡착된 커피오일이 잘 제거되지 않으면 세척 브러시를 이용하여 제거한다.

7. 흐르는 물에 깨끗하게 헹궈준다.

8. 분해의 역순으로 샤워필터, 샤워홀더, 고정나사를 장착한다.

9. 그룹헤드의 홈에 맞춰 손으로 약간 돌려 고정시킨다.

10. (-)형 드라이버를 이용하여 고정나사를 채운다.

11. 추출버튼을 눌러 샤워필터 가장자리로 물이 새는지 확인한다.

포타필터의 청소

포타필터는 최종적으로 커피가 추출되어 흘러가는 장소이므로 가장 신경을 많이 기울여야 한다. 포타필터는 분해가 용이하므로 자주 확인해 청소해 주어야 좋은 품질의 커피를 추출할 수 있다.

포타필터 청소 방법

에스프레소 머신 전용세정제를 이용한 포타필터 청소 방법은 두 가지가 있다. 1번째는 에스프레소 머신 전용세정제를 첨가한 물에 포타필터를 분리해서 담가 두는 방법이다. 이때는 스파웃도 함께 분리해야 청소가 잘 된다.

2번째는 에스프레소 머신 전용세정제를 녹여서 액체를 만든 다음, 매일 마감 시 포타필터에 뿌려서 청소를 하는 방법이다. 간편하고 깨끗하게 청소할 수 있는 방법이다.

1. 스푼을 이용하여 필터바스켓과 고정 스프링을 포타필터에서 분리한다.

2. 분리된 부속품을 그릇에 담고 커피 머신 전용세정제를 넣는다.

3. 미지근한 물에 약20여분 담가 놓은 다음 흐르는 물에 세척한다.

배수관 청소 방법

에스프레소 머신의 배수는 드립 트레이에서 떨어져 배수통에서 모아진 뒤 배수관으로 흘러 간다. 포타필터 세척이 마무리되면 남은 세정제물을 에스프레소 머신 배수 드레인에 천천히 부어 배수관에 흡착된 커피 찌꺼기를 제거한다.

에스프레소 머신의 드립 트레이는 분리가 되므로 분리해서 청소를 하면 된다. 하지만 배수통과 배수관은 분리가 힘들다. 따라서 매일 영업 마감 시 배수통과 배수관을 청소해 주는 것이 좋다.

▲ 배수관 청소

PART

04

NCS 기반의

커피 그라인더

커피를 추출하기 위해 분쇄할 입자의 크기와 사용량을 조절하고, 커피 그라인더를 작동하여 원두를 분쇄하며, 사용 후 커피 그라인더를 청소할 수 있다.

ANFIM

Chapter 01

커피 그라인더 정의

그라인더Grinder의 사전적 의미는 '분쇄기粉碎機'이다. 단단한 물체를 가루처럼 잘게 부스러뜨리는 도구를 의미하기도 한다. 커피를 분쇄하는 방법은 절구와 같은 고전적인 도구에서부터 시작되어 맷돌, 핸드밀Hand mill등을 걸쳐 전동식 등 여러가지 종류가 있다. 커피 그라인더의 발전은 오래전부터 후추, 소금 등의 양념이나 향신료를 분쇄하는데 사용하던 톱니바퀴 형태의 핸드밀을 커피용 분쇄기로 응용하면서 점차 커피 분쇄에 적합하도록 크기와 모양, 기능 등이 개선되면서 오늘날에 이르게 되었다.

지금도 아프리카 등지나 터키 노점에서는 절구를 이용해 커피를 빻는 경우가 있으며, 중동 지방에서는 맷돌 형태의 그라인더를 이용하기도 한다. 또 흔히 핸드밀이라고 부르는 수동식 그라인더는 가정에서 핸드드립 커피를 마실 때 즐겨 사용되고 있다. 1~2인용에서부터 10인용 이상까지 다양한 크기와 모양으로 제작되어 장식용으로도 손색이 없는 제품들이 개발되어 있다. 수동식 그라인더는 가격이 저렴하여 가정에서 손쉽게 구입하여 사용하기에 적합한 반면, 분쇄 정도가 균일하지 않고 속도도 느리기 때문에 빠른 속도로 커피 음료로 제조해야 하는 커피전문점에는 적절하지 않다.

오늘날 대부분의 커피전문점에서는 다양한 커피기구에 맞게 적합한 굵기의 균일하고 정확한 분쇄를 순식간에 해결해 주는 전동식 그라인더를 사용한다. 특히 고객의 주문과 동시에 즉석에서 음료를 제조하는 에스프레소 커피 음료에서는 그라인더의 역할은 더욱 중요하다.

▲ 다양한 커피 분쇄도

Chapter 02

커피 그라이딩의 이해

▲ 원두와 분쇄 커피

원두 형태의 커피를 작은 입자로 분쇄하여 물과의 표면 접촉률을 늘려 유용한 성분의 추출을 원활하게 하기위한 추출 전 단계를 그라인딩이라 한다. 일반적으로 매장에서 사용하는 커피원두는 분쇄되지 않은 형태로 포장되어 유통되는 것이 특징이다. 커피원두를 분쇄하여 판매하는 경우는 표면적이 넓어져 향이 포함된 가스(CO_2)가 원두 형태보다 손실이 많아지며, 산소 접촉률도 높아지게 되면서 산화 속도도 급속히 빨라지기 때문이다. 이러한 커피로는 좋은 커피품질을 기대하기가 어렵기 때문에 추출 직전에 커피를 분쇄해야 한다.

- 추출 표면적을 늘려 가용성 고형물의 분해를 용이하게 한다.
- 원두의 다공질 세포가 분해되어 가스형태의 향을 방출한다.
- 추출을 용이하게 하여 커피의 색을 더욱 명확하게 만든다.

Tip 표면적의 이해

커피의 품종과 크기에 따라 차이는 있지만, 보통 로스팅된 원두 한 개에는 약 100만 개의 다공질 세포로 이루어져 있으며 향을 내는 성분은 약 1,000여 가지가 존재한다.

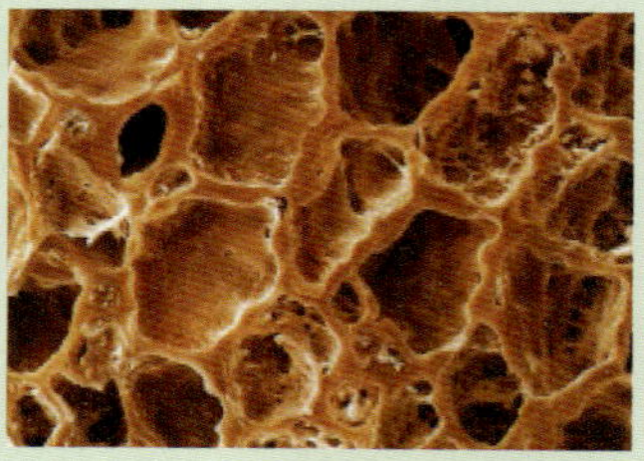

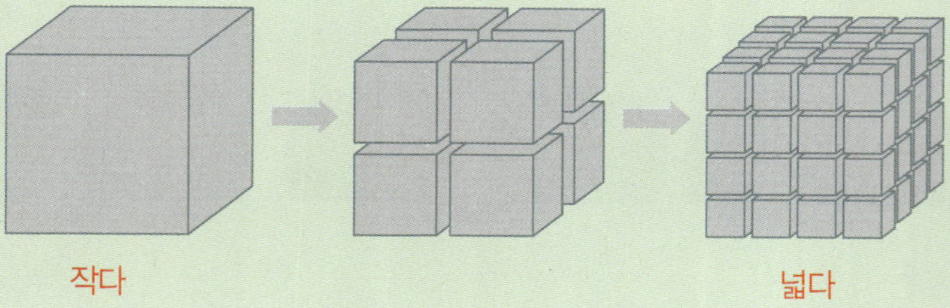

Chapter 03

커피 분쇄도

좋은 로스팅 과정을 통해 생산된 고품질의 커피원두라고 하더라도 적절한 분쇄를 거쳐야 좋은 품질의 맛과 향, 색을 낼 수 있다. 물과의 접촉을 통하여 가용성분이 적절히 용해되어야 커피 본래의 맛과 향이 우러나오게 되는 것이다. 적절한 그라인딩(분쇄)은 뛰어난 맛과 향을 간직한 커피를 추출하기 위한 필수 관문이다. 따라서 최종적인 추출에 앞서 적절한 분쇄 방법과 분쇄 입도 조절에 관한 기본지식을 갖추어야 한다.

커피원두를 분쇄하는 데 영향을 주는 요소는 밀도, 볶음도 및 수분의 함량이다. 고지대에서 재배한 커피는 밀도가 높아 볶아도 덜 팽창하므로 분쇄하는 데 시간이 더 걸린다. 한편, 강하게 볶은 커피원두는 조직이 많이 팽창하여 쉽게 분쇄된다. 이와 더불어 커피 추출 기구에 맞게 분쇄도를 조절해야 정확한 추출을 할 수 있게 된다.

하지만 커피 그라인더의 회사별, 모델별로 분쇄방법이 달라 입자의 크기도 많은 차이가 발생한다. 따라서 크기뿐만 아니라 이러한 차이와 정확한 커피 추출을 하기위한 분쇄 커피 입자를 분석할 수 있어야 한다. 입자를 분석하는 방법으로는 체치기, 레이저를 이용하는 방법 등이 있다.

체 Sieve 치기 방식

체를 이용하여 입도를 측정하는 방식으로, 체눈의 크기를 각각 다른 체를 사용하여 분석하고자 하는 물질을 올려놓고 체질을 한다. 예를 들어 100um의 분체의 경우 약200um 크기의 체눈을 가지고 있는 체로 체질을 하는 경우 100%통과하게 된다. 여러 개의 체를 사용하여 몇%의 시료가 통과하는가를 측정하는 방식으로 입도를 측정한다.

레이저 회절 Laser Diffraction 방식

분쇄된 커피입자를 날리면서 측정하는 방식으로, 레이저는 작은 입자의 표면을 지나갈 때 회절하게 된다. 그 때 회절 각도는 각각 입자의 크기에 따라 변하게 된다. 즉 작은 입자의 표면에서 레이저는 큰 각도로 회절되며, 큰 입자의 표면에서 레이저는 작은 각도로 회절된다. 이 회절되는 레이저를 수십 개의 검출기로 빛의 강도를 측정하게 된다. 측정된 빛의 강도는 입자의 숫자로 계산되어지며, 측정된 빛의 각도로 입자의 크기를 측정한다.

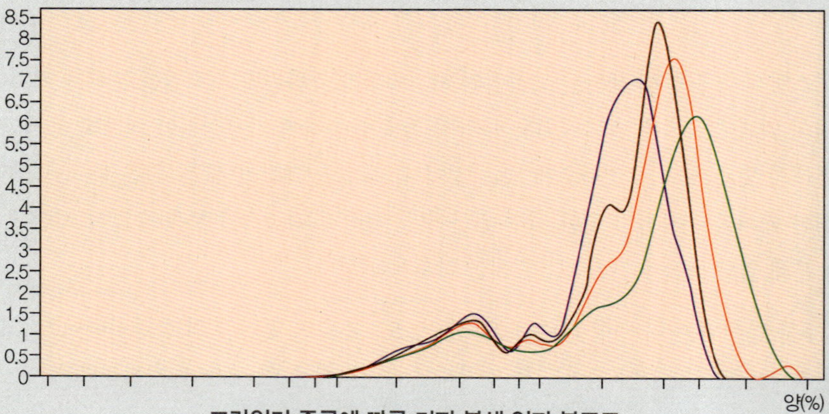

그라인더 종류에 따른 커피 분쇄 입자 분포도

에스프레소는 추출원리상 다양한 크기가 분포되는 것이 적합하다.

메쉬Mesh 란?

분체의 입도측정에 쓰이는 채Sieve의 구멍을 의미하며, 대개 1평방인치(25.4mm²)당 구멍의 수로 표시한다. 예를 들어 300메쉬라고 하면 25.4mm² 내에 뚫려있는 300개의 구멍을 통과한 굵기를 말한다. 그라인더 입자는 곧 에스프레소의 품질과 직결된다. 분쇄입자가 거칠면 맛이 싱거워지면서 크레마의 농도도 옅어진다. 반대로 지나치게 가늘면 추출이 잘 되지않을 수 있다. 원두의 특성이나 상태에 따라서도 가장 적절한 그라인딩 레벨은 달라지게 된다.

단위 환산

MESH	MICRON	MESH	MICRON
10	1,900	40	381
12	1,520	42	355
14	1,300	45	323
16	1,130	48	295
18	980	50	279
20	864	60	221
24	701	65	203
28	577	70	185
30	535	80	173
32	500	90	150
35	447	100	140

입자 크기	굵은 분쇄	중간 분쇄	가는 분쇄	아주 가는 분쇄	미분

추출기구	프렌치프레스	드립필터	자동머신	에스프레소	터키식
분자량	100~300	500~800	1,000~3,000	3,500~10,000	15,000~30,000
μm	1,100~900	900~700	700~500	500~300	200~100
mesh	16~21	21~24	24~32	32~48	65~150
맛의 특징	가벼움	균형	균형	섬세	강함
강조되는 맛	신맛	신맛 > 쓴맛	신만 > 쓴맛	신맛 = 쓴맛	쓴맛

Chapter 04

커피 그라인딩의 원리

커피원두를 작은가루로 만들기 위해서는 커피원두에 힘을가해 조각으로 만들어 줘야 하는데, 이때 작용하는 힘은 응력Stress, 應力이다. 응력에는 압축응력과 전단응력 두 가지가 있다. 커피원두는 탄성체이기 때문에 어느 한계치에 도달하게 되면 미세한 균열이 일어나고, 이러한 균열이 급속히 퍼져나가 파괴되고 조각이 난다. 즉 분쇄의 1단계는 이렇듯 균열 이후 파괴되어 조각이 나며, 이런 조각을 원하는 크기로 분쇄하는 것이 2단계의 원리이다. 바람직한 분쇄방법은 커피원두를 마쇄Trituration, 摩碎가 아닌 절삭Cutting, 切削의 원리로 분쇄해야 한다. 마쇄를 할 경우 커피원두 조직의 세포가 파괴되면서 향기성분을 잃고 열이많이 발생되어 탄맛이 남기도 한다. 커피원두를 분쇄하는 방법에는 크게 두 가지 방법이 있는데, 충격식Impact과 간극식Gap 분쇄가 있다.

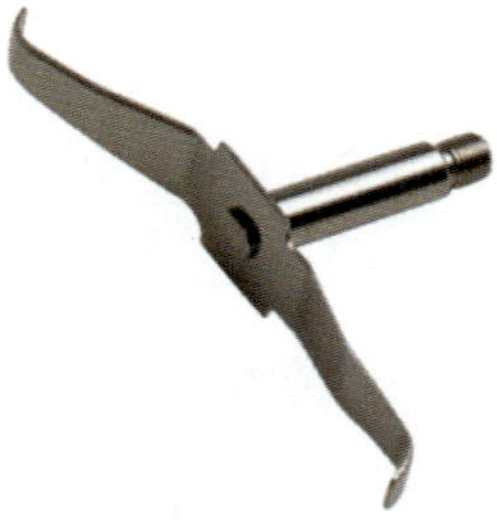

충격식 분쇄 Impact Grinding

프로펠러 형태의 칼날Blade이 고속으로 회전하며 커피원두와 부딪혀 충격을 가해 분쇄하는 원리이다. 소형으로 주로 가정에서 사용하는 분쇄기에 적용하고 있다. 충격식 분쇄기는 입자를 조절할 수 없으며, 분쇄도 조절은 칼날을 얼마나 오랫동안 회전시키느냐에 따라 결정되기 때문에 고른입자 조절이 어렵고, 분쇄 후 커피가루가 칼날 사이에 남게 되어 청소가 번거롭다.

간극식 분쇄 Gap Grinding

일정한 간격을 두고 칼날을 회전시키는 원리로, 금속판 같은 톱니바퀴 사이에 커피원두를 통과시켜 분쇄하는 방식이다. 주로 상업용 그라인더에 사용되면서 모양과 형태도 다양하게 변화하였다. 두 개 날의 간극을 조절할 수 있으며 다양한 커피 분쇄도를 조절함으로써 기구, 로스팅, 원두 상태에 따라 맛의 변화와 변경이 가능한 것이 장점이다.

그라인더 분쇄날

그라인더에서 가장 중요한 부분 중 하나는 바로 그라인더 '분쇄날Burr'이다. 분쇄날은 두개의 날로 구성되어 지며 상부날과 하부날로 나누어 진다. 상부날은 간격을 유지해서 입자 크기를 결정해 준다. 반면, 하부날은 회전을 하면서 상부와 하부날 간격에 따라 커피를 분쇄해 주는 역할을 담당한다. 분쇄도를 결정하는 것은 하부날로, 그라인더의 핵심이자 가장 중요한 요소라고 할 수 있다. 모양에 따라 플랫 디스크형Flat Disc과 코니컬형Conical Burr을 일반적으로 사용하며, 대형 공장에서 사용되는 롤러형Roller Mill 3가지 종류가 있다.

플랫 버 Flat Burr

원통형은 주로 전동식 그라인더에서 많이 채택하고 있는 날 방식으로 분당 1,400~1,600rpm으로 회전한다. 회전수가 높고 평면형으로 고른 분쇄가 가능하다는 장점을 지니고 있다. 하지만 마찰력이 많아 열이 발생할 가능성이 높다. 하부날이 회전하며 상부날과 맞물려 원두를 자른다. 플랫 그라인더는 그라인드Grind 방식과 커팅Cutting 방식 두 가지로 구분한다.

코니컬 버 Conical Burr

고정되어 있는 암날 안으로 숫날이 회전하여 들어가 분쇄한다. 커피원두는 중력 또는 위에서 밀어주는 원두에 의하여 공급된다. 오랜 전부터 소형 그라인더나 핸드 그라인더에서 많이 사용하였다. 분당 400~600rpm 정도 저속으로 회전하여 마찰열 발생이 적다는 장점이 있지만, 분쇄된 커피 입자가 플랫 버에 비해 고르지 못하다는 단점이 있다.

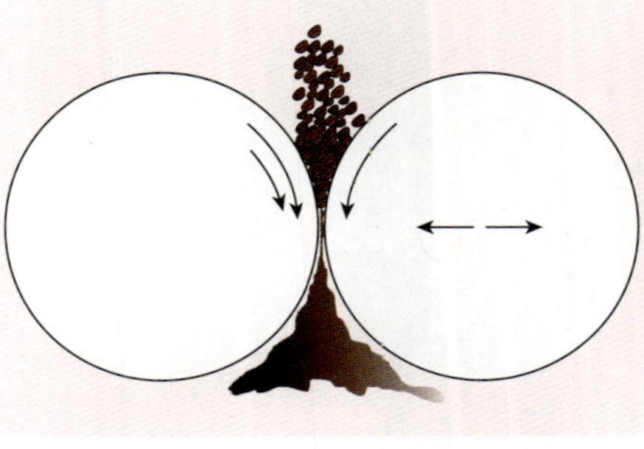

롤러형 Roller Mill

산업용 그라인더에 주로 사용하는 방식으로 홈이 파인 두 개의 실린더로 구성되어 있으며 짧은 시간에 대량 분쇄가 가능하며, 실린더 안에 냉각장치를 넣어 장시간 사용에 용이하다. 간극식 분쇄기 중에 가장 균일한 분쇄가 가능한 것이 특징이다.

Chapter 05 커피 그라인더의 분류

커피 그라인더의 원두분쇄 목적은 같다고 볼 수 있다. 하지만 사용용도와 환경에 따라 산업용과 매장용으로 분류할 수 있다. 매장용은 다시 일반용과 에스프레소용으로 분류한다.

산업용 그라인더 Industrial Grinder

대형 커피로스팅 공장이나 가공용 커피제조 공장에서 사용하는 그라인더를 말한다. 짧은 시간에 대량 분쇄가 가능하며, 매장용과 비교할 수 없을 정도의 크기이다. 분쇄 커피 유통용 커피를 제조하는 공장이나 액상커피, 일회용 드립백 커피 등을 생산하는 대형 공장에서 주로 사용한다.

▲ 여러가지 형태의 산업용 그라인더

매장용 그라인더 Shop Grinder

요즘 커피전문점에서 사용하는 그라인더는 드립용과 에스프레소용으로 크게 분류할 수 있다. 드립용은 호퍼라고 불리는 원두를 담는 보관통이 에스프레소용 보다는 작은 것이 특징이다.

▲ 여러가지 형태의 샵용 그라인더

이는 에스프레소처럼 한 종류의 원두를 담아놓고 사용하는 용도보다는 다양한 종류의 원두를 고객의 주문에 따라 사용하기 때문이다. 분쇄도 조절간격 또한 넓은것이 특징이며, 빠른 시간내에 드립, 사이폰, 프렌치 프레스 등의 다양한 추출기구에 맞는 분쇄도를 쉽게 조절할 수 있도록 제작되어 있다. 보통 조절판이 전면부에 위치하고 세로로 세워져 있는 모델들이 많다.

에스프레소용 그라인더 Espresso Grinder

에스프레소 추출과정에서 분쇄는 매우 중요한 부분이다. 우선 에스프레소 커피는 미세한 분쇄를 하기 때문에 많은 마찰열이 발생하게 된다. 이는 커피 향의 손실과 뭉침현상을 가져와 좋은품질의 에스프레소를 얻기 힘들다. 그라인더 선택에 있어서 중요한 점은 발열이 적으면서 분쇄도 조절을 세밀하게 할 수 있는 것을 고르는 것이다. 구매할 때는 사용하고자 하는 샵Shop의 규모와 운영형태에 따라 선택을 하는 것이 좋다.

▲ 여러가지 형태의 에스프레소용 그라인더

Chapter 06

커피 그라인더의 선택

그라인더를 구입할 때는 용도와 사용에 맞게 분쇄날 크기와 형태, 모터 회전속도를 고려하여 구입하는 것이 좋다. 분쇄날이 커지면 분쇄되는 커피양은 같지만 모터 회전속도가 느려져 마찰열이 적게 발생되기 때문이다. 그라인더 날은 고속회전을 하면서 커피원두를 분쇄하는 부품이기 때문에 사용시간에 따라 불가피하게 열이 발생한다. 이때 발생하는 열은 회전수나 사용량에 따라 다르므로 그라인더 날의 형태나 크기에 따라 달라진다. 따라서 그라인더 날의 크기를 상황에 맞게 고민하여 결정할 필요가 있다.

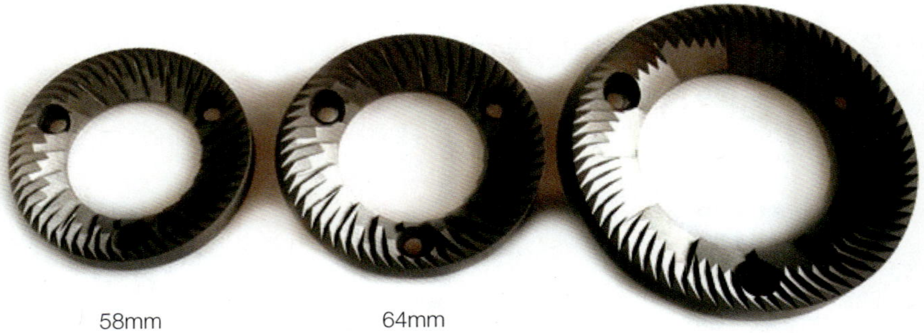

58mm 64mm 83mm

분쇄날의 크기는 전체 지름으로 구분한다. 일반적으로 커피전문점에서 사용하는 매장용 그라인더는 지름 64~83mm를 일반적으로 사용한다. 커피 사용량이 적은 곳은 64mm, 많은 곳은 83mm가 적당하다. 가정용으로 판매되는 모델들은 이보다 더 작은 분쇄날을 적용하기도 한다. 그라인더 날의 과열을 방지하기 위해서는 작동시간의 두 배 이상의 휴식시간이 필요한데, 예를 들어 1분을 분쇄 했었다면 2분을 식혀야 한다는 것이다. 이는 열은 생성되는 시간보다 식는 시간이 더 길기 때문이다. 최근에 개발되는 에스프레소 그라인더에 공기를 순환시켜주는 냉각팬을 장착하여 강제로 식혀주는 냉각장치를 부착하기도 한다.

고속으로 회전하는 그라인더 날은 그라인더 구성부품 중에서도 가장 사용량이 많은 부분인 동시에 커피원두와 직접 닿는 부분이기도 하다. 또 깊고 날카로운 홈이있어 커피미분과 기름 성분이 축적될 가능성도 높다. 평소에 분쇄되는 커피 입자를 수시로 확인하여 열이나 뭉침이 발생되는지를 확인해야 한다.

특히 에스프레소 커피에 있어서 그라인더는 매우 중요한 요소이다. 분쇄된 커피의 입자가 균일해야 양질의 에스프레소를 얻을 수 있기 때문이다. 균일한 입자를 얻기 위해서는 그라인더 날의 마모정도를 수시로 점검해야 한다. 일반적으로 많이 사용하는 64mm 날의 경우 그라인더 날은 평균 500~600kg정도 사용한 시점에 교환해 주는 것이 좋다.

그러나 그라인더 날은 겉으로 드러나 있지 않아 마모정도를 육안으로 확인하기는 어렵기 때문에 날이 마모된 상태에서 그대로 사용하는 경우가 많은데, 이는 결국 에스프레소의 맛을 저하시키는 결정적인 요인이 되기도 한다. 마모된 그라인더 날은 고른분쇄를 어렵게 할 뿐만 아니라, 마찰로 인해 열발생이 증가하여 향성분을 감소시키는 결과를 초래한다. 날이 마모되었다고 해서 커피가 분쇄되지 않는 것은 아니다. 다만, 분쇄 입자의 균일도가 떨어지면서 추출에 영향을 주거나 커피 맛의 저하를 초래한다. 때문에 그라인더 날의 마모정도는 분쇄입자의 크기나 추출 상태, 커피 맛의 변화 등을 통해서도 가늠할 수 있지만, 경험이 많지 않은 바리스타들에게는 쉬운 일이 아니다.

▲ 커피 그라인더 칼라 분해

Tip 그라인더 날 마모도 점검

그라인더 날의 마모 정도를 쉽게 점검하는 방법으로는 날을 분리한 후 손톱으로 밀어보는 것도 하나의 대안이 될 수 있다. 이때 손톱에 자국이 생기면 정상이고, 자국이 생기지 않으면 마모가 된 상태이다. 만일 그라인더 날이 마모 되었다면 즉시 교체해 줘야 한다. 서로 맞물려 교차해서 빠르게 회전하는 그라인더는 날의 각도가 정확하게 맞아 떨어져야 하기 때문에 교체할 때는 상부날과 하부날을 함께 교체해야 한다.

Chapter 07 커피 그라인더 분쇄도 조절

그라인딩Grinding은 커피원두의 추출면적을 넓혀 주기 위한 작업이다. 커피를 곱게 분쇄할수록 뜨거운 물과 커피가루의 접촉면적은 넓어지게 된다. 이때 분쇄된 원두는 미분Micro에서부터 지름 1mm의 입자에 이르기까지 일정한 크기로 구성되어 있어야 한다. 입자 사이에 균일한 공간이 확보 되어야 뜨거운 물이 흐르면서 커피의 맛과 향기 성분을 고르게 녹여낼 수 있기 때문이다. 일반적으로 그라인딩 단계는 굵게Coarse (중간 굵기Medium), 가늘게Fine, 미분Micro 등으로 나눠진다.

▲ 커피 그라인더는 여러가지 굵기 조절이 가능

이러한 분쇄 정도는 커피의 추출레벨을 좌우한다. 곱게 분쇄할수록 온수가 커피 입자를 통과하는 시간은 길어지게 되어 진하고 풍부한 맛의 커피를 추출할 수 있다. 반면, 굵게 분쇄한 커피일수록 온수가 커피 입자를 빠르게 통과하게 되어 전체적으로 밋밋한 맛이 느껴지게 된다. 커피의 농도는 분쇄 커피의 양에 의해 좌우되기도 한다. 투입량이 많으면 농도는 진해지고, 적으면 묽어진다. 또 원두의 로스팅 정도나 습도, 보관 기간에 따라서도 달라질 수 있다. 분쇄 정도는 사용하는 도구에 맞게 조절해야 한다. 예를 들어 중간 분쇄는 주로 핸드드립이나 커피 메이커, 사이폰 등 자연적인 물 흐름에 의한 추출방법에 적합하다. 반면, 머신의 압력을 이용해 순간적으로 추출하는 에스프레소 방식에서는 미세한 분쇄방식을 주로 사용한다. 결국 더욱 맛있는 커피를 위해서는 사용하는 기구와 입맛에 따라 분쇄레벨을 잡아 나가는 기술이 필요하다.

로스팅 정도에 따른 입자 조절

95	85	75	65	55	45	35	25
Light	Cinnamon	Medium	High	City	Fullcity	French	Italian

약버전		중버전		강버전	
너무 시큼한 신맛만 있음	신맛이 너무 강렬함	산뜻한 신맛	신맛이 풍부	신맛의 중화시작 단계	숯 같은 탄맛 생성
		품종특성이 강함		품종특성을 구별하기 힘들어짐	쓰고 단맛에서 쓴맛이 지배적
향과 바디가 거의 없는 볶음도	품종 특성이 나타나며 다소 바디가 생기는 단계	바디가 형성	품종특성은 약해지지만 바디가 점점 풍부해짐	바디가 풍부해짐 커피 표면에 oil 생성단계	커피oil로 반짝거리는 단계 바디도 줄어듦

시티 로스팅

원두 내부에 오일이 충분히 형성되는 시기로, 신맛이 풍부해지고 바디와 달콤한 향이 풍부한 것이 특징이다. '저먼German 로스트'라고도 하는데 맛과 향이 대체로 표준이며 풍부한 갈색을 띠게 된다. 시티 로스팅에서 입자 조절은 평상시 입자 조절보다 약간 가늘게 조절하여 추출한다. 연하게 로스팅 된 커피는 쓴맛이 약하고 신맛이 강하게 나타나므로 분쇄 굵기를 가늘게 조절하여 사용하는 것이 바람직하다.

풀 시티 로스팅

조금 강하게 볶은 상태로 원두 겉 표면에 약간의 오일이 보이기 시작한다. 신맛은 거의 없어지고 단맛이 많고 쓴맛과 진한 커피 맛의 정점에 올라서는 단계이다. 아이스커피 용도로 많이 사용할 수 있다. 크림을 가미하여 마시는 유럽 스타일의 커피이며, 원두의 색깔이 짙은 갈색으로 변하여 유럽식 에스프레소 커피의 표준 로스팅이다.

프렌치 로스팅

오일이 전체에 번져 흐르고 색상은 검게 된다. 쓴맛, 진한 맛에 중후한 맛이 강조된다. 쓴맛이나 다른 맛을 압도하기 때문에 아이스커피에 주로 사용된다. 풀 시티에서 몇 초만 지나면 프렌치 로스트 상태가 된다. 이때의 특징은 생두 품종의 특징이 줄어들고 바디감이 강해지며 표면에 오일이 더욱 많이 발생한다. 프렌치 로스팅에서 입자 조절은 평상시 입자 조절보다 약간 굵게 조절하여 추출한다. 진하게 로스팅 된 커피는 쓴맛이 강하고 신맛이 약하게 나타나므로 분쇄 굵기를 굵게 조절하여 사용하는 것이 바람직하다.

습도에 따른 분쇄도 조절

습도는 공기의 습한상태를 알 수 있는 기준이 되며, 공기 중 수증기의 양이나 공기의 습한 상태의 정도 등을 나타낸 양이다. 대기 중의 습도는 장소, 높이, 시각 등에 따라 다르며 인간 생활에 큰 영향을 주는 요소이다. 습도는 커피원두의 수분 흡수와 관련이 커 바리스타가 커피원두의 그라인딩에서 반드시 고려해야 할 요소이다. 비 오는 날은 대기중의 습도가 높으므로 커피의 입자크기를 굵게 조절한다.

건조한 날은 대기중의 습도가 낮으므로 원두의 입자크기를 작게 조절한다. 일일 습도변화에 따른 원두분쇄 굵기조정 역시 필요하다. 즉 아침, 점심, 저녁의 습도변화에 따른 원두의 입자를 조절할 필요가 있다. 아침에는 대기중의 습도가 상대적으로 높으므로 원두의 입자를 약간 굵게 조절하며, 햇빛이 있는 낮에는 습도가 낮아서 원두입자의 크기를 아침보다 작게 조절하여야 하며, 저녁에는 다시 습도가 높아지므로 원두의 입자를 미세하지만 굵게 조절할 필요가 있다.

평상시 화창한 날씨의 습도를 미리 파악하여 기준점으로 맞추어 놓을 필요가 있다. 계절변화가 뚜렷한 우리나라에서는 계절별 습도의 변화가 크기 때문에 계절습도의 변화에 대비하여 습도에 따른 원두분쇄 굵기를 조절해야 한다. 봄, 가을이 평균적인 기준점이 된다면 여름철에는 습도가 높은 날이 많으므로 습도를 낮추어 줄 제습기를 사용하고, 겨울철에는 상대적으로 건조하므로 가습기 등을 이용하여 습도를 높여줘야 한다.

신선도에 따른 분쇄도 조절

갓 볶은원두에서는 고소하고 달콤한 느낌의 풍부한 향기가 난다. 신선한 커피원두를 분쇄하면 특유의 향기가 가득 퍼지는데, 커피 한 알에는 약 1,000여 가지의 맛과 향이 담겨 있고, 그 안에는 여러가지 성분을 포함하고 있다. 일반적으로 원두는 로스팅 후 가급적 빨리 마시도록 권유하고 있는데, 그 이유는 좋은 향과 맛의 성분들이 시간이 지나면서 서서히 빠져나가기 때문이다. 커피는 로스팅을 하게되면 볶음정도의 진행에 따라 향기성분이 증가하다가 열에 너무 오랫동안 노출될 경우에는 향기가 소실되고 더 나아가 맛이 변질되는데, 일반적으로 '증발Evaporation → 반응Reaction → 산화Oxidation'의 3단계 과정을 거치게 된다.

커피원두 산화의 원인

신선한 커피란 로스팅하여 변화된 커피콩 조직의 여러가지 화학성분이 산소와 접촉하여 산화되기 시작하여 산패되기 직전까지의 짧은 기간을 말한다. 커피의 산패 요인에는 산소와의 접촉, 온도와 습도, 로스팅 정도, 분쇄도, 포장 및 보관 상태 등 여러가지가 있다.

산패 진행의 요인

산소	포장 내 소량의 산소만 존재해도 완전 산화
수분	상대습도가 100%일 때 3~4일, 50%일 때 7~8일 0%일 때 3~4주부터 산패가 진행
온도	온도 10℃ 상승 시마다 2.3배씩 향기 성분이 빨리 소실
분쇄도입도	분쇄상태의 커피는 원두보다 5배 산패가 빨리 진행
로스팅 정도	강한 로스팅일수록 함수율이 낮으며 오일이 베어 나와 있고 다공질 상태가 되어 산패가 빨리 진행

신선도에 따른 분쇄도 조절방법

로스팅 후 얼마 지나지 않은 커피원두는 산소와 접촉하여 다양한 가스가 방출되어 커피원두 조직의 변화가 진행되는 단계로서 매우 불안정한 시기라고 볼 수 있다. 따라서 평상시보다 커피원두를 가늘게 분쇄하여 사용한다. 로스팅 후 오랜시간이 지난 커피원두는 산패 과정이 진행되어 커피 오일성분이 산패되어 있고 섬유질의 경화와 잔존가스가 거의없어 추출이 원활하게 이루어지지 않으므로 분쇄 굵기를 평상시보다 굵게 분쇄하여 사용한다.

Chapter 08 에스프레소 그라인더 외관 구조

▲ 안핌(Anfim) 수동 그라인더

Chapter 09 에스프레소 그라인더의 종류

에스프레소 그라인더의 종류

에스프레소 머신 만큼 용도에 맞는 그라인더에 투자하는 것은 완벽한 에스프레소 커피를 제조하는 데 도움이 될 수 있다. 에스프레소 그라인더는 커피원두분쇄 역할 뿐만 아니라 커피를 포타필터에 담아주는 계량에도 매우 중요한 역할을 한다. 구입할 때는 사용용도와 매장 운영형태에 따라 선택을 하는 것이 좋다. 여러 명의 바리스타가 근무하거나 프랜차이즈 커피 전문점일 경우는 반자동 보다 자동 그라인더를 추천한다.

도저형 그라인더 (반자동형) dese

에스프레소 전용 수동 그라인더이다.

온디멘드 그라인더 (자동형) on-demand

에스프레소 전용 자동 그라인더이다.

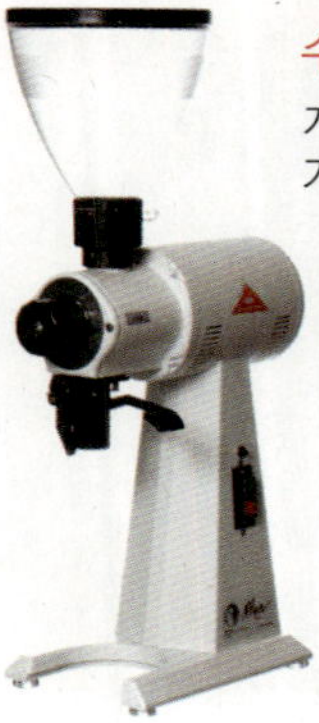

수동 그라인더

계량장치는 없지만 에스프레소 분쇄가 가능한 그라인더이다.

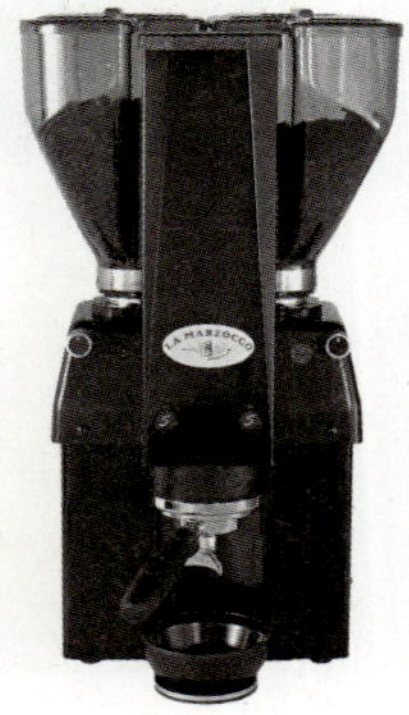

완전자동 그라인더

자동 그라인더의 기능에 탬핑까지의 일련의 과정을 할 수 있는 그라인더이다.

Chapter 10

에스프레소 그라인더 분쇄도 조절

에스프레소 커피는 추출과정에서 많은 문제가 발생된다. 하지만 완벽한 에스프레소가 어떻게 추출되는지, 완벽하게 추출된 에스프레소의 맛, 향, 빛깔은 어떠한지를 알면 기본적인 추출 문제의 원인을 쉽게 해결할 수 있다. 그 중 추출 문제를 가장 많이 발생시키는 원인은 그라인더 분쇄도 조절이다. 분쇄도 조절은 매순간 이루어져야 안정적인 에스프레소 품질을 유지할 수 있다. 분쇄 커피입자는 추출시간과 밀접한 관계가 있다. 하지만 모든 커피가 같은 결과를 얻을 수 있는 것은 아니다. 커피의 추출력은 원두의 품종, 등급, 블렌딩, 로스팅, 신선도 등에서 달라진다. 때문에 일반적인 수치나 정해진 공식으로 에스프레소를 추출하는 것은 금물이다. 예를 들면 분쇄도를 곱게해서 적게담은 커피가 더욱 풍미있는 향과 맛을 낼 수도 있다는 것이다. 에스프레소 추출에서 수치는 숫자에 불과하다. 좋은 에스프레소의 결과물과 수치는 바리스타의 근무환경과 조건에서 만들어내야 한다. 또한 한두번의 추출 문제로 인해 분쇄도를 조절하는 것은 금물이다. 각 추출에 따라 커피 담는양과 고르기의 편차가 발생될 수 있기 때문에 그라인더 분쇄도 조절은 숙련된 바리스타가 해야하며 지속적으로 추출에 문제가 발생되는 경우에만 조절을 하여야 한다.

▲ 그라인더 굵기 조절

Chapter 11

에스프레소 그라인더 사용량 조절

도저형Dose(반자동형) 그라인더

도저Doser는 에스프레소를 추출하기 위해 분쇄된 원두를 보관하고 계량하여 필터 홀더에 담아주는 역할을 하는 부분이다. 도저는 여섯 개의 칸으로 나누어져 있다. 일반적으로 한 칸은 3.5~8g까지 조절이 가능하다. 스프링에 의해 간격을 유지하고 계량판을 통해 일정한 양을 유지하며, 커피 투입 조절레버를 이용해 투입량을 조절하게 된다.

커피 투입 조절레버는 시계 방향으로 돌리면 양이 줄어들고, 시계 반대 방향으로 돌리면 양이 늘어난다. 도저는 레버를 앞으로 잡아당기면 시계 방향으로 돌아가면서 분쇄된 커피가루가 밑으로 떨어지게 된다. 이때 주의할 점은 너무 천천히 레버를 당기면 작업할 때 마다 양이 변한다는 것이다. 레버를 당길 때 스피드를 가해 당겨야 떨어지는 양의 변화가 적어진다. 빠르게 앞으로 당긴 후 놓아주면 리턴 스프링에 의해 자동으로 복귀하게 된다. 이때 앞으로 당겼다 같이 밀려나가듯이 따라가 놓아주고 다시 당겨주고의 반복을 통해 도징을 진행해야 한다. 단, 당겼다가 그냥 '탁'하고 놓아버리는 식의 부주의는 스프링 파손을 가져오니 주의가 필요하다. 바리스타는 그라인더 도저사용 시 레버사용에도 주의가 필요하다.

도저형Dose(반자동형) 투입량 조절

분쇄도 조절이 완료되면 분쇄커피 보관기Ground coffee Dispenser에 담겨진 커피의 1회 분량이 기준량(14~18g)으로 적절하게 투여되는지를 확인하고 조절해야 하는데, 이를 커피 투입량 조절이라 한다. 정확한 조절을 위해서 0.1g까지 체크할 수 있는 전자저울을 준비하는 것도 좋을 것이다.

▲ 도저형 그라인더 투입량 조절

그라인더에 부착된 분쇄커피 보관기에는 원하는 양을 투여하도록 도저Doser라는 장치와 이를 조절하는 투입량 조절 나사Quantity Adjustment nut 등의 구조로 되어있으며 원하는 커피양을 조절하여 한 잔 분량씩 투여할 수 있도록 하는 장치이다. 일반적으로 도저를 한 바퀴 움직일 때마다 0.5g 정도의 양이 변화하는데 시계 방향으로 돌리면 커피의 양이 줄어들게 된다. 주의할 점은 도저는 총 6칸으로 되어있기 때문에 도저를 조절한 후에는 6회 분량의 커피를 배출시킨 뒤 무게를 확인해야 정확한 양을 알 수 있다는 것이다. 분쇄커피 보관기의 청소상태에 따라 배출되는 원두의 양이 많게는 0.5~1g까지 변화하는 것도 주의할 사항이다.

온디멘드 On-demand (자동형) 그라인더

최근에는 반자동 그라인더의 단점을 보완하여 분쇄량이 자동 조절되는 전자타이머가 내장된 자동 그라인더가 개발되어 보급되고 있다. 자동 그라인더의 장점은 미리 커피를 분쇄하지 않고 즉석해서 정해진 양의 커피를 분쇄할 수 있는 것이 특징이다. 버튼을 한 번만 누르면 원하는 만큼의 분쇄된 커피를 갈아주는 그라인더를 말한다. 설정해 놓은 분쇄굵기로 커피가 분쇄되는지를 확인한 후, 단 한 번의 버튼작동으로 포타필터바스켓에 원하는 양만큼의 분쇄커피를 얻는 것이 자동 커피 그라인더이다.

자동 커피 그라인더는 분쇄된 커피가 포타필터의 바스켓에 담겨지는 양을 초 단위로 설정해놓고 시간이 경과된 만큼 커피를 분쇄하여 매번 일정한 양을 담아낼 수 있는 특징이 있다. 요즘은 반자동 그라인더에 전자 타이머를 부착하여 개조하기도 한다. 이는 수동형 그라인더의 특징인 보관기와 도저를 그대로 두고 자동계량 기능을 혼합하여 계속 사용할 수 있다는 장점이 있다. 이렇듯 커피의 낭비를 줄일 수 있고 사용의 편의성 때문에 점차 자동 그라인더를 선호하는 추세이다.

온디멘드On-demand(자동형) 그라인더 투입량 조절

전자식 타이머가 그라인더 분쇄날을 작동시키는 모터에 공급되는 전기를 제어하여 분쇄량을 시간으로 조절하는 방식이다. 그라인더 본체 전면에는 입력된 시간이 표시가 되고 보통 0.1초 단위로 시간조절이 가능하다. 조절 및 저장 후에는 메모리에 입력되어 전원을 꺼도 지속적으로 유지된다. 조절하는 방법은 각 제조회사마다 고유한 방식을 채택하고 있기 때문에 구입 시 제공된 설명서를 참조한다. 분쇄도를 가늘게 조절할 경우는 분쇄량이 적어지게 된다. 이는 시간으로 조절하는 특징 때문이다. 즉 같은 시간일 경우 분쇄도는 분쇄량을 결정하는 중요한 요인이 되기 때문에 분쇄도 조절이 이루어지면 필히 시간조절도 함께 실행해야 한다. 처음 사용하는 바리스타에게는 매우 까다로울 수 있지만 곧 익숙해지게 된다.

커피의 굵기와 양을 조절하는 작업은 매우 까다롭다. 한번 조절이 잘 되었다 하더라도 완성된 것이 아니며 하루에도 몇 번씩 반복적으로 이루어져야하는 작업이다.

▲ 자동 그라인더 투입량 조절

Chapter 12

커피 그라인더 청소

그라인더 분쇄날은 커피미분이 흡착되지 않도록 관리해야 한다. 청소를 자주 하지않을 경우 분쇄날에 커피미분이 경화되어 굳는 경우가 발생되는데 이는 그라인더 분쇄날의 마찰 저항을 발생시켜 좋은 품질의 커피가루를 만들어 내기 힘들게 한다. 그라인더 작동 시 평소와 다르게 커피가루에 많은 열이 발생되거나 소음이 커지게 되면 바로 분해청소를 시행한다.

매일 영업을 마치고 분해청소를 하는것이 좋으나 부득이한 경우라도 일주일에 한 번 정도는 분해청소를 하는것을 권장한다. 청소 중 분쇄날의 오염이 심하더라도 물로 세척하는 것은 피하고 부드러운 솔과 마른행주를 이용하여 닦아주는 것이 좋다.

분쇄날 분해 청소 방법

준비물: (−)형 드라이버, (+)형 드라이버, 그라인더 청소용솔, 마른 행주, 전용 구리스

1. 호퍼를 고정하는 나사를 제거하고 호퍼를 분리한다.

2. 상부 조절판을 천천히 돌리면서 풀어준다.

3. 완전히 분리되면 조절판을 위쪽으로 들어 빼낸다.

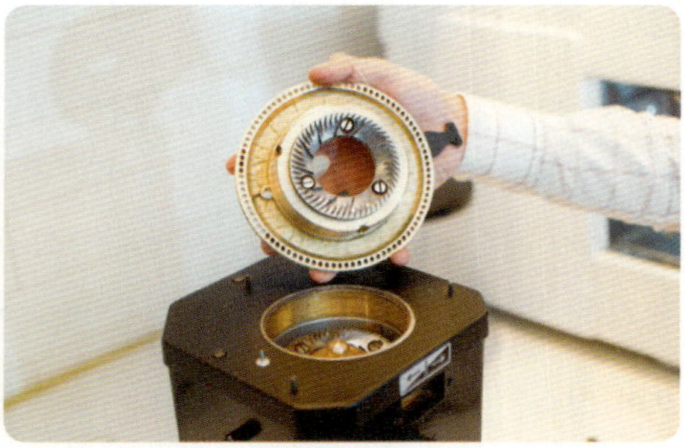

4. 완전히 분리된 상부 칼날 모습

5. 칼날에 붙어있는 커피가루를 부드러운 솔을 이용하여 완전히 제거한다.

6. 본체 칼날에 붙어있는 커피가루를 부드러운 솔을 이용하여 완전히 제거한다.

7. 커피가루와 미분을 완전히 제거하면 작업이 끝난다. 다시 재조립하기 전에 조절부를 결합하는 가장자리에 전용 구리스를 발라주고 분해한 역순으로 조립한다.

호퍼 청소 방법

호퍼는 로스팅 된 원두를 직접 보관하는 곳이므로 원두커피 표면의 오일이 많이 묻는다. 그러므로 청소가 무엇보다 중요하다. 만일 일주일 이상 그대로 사용하면 호퍼에 오일이 많이 묻어나게 된다. 이럴 경우에는 시각적으로도 보기가 좋지 않을 뿐만 아니라, 커피 맛에도 좋지 않은 영향을 준다.

▲ 그라인더 호퍼 분리

호퍼 청소는 매일 해주는 것이 좋다. 매일 청소하기가 어렵다면 최소한 일주일에 한 번씩은 세제로 청소를 해야 오일이 산화되어 나는 나쁜냄새가 커피에 묻어나오는 것을 방지할 수 있다. 아무리 신선하고 향이좋은 커피를 사용하더라도 호퍼의 상태가 청결하지 않으면 완벽한 에스프레소를 기대하기 어렵다. 특히 하루에 많은양의 원두커피를 사용하는 커피전문점의 경우에는 저녁무렵이면 호퍼의 벽면과 바닥에 커피기름이 잔뜩 묻게되는데, 이 기름기는 지용성이어서 티슈나 행주로 잘 닦이지 않고 물로도 말끔하게 씻기지 않는다. 따라서 호퍼의 청소는 세제를 이용해서 닦아내는 것이 가장 좋다. 이때 사용하는 세제는 기름때를 제거할 때 사용하는 전용세제를 사용하는 것이 바람직하다. 호퍼와 함께 뚜껑도 세제로 청소해 주는것이 좋다. 커피 향의 휘발성으로 뚜껑에 묻은 산화된 오일냄새가 커피에 영향을 줄 수 있기 때문이다. 세제를 이용해서 물로 호퍼와 뚜껑을 청소할 때는 건조가 특히 중요하다. 커피는 수분 흡수력이 강하기 때문에 물기가 남아있을 경우에는 커피에 흡수되어 커피 맛에 악영향을 주게 된다. 또 건조가 덜 된 상태에서 그라인더 본체에 결합하면 습기때문에 그라인더의 성능에도 좋지않은 영향을 줄 수 있다. 건조를 위해서는 마른 행주로 잘 닦은 다음 바에 널어놓는 것이 좋다. 이를 위해서는 매일 저녁 업무 마감 시에 청소를 해주는 것을 권장한다.

▲ 자동 그라인더에 포타필터가 장착된 모습

PART

05

NCS 기반의

커피 추출

에스프레소 추출, 핸드드립 추출, 사이폰 추출,
더치 추출, 이브릭 추출의 방법을 학습할 수 있다.

Chapter 01

커피 추출의 정의

커피 추출extraction, 抽出이란 로스팅된 커피원두에는 향과 맛을 내는 분자들이 고체상태로 보존되어 있는데 이러한 분자들을 물에 용해시켜 분리해 내어 변화시키는 과정을 말한다.

다시 말해, 로스팅 된 원두의 특징, 분쇄된 원두의 입자, 물과 분쇄된 커피와의 접촉시간, 추출 도구에 따라 커피성분을 뽑아내는 것을 말한다. 뜨거운 물이 분쇄된 커피 입자에 스며들어 가용성 성분이 용해되면 커피 입자 밖으로 용해된 성분이 용출된다. 커피 입자에 남은 가용성 성분과 뜨거운 물의 가용성 성분의 농도가 같아지는 원리를 이용하는 것을 추출이라 한다.

일반적으로 커피원두내의 수용성 분자가 물에 용해할 수 있는 최대치는 약 30%이다. 추출된 커피음료는 여러가지 성분의 조절로 커피 맛이 결정되므로 최상의 맛을 내기 위해서는 추출 진행이 18~22% 정도 되었을 때 추출을 멈춰야 한다.

커피 추출방식

커피 추출방식은 크게 침지식浸漬式과 여과식濾過式 두 가지 방식으로 나뉘게 된다. 침지식은 침출식浸出式이라고 하며 뜨거운 물이나 찬물에 분쇄 커피를 넣어 커피의 성분을 추출하는 방식이며, 여과식은 투과식透過式이라고 하며 분쇄 커피를 걸러주는 필터를 이용하여 물이 한 번 통과하여 커피를 추출하는 방식이다.

	방식	기구
침지식	담금 STEEPING	• 프렌치 프레스 • 커피 비긴
	달임 DECOTION	• 터키식 커피 • 보일링
	삼출 PERCOLATION	• 퍼컬레이터
	진공여과 VACUUM FILTRATION	• 베큐엄 브루어
여과식	적하 여과 DRIP FILTRATION	• 커피 메이커 • 드립식 추출 • 워터 드립(찬물)
	가압 주입 PRESSURIZED INFUSION	• 모카 포트 • 에스프레소

Chapter 02 여러가지 추출 방법

담금 Steeping

커피를 뜨거운 물과 혼합하여 일정시간 동안 방치하고 나서 추출된 액을 빼내는 방식이다. 사이폰 이용 시 위층에서 이 작용이 이루어진다. 난류형성은 물을 젓는 것으로 만들어진다. 접촉정도는 입자의 크기와 물의온도, 교반정도 및 음료와의 분리속도에 따라 변한다.

▲ 프렌치 프레스

달임 Decotion

커피가루를 물과 함께 용기속에 넣고 일정시간 끓이는 방법이다. 물의 상승온도가 100℃에 달하며 온도상승 중 난류가 생겨 완전한 추출이 가능해진다. 온도가 높은관계로 카페인 성분이 변질된다는 단점이 있다. 이브릭 추출방식이 여기에 속한다.

▲ 이브릭 커피포트

삼출 Percolation

커피가루를 특수한 막이있는 용기에 넣고 끓는물을 반복해서 통과시킴으로서 커피를 만드는 방식이다. 뜨거운 물은 특수한 막을 순환하며 이동하고 커피 추출물은 용해되어 나온다. 이 액은 다시금 커피를 통과하게 되고, 보다 진하게 만들어진다. 이러한 방식으로 물이 순환된다. 이 방법은 주로 인스턴트 커피를 만들 때 사용된다. 인스턴트 커피의 경우, 향미를 진하게 우려내는 것이 중요하기 때문이다. 접촉시간은 분쇄 입자크기, 물이나 추출액의 온도, 그리고 재순환율에 달려 있다.

▲ 퍼콜레이터 포트

진공여과 Vacuum Filtration

▲ 사이폰

진공여과 방식은 두 개의 추출실을 갖춘 기구를 이용하여 만들어진다. 아래쪽에 물을 담고 끓이면, 수증기 압력으로 물은 위층으로 올라가게 된다. 위층에 커피를 넣어 저은 후 아래쪽의 불을 내리면, 아래쪽은 수증기가 없어지면서 진공이 되고, 그 결과 커피 추출액은 다시 아래로 내려오게 된다. 이를 이용한 기구가 사이폰이며, 여기서의 접촉시간은 진공이 얼마나 빨리 생기는가와 여과기 성질, 그리고 분쇄커피의 입자크기에 달려 있다. 이 방식은 담금법이 변형된 형태이다.

적하여과 Drip Filtration

▲ 드립퍼(금속)

드립 방식이라고도 불리는데 분쇄커피를 용기에 담아 물을 부어 음료를 추출하는 방식이라는 점에서 삼투와 비슷하다. 그러나 뜨거운 물이 커피를 한번만 통과하는 점이 다르다. 추출액은 추출용기에서 포트나 받침 그릇으로 떨어진다. 접촉시간은 추출용기 속 물의 흐름속도나 분쇄 입자크기에 주로 좌우되며, 그 외 요인으로는 물의 온도, 추출실의 모양과 여과기 형태 등이 있다.

가압주입 Pressurized Infusion

▲ 가정용 수동 에스프레소 머신

에스프레소를 만들 때 쓰는 방식으로서, 9~10bar 이상의 물을 작게 압축되어 추출실에 들어있는 곱게 분쇄한 커피에 밀어 넣는 형식이다. 물의 열과 힘을 합하여 향미성분을 추출하고 불용성 기름을 유화시키며, 극도로 미세한 커피 입자와 가스기포를 물에 뜨게 한다. 에스프레소는 그 결과 다른 커피에서 느낄 수 없는 특유한 향을 띄게 된다. 이 방식에서 가장 중요한 요소는 빠른 추출시간과 미세한 커피 입자이다. 사용하는 물의 온도는 90℃로서 보통 조리시보다 낮아야 한다.

Chapter 03

여과식 필터의 종류

여과기로 커피가루와 커피액을 분리하여 추출 직후에 발생할 수 있는 텁텁한 맛을 최소화 시킬 수 있다. 여과기는 불용성분을 커피액과 분리하는 일을 하여 커피음료의 밀도와 풍미를 높여준다. 일반적으로 커피에는 불용성 물질에 수반되어 추출이 이루어지는데, 이로인해 커피액에 콜로이드를 발생시키고, 가용성 물질과 가스를 잡아 두었다가 마실 때에 미각으로 방출하는 역할을 한다. 이를 이용하여 향미물질의 발산을 시간적으로 지연시키는 방법을 사용하기도 한다.

천공 금속

금속판에 미세한 구멍을 여러군데 뚫은 것이다. 하지만 미세 커피입자가 그대로 빠져 나오는 단점이 있다. 추출에 사용하는 분쇄커피 입자에 맞추어 구멍 크기와 개수가 적절한 도구를 사용해야 한다.

▲ 천공 금속 필터

직조 철망

천공 금속과 비교하여 구멍이 작고 수가 많다. 직조 철망 여과기를 사용을 원할경우 맛의 유지를 위해서 녹이 나지 않는 금제 철망을 추천한다. 철망의 장점이라면 씻기 편하다는 것과 자체 지지력이 좋다는 점이다. 하지만 투명도 측면에서는 천이나 종이 여과를 따라갈 수 없다. 그리고 잘게 분쇄된 입자들은 커피 잔 속에서 미분으로 그대로 추출되어 맛을 떨어트리기도 한다.

▲ 직조 금속 필터

천

대게 플란넬 천을 쓰는데, 천 원료 및 직조형태에 따라 커피액 추출 정도가 달라진다. 일반적으로 64*60섬조/인치 및 5.75제곱야드/파운드의 무게를 갖는 재질에서 투명도가 제일 좋다.

▲ 융필터

사용하기 전에는 뜨거운 물에 적시고 헹구어 주어야 하며, 추출 시에는 융이 난 쪽에 커피를 담게 한다. 사용후에는 매번 커피 유분을 제거하기 위해 씻어주어야 하며, 보관은 냉수에 해야 한다. 한편, 융이 수시로 손실되기 때문에 어느정도 사용하고 난 뒤에는 새로운 것으로 교체해야 한다. 융 부분은 의외로 중요한 역할을 한다. 융 부분에 커피입자가 걸려 물이 흘러도 과추출을 일으키는 커피 길 형성이 어려워 커피입자가 딸려 가는 일이 없게 된다. 천을 구입할 때는, 이러한 융 부분을 살펴보는 것이 중요하다.

종이

▲ 종이 필터

커피의 투명도가 가장 좋은 여과지이지만 여과지 자체의 힘이 없어 그대로 방치할 경우 찢어지게 된다. 그러므로 지지대가 필요한데, 적합한 지지대(드리퍼)를 선택하는 것이 중요하다. 그렇지 않을 경우 물의 흐름이 막혀 과잉추출이 일어날 수도 있다.

Chapter 04

커피 추출 조건

1. 커피와 물의 비율

추출된 커피음료는 그 농도와 추출에 의해 맛과 향이 결정된다. 커피의 맛과 향을 내는 성분은 극도로 응축된 것이나 마찬가지이기 때문에, 이는 반드시 물로 고르게 희석되어야 하고, 또한 그 농도도 알맞게 조절해야 한다. 보통 커피의 농도는 1.15~1.35%(1,150~1,350 TDS) 물은 나머지 98.5~99%여야 하며, 그 이상이거나 그 이하일 경우, 맛을 제대로 느낄 수 없게 된다. 대체로 쓰이는 정도는 다음과 같다. 물 175ml(6oz)에 커피 9~11g으로 한잔을 만든다. 125ml의 유럽식 커피의 경우 125ml(4oz)의 물에 커피 6.25~7.75g이며, 이는 약간씩의 차이가 있다.

2. 양질의 물

물은 커피음료에서 98% 이상을 차지하는 만큼, 매우 중요한 역할을 한다. 커피에 사용되는 물은 적당한 광물질(미네랄)을 지녀야 최상의 맛을 내는데 도움이 된다. 일반적으로는 50~100ppm 정도가 적당하다고 한다. 더불어 신선하고, 맛이 좋은 음용수이고, 냄새가 없으며 눈에 띄는 불순물이 없어야 한다.

광물질이 너무 많은 경수나, 너무 적은 연수는 정수가공를 해야 한다. 물 여과기로서 불용성분과 침전물을, 탈염으로 과도한 유해 물질을 제거한다. 한편, 폴리 인산염 가공은 조리 설비의 물때나 부식을 방지하는 용도로 사용하는데, 이 경우 커피 풍미엔 영향이 없는 관계로 추천할 만하다. 다만, 물의 연수가공 방법 중, 나트륨이온을 광물질과 치환하는 방식은 물의 알칼리도를 증가시켜서 과잉 추출 및 쓴맛을 증가시켜 맛에 악영향을 미치게 된다.

3. 적절한 커피 분쇄

커피 추출법을 확정한 후, 추출 방법과 도구의 작동을 점검한다. 대체로, 추출시간이 길 경우(손님이 많은 경우)에는 자연히 서빙까지의 시간이 길어지므로 추출시의 맛과 향이 서빙 때에는 약간 떨어지게 된다. 그러한 맛의 손실을 최대한 막기위해 입자는 굵게 갈아야 하며, 조리 시간이 짧을 경우는 그러한 부담이 적기때문에 최상의 맛과 향을 얻기위해 입자는 가늘어야 한다.

4. 커피 추출의 3대 요소

추출 도구 안에서 물이 커피를 추출하는 과정을 살펴보면, 커피입자가 물을 흡수한 후 물은 커피입자 안에서 가용성 물질을 용해시킨다. 물의 지속적인 공급으로 용해된 입자와 함께 물이 빠져 나온다.

커피를 추출하는데 있어서 온도, 시간, 난류의 3가지 요인으로 추출력이 좌우되는데 온도는 물의 운동력의 활성화와 팽창을 가져와 커피의 성분이 잘 녹을 수 있도록 해주는 역할을 하며, 시간은 물에 커피가 녹아내리는데 걸리는 시간을 말한다. 단순히 위의 2가지 요소에 의해 커피는 추출될 수 있으나 실질적인 맛과 향은 난류에 의한 커피의 풍미가 좌우한다고 해도 과언이 아닌듯하다. 이는 온도와 시간의 포인트를 맞춘 후 어떻게 커피와 물이 닿느냐 하는 것이다.

시간

커피입자의 추출에 걸리는 시간이 충분해야 한다. 물에 의해 추출되는 커피 고형분은 여러가지이며, 이것들은 물에 대한 용해도가 다르다. 어느 성분은 같은 시간에 보다 많이 녹을 수 있다. 다시 말하면 같은 양이라도 녹는시간이 짧게 된다. 따라서 적정한 맛을 이루기 위해서는 이러한 내용물들이 최적의 혼합상태를 이룰 수 있는 정도의 추출속도가 필요하게 된다.

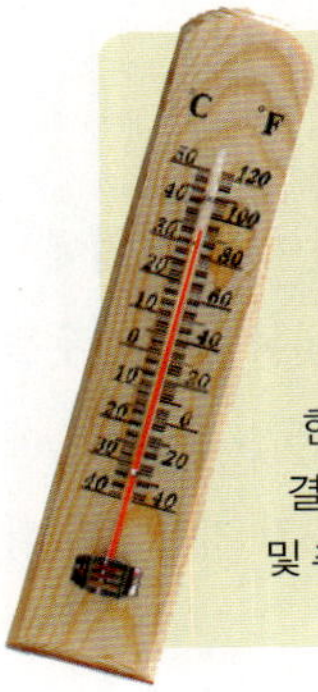

온도

대다수의 수용성 물질은 온도가 낮을 경우는 용해도가 낮다. 커피도 마찬가지로 대개 낮은 온도에서는 많은 양이 용해되지 않는다. 가장 중요한 두 물질, 카페인과 탄닌의 경우 70℃를 전후하여 용해 비율이 극적으로 달라진다. 낮은 온도로 추출할 경우, 탄닌의 떫은 맛만 나올 것이다. 그러므로 최소한 90℃를 넘어야 한다. 그러나 펄펄 끓는 정도의 온도(섭씨 100℃ 이상)는 또한 권장되지 않는다. 이 경우, 난류의 효과는 얻을 수 있을지 몰라도 카페인 성분은 변질되고 만다. 결과로 최적의 물의 온도는 섭씨 92~95℃ 정도여야 한다. 그 온도에서 적정한 향미 물질의 유지 및 추출이 될 수 있다. 또한 전체 조리 사이클동안, 일정한 온도변화를 유지해야 한다.

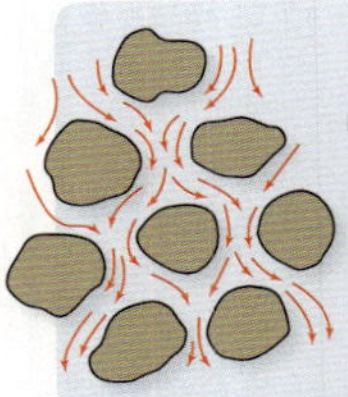

난류

난류는 대류와 비슷한 현상을 일으킨다. 대류의 경우 열 이동으로 인한 일정한 아래위로의 흐름인데 반해, 난류는 불규칙적인 흐름을 말한다. 커피 입자에 물을 부으면, 처음에는 촉촉히 적셔지다가 이내 물길이 만들어져 그쪽으로만 이동하게 된다. 이 경우, 접촉면은 물길 주위로 한정되고, 결국 그 부분만 과잉추출이 되어버린다. 난류작용을 일으키게 하면, 일정한 물길이 존재하지 않고, 모든 커피 입자에서 알맞은 정도로 물의 흐름이 유지되어 최적의 추출 작용이 일어나게 된다.

Chapter 05

물의 종류

경수

경수는 칼슘이온과 마그네슘이온을 중탄산염[Ca, $Mg_2(HCO_3)$], 염화물(Ca, $MgCl_2$), 유산염(Ca, $MgSO_4$) 등으로 비교적 다량을 포함하고 있는 경도硬度가 높은 물로 센물이라고도 한다. 물에 포함된 칼슘(Ca_2^+)과 마그네슘(Mg_2^+) 양을 탄산칼슘($CaCO_3$)으로 환산해서 1mg/L를 1경도라 한다. 경도가 0~50이면 연수軟水, 50~100이면 보통연수, 100~150이면 약경수, 150~250이면 보통경수, 250 이상이면 경수라 말한다. 석회암지대, 내륙 분지의 호수나 지하수는 경수가 많다.

우리나라는 수도법상 음료수 수질기준을 총경도 300ppm 이하로 규정하고 있다. 경수는 보일러수로 사용할 경우 전열면에 스케일이 흡착되고 세탁이나 목욕을 하면 거품이 일어나지 않고 뻣뻣해서 부적절하다. 끓이면 연수가 되는 일시경수와 끓여도 연수가 되지않는 영구경수가 있다. 독일, 프랑스, 유럽 등지에는 석회암지대가 많아 경수가 대부분이라 일찍부터 맥주공업이 발달되고, 경수가 많은 중국에도 물맛이 좋지않아서 차를 마시는 습관이 생겨났다.

연수

연수는 칼슘이온이나 마그네슘이온의 함유량이 적은 물, 센물에 대응하는 말이다. 공업에서는 경도硬度 10 이하의 물을 말하며, 증류수는 경도 0인 단물이다. 그 밖에 빗물이나 수돗물이 단물의 예가 된다. 또 마그네슘은 산화칼슘으로 환산한다(1.4MgO=1CaO). 커피추출에 사용되는 물은 이산화탄소가 약간 남아있는 50~100ppm의 약경수일 때 커피가 가장 맛있다고 알려져 있다.

여행을 갔을 때, 가는도중 휴게소에서 마시는 커피의 맛이 달랐던 경험은 모두 있을 것이다. 그 이유는 해당지역의 물이 다르기 때문에 맛이 달라지는 경우가 보통이다. 핸드드립 추출에 사용할 물은 전기포트에 한번만 끓인 후 사용하도록 한다. 약경수의 물을 2~3번 끓이게 되면 이산화탄소가 많이 손실되어 커피 맛이 좋지않게 된다. 커피의 쓴맛 성분은 연수보다는 경수에서 잘 용해되기에 마일드한 커피를 추출할 때는 연수로, 스트롱한(강한) 쓴맛을 즐기려면 경수로 추출해야 한다. 핸드드립으로 커피를 추출하기 위해서는 먼저 도구가 준비되어야 한다.

정수기 Water purifier

정수기의 역할은 물을 최적의 상태로 정화 시켜주는데 있다. 우리가 쉽게 접하게되는 냉 · 온 정수기는 역삼투압 방식, 필터 방식 등으로 다양하지만 에스프레소 머신에는 굳이 고가의 정수기를 연결할 필요가 없다.

▲ 대용량 디지털 정수기(브리타)

커피의 맛을 최적으로 유지하기 위해서는 먼저 에스프레소 머신으로 공급되는 물에 잡미와 잡향이 없어야 한다. 일반적으로 수돗물에는 염소성분이 있어 이로인해 독특한 냄새가 난다. 따라서 커피를 추출할 때 수돗물을 이용하면 염소 냄새로 인해 커피고유의 향에 중대한 문제가 발생하는 것은 당연하다.

현재 우리나라의 수돗물은 국제적인 수준으로 정평이 나 있어 냄새에 대해서는 크게 걱정할 필요가 없다. 불가피하게 첨가되는 염소 냄새는 간단한 카본(활성탄)필터로도 제거가 가능하지만 카본필터에 앞서 먼저 프리필터를 설치하는 것이 필요하다. 프리필터는 정수기 첫 단에 설치해 이물질과 녹 등을 걸러주는 역할을 하며 이곳을 통과한 수돗물은 카본필터를 지나면서 잡미와 잡향이 없어지게 된다.

간혹 더 좋은 커피 맛을 내기위해 멤브레인 방식(역삼투압)의 정수기 또는 수압과 물의 유출량이 적은 정수기를 연결하는 곳도 있지만 이는 가격이 비쌀 뿐만아니라 유출량이 적은 관계로 에스프레소 머신의 펌프에 좋지않은 영향을 미친다. 다시 말해 에스프레소 머신의 정수기는 프리필터와 카본필터가 설치되면 충분하다. 가격도 다른 시스템보다는 훨씬 경제적이고 필터교환도 용이하다. 필터의 수명은 사용하는 환경에 따라 다르겠지만 대략 3개월 정도로 보면 된다.

연수기

칼슘 및 마그네슘 염류를 비교적 다량으로 함유한 물을 경수라 하고 염류 함유량이 적은 물을 연수Soft water라 한다. 물속의 칼슘 및 마그네슘의 이온은 주로 황산염과 탄산수소에서 나오는데 탄산수소로 존재하는 것은 끓여서 탄산염으로 만든 뒤 침전시켜 연수로 만들 수가 있으므로 '일시경수'라 하고, 황산염으로 존재하는 것은 끓여도 연수화하기 힘들기 때문에 '영구경수'라 한다.

경수 輕水, Light Water 란 무엇인가?

빗물 또는 석회암층에서 다량의 칼슘 성분과 금속이온이 녹아있는 물이라 할 수 있다. 이렇게 칼슘 성분이 다량 함유된 물은 에스프레소 머신의 보일러와 히터, 커피 맛에 영향을 주게 된다.

유럽에서는 평상시에도 물을 구매하여 음용하고 있는데, 이곳의 수돗물은 칼슘과 마그네슘 염류를 다량으로 포함하고 있어 그냥 음용하면 배앓이의 원인이 된다. 따라서 유럽에서는 수돗물을 연수화해 사용하는 것이 일반화되어 있다. 이에 비하면 우리나라 수돗물은 그만한 경도에는 훨씬 미치지 않아 안전하다고 할 수 있다.

연수화는 어떻게 하는 것일까?

연수기 안에 있는 양이온교환수지라는 물질을 통하여 그 불순물들을 흡착하거나 제거하여 경수를 연수로 만들어주는 원리를 이용하면 된다. 이온교환수지가 수명이 다 됐을 때는 교환하는 것이 아니라 다시 천연소금 NaCl 을 투입하면 수지를 재생시킬 수 있다.

경수가 커피 기계에 끼치는 영향은 무엇인가?

물속에 함유된 칼슘(광물질) 성분은 보일러의 내부벽에 흡착되는데, 중요한 것은 물을 직접 끓이게되면 이 칼슘이 히터의 표면에 녹아 융착되어 히터를 망가뜨린다. 또한 각부로 연결되어 있는 소규모 파이프 등이 막히는 원인이되며 여러가지 이온성분의 중금속과 불순물로 인하여 커피 고유의 맛을 잃게 한다.

이에 따라 우리나라는 그렇게 염려할 정도의 경수상태가 아님에도 불구하고 차츰 연수기를 채택하고 있는 추세이다. 현재는 연수기 가격이 고가이고 옵션사항으로 되어 있지만 앞으로 쓰임새가 보편화되면 보다 대중화될 것으로 전망된다.

Chapter 06

총 용존고형물 TDS

총 용존고형물 TDS란 무엇인가?

TDS Total Dissolved Solid는 로 물에 균일하게 녹은 용해된 유기물이나 무기물의 총량을 의미한다. 즉 용액에 들어있는 성분의 상대적인 비율, 농도Strength를 일컫는다 할 수 있다. 조금 더 쉽게 설명하면 커피의 농도란 커피가 진하다, 연하다의 개념으로 사람마다 적절한 농도에 대한 기호 또한 각기 다르다. 똑같은 커피라도 개인마다 스트롱과 마일드 등의 선호도의 차이가 있기 때문이다.

TDS는 100%의 순수용액을 제외한 다른 유기물과 무기물들이 어느정도 있는가를 보여주는 지표로 단위는 mg/L을 사용한다. mg/L란 단위는 보통 수질을 측정할 때나 대기 중 오염도에도 사용하는 ppm도 연관이 있는 단위인데, 물 1L에 1mg의 성분이 들어있을 경우 1ppm이라고 표시한다. 예를 들어 1L의 물에 15,000mg의 물질이 들어있다면 그것은 15,000mg/1L, 또는 15,000ppm라 표시하고 동시에 퍼센트로 환산한다면 1.5% TDS라 볼 수 있다. ppm parts per million은 단위 또한 물질의 양을 백만분의 1이라는 단위를 표현하는 용어이기 때문이다. TDS는 커피뿐만 아니라 다양한 곳에서 사용되는 개념인데, 예를 들면 각 도시의 수질검사 항목을 살펴보면 pH외에도 물에 들어있는 각각의 성분들 또한 mg/L으로 표현함을 볼 수 있다. 증류수 같은 순수한 물이라면 TDS는 제로(0%)에 가깝다.

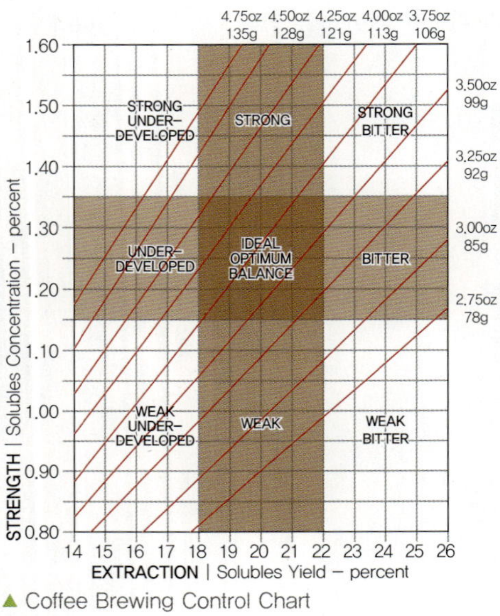

▲ Coffee Brewing Control Chart

Part 05 커피 추출

커피 TDS 분석 방법

▲ 커피 농도 측정기(ATAGO COFFEE)

TDS를 측정하는 방법은 여러가지가 있다. 탈수 방식Dehydration으로 건조시켜 남은 고형성분을 측정하는 방법, 전도도를 이용하는 방법, 그리고 굴절률을 이용하는 방법 등이 있다. 이 중 쉽게 TDS를 측정하는 방법에는 전도도를 측정하는 용존고형물 측정기와 굴절률 이용하는 계측방법이다.

전도도를 측정하는 용존고형물 측정기는 물의 전기전도도값을 측정하기 때문에 측정방법이 굴절계와는 다르다. 하지만 1950년대 미국 MIT의 록하드Lockhard 교수 산하의 The Coffee Brewing Institute에서 만들어진 커피브루잉 컨트롤 차트Brewing Control Chart는 TDS 측정값을 사용하기 때문에 TDS 계측방법을 사용하는 것이 맞지만, 실제 TDS 계측기를 사용해보면 커피는 온도와 Solids 등이 추출기구에 따라 차이가 많기 때문에 표준값을 찾기가 매우 힘들다. 그래서 굴절방식 측정기를 사용하여 측정된 값을 TDS값으로 환산하여 표기하는 전용 계측기를 사용하는 것이 좋다.

또한 정확한 기준값을 측정하기 위해서는 수업이나 시험에서는 시린지필터Syringe Filters를 사용한다. 하지만 어디까지나 평가기준의 차이일 뿐이다. 소비자에게 제공되는 커피는 필터링을 하지않고 추출된 상태 그대로 측정하는 것도 문제가 없다. 계측기는 바리스타의 커피 기술을 보조하는 수단이지 맛과 기술을 판단하는 절대적인 값은 아니다.

용존고형물 측정기
TDS Meter

굴절 계측기
Refractrometer

당도 계측기
Brix Meter

커피 TDS 측정 방법

커피 추출 레서피는 굴절방식의 농도계측기BRIX를 사용한다. TDS와 BRIX는 원래는 계측방식이 다르기 때문에 계측값도 달라지게 되지만 일반적인 TDS 계측기로는 커피를 계측하는 데 문제점이 있어, 커피용 TDS 계측기는 농도계(BRIX, 굴절계) 방식으로 계측 후 기계 내부에 TDS 변환값을 프로그램으로 자동 환산하여 표기해주는 방식을 사용한다. 어느 계측방식을 사용하여도 무방하지만 일반적으로 SCAA & SCAE 커피브루잉차트CBC는 TDS값으로 통용(SCAJ는 BRIX를 사용)되기 때문에 대략적인 환산표을 참고하면 된다. 참고로 정밀한 계측을 원할 경우 "커피전용 계측기"를 구입하기를 권장한다. 커피전용 계측기는 일반 BRIX 방식과는 달리 온도와 측정보정 장치가 내장되어 있어 더욱 섬세한 계측이 가능하도록 설계되어 있다.

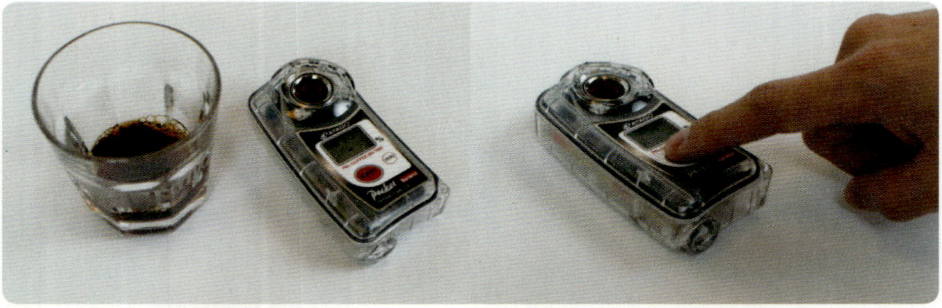

▲ 1. 측정할 커피 샘플을 준비한다. 2. 소량의 커피 샘플을 측정렌즈에 넣고 버튼을 누른다.

Coffee BRIX ▶ TDS 환산값

커피 레서피에 따른 추출율 계산법

(예시) 원두 18g을 사용하여, 240g(ml)를 추출하여 "Brix 1.6%"측정되었다.
*계산식: 1.27 * 240 / 18 = 16.93%
변환표 참조: 1.6%(Brix) ⇨ 1.27%(TDS)

Brix = TDS 환산표

Brix	TDS
1.0	0.79
1.1	0.87
1.2	0.95
1.3	1.03
1.4	1.11
1.5	1.19
1.6	1.27
1.7	1.35
1.8	1.43
1.9	1.51
2.0	1.59
2.1	1.67
2.2	1.75

Chapter 07

핸드드립 추출을 위한 도구

드립 포트

드립 포트는 분쇄된 원두에 물을 부을 때 사용되는 도구다. 어떤 방식으로 분쇄된 원두에 물을 주는가에 따라 커피의 맛이 달라지기 때문에 커피포트의 형태는 일반 주전자와는 많이 다르다. 가용성 성분이 잘 용해되려면 원두의 표면에 물을 균일하게 적셔주어야 한다. 드립포트의 배출구는 S자 모양으로 학의 목처럼 되어있어서 학구라고 부르기도 한다. 이러한 전용 주전자는 배출구 부분이 좁고 길어 사용자가 물줄기를 조절하기에 용이하다.

주전자의 재질은 스테인레스, 동, 범랑 등으로 다양하게 되어 있고 모양과 크기도 각각 다르다. 보온성이나 가격의 장 · 단점이 존재할 수 있어 바리스타가 여러 번 연습하는 것이 필요하다.

▲ 여러가지 형태의 드립 포트

드립포트 선택

- 관이 길고 배부른 모양과 가늘면서 일정한 모양 등이 있다.
- 물이 커피에 가볍게 얹져 지도록 만들어진 추출구 모양을 선택한다.
- 추출하는 동안 온도 편차가 적고 알맞은 크기와 재질 선택한다.
- 추출하는 동안 원하는데로 물양 조절이 가능한 것을 선택한다.

드리퍼의 종류

드리퍼는 종이 필터를 놓고 분쇄된 커피를 담는 기구를 말하며 드리퍼의 형태에따라 같은 커피를 사용해서 추출해도 커피의 맛이 달라지므로 드리퍼의 종류별로 특성을 이해해야만 원활한 추출이 이루어질 수 있다. 드리퍼는 커피의 추출 시 다양한 모양의 드리퍼 특성을 잘 살릴 수 있도록 독특한 구조로 되어있으며 재질도 플라스틱, 동, 도자기 등 보온성이나 경제성, 편리성 면에서 다양한 제품으로 만들어져 있다. 커피를 얼마만큼 추출할 것인가에 따라 1~2인용, 3~4인용, 5~6인용 등 크기도 다양하게 있다. 대표적으로 사용되는 드리퍼는 4가지 종류가 있는데 칼리타, 멜리타, 고노, 하리오이다.

이 드리퍼 내부는 리브Rib라고 불리는 요철로 모양이 만들어져 있는데 이는 커피의 드립 추출 시 물의 흐름을 원활하게 해주며, 추출할 때 생기는 공기와 가스의 배출을 도와 종이 필터 안에있는 커피의 성분이 잘 녹아나도록 도와주는 역할을 한다. 그리고 추출이 끝났을 때 커피가 뜨거운 물에 닿아 젖어 드리퍼 벽면에 밀착된 종이 필터를 쉽게 제거할 수 있는 역할도 해준다.

칼리타 & 멜리타 여과지 접기

고노 & 하리오 여과지 접기

서버 Server

서버란 드리퍼 밑에놓고 추출된 커피 추출액을 받는 용기이다. 플라스틱이나 유리 등 다양한 재질의 제품이 있고 약한 불에 직접 얹어 사용할 수 있는 내열된 강화유리로 된 것도 있다. 반드시 서버에 추출액을 받아야만 하는 것은 아니고 드리퍼와 사이즈가 맞다면 컵에 직접 받아도 무관하다. 용도 별 사이즈는 1~2인용 기준으로 300cc부터 12인용 기준 1,200cc 등 다양한 크기가 있다.

▲ 커피 서버

온도계

핸드드립 시 고려해야 할 중요한 요소는 물의 온도이다. 같은 원두를 사용할 경우 물의 온도가 낮으면 신맛과 떫은 맛이 강해지고 높으면 쓴맛과 날카로운 맛이 강해진다. 그러므로 물의 온도는 로스팅 정도를 고려하여 정하는 것이 바람직하다. 일반적으로 약배전은 89~92℃, 중배전은 85~88℃, 강배전은 80~84℃ 정도가 적합하다. 하지만 추출 직전의 물의 온도와 추출 후 커피액의 온도를 비교해보면 15~18℃ 정도 차이가 나기에 이것을 감안하여 추출 온도를 정하도록 한다.

▲ 아날로그 막대 온도계

타이머

타이머는 커피 추출시간 측정 시 사용한다. 일반적으로 추출시간은 2잔은 3분 이내, 5잔은 5분 이내로 설정된다. 짧은 시간에 추출된 커피는 균형감이 없고 시간이 길어지면 쓰고 텁텁한 커피가 되므로 균형감 있는 커피, 즉 단맛, 신맛, 쓴맛의 조화를 이루게 하기위해서는 추출시간을 잘 지켜주는 것이 좋다.

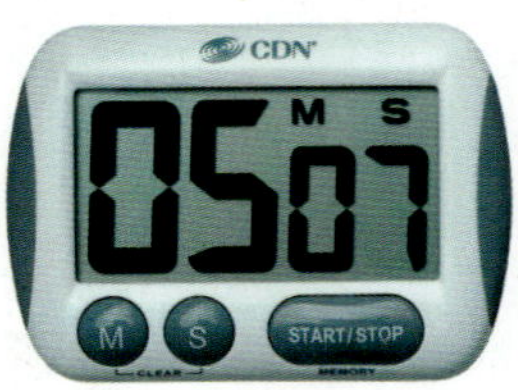

▲ 타이머

계량스푼

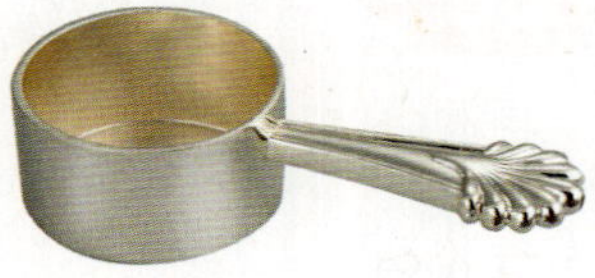
▲ 계량 스푼

커피의 정확한 양을 측정하기 위하여 사용한다. 한 잔의 커피를 추출하기 위해 원두는 보통 10g을 사용하여 150ml의 커피를 추출 할 수 있다. 하지만 원칙이 있는 것은 아니니 선호도에 따라 조절할 수 있다. 한 예로 10g의 커피로 100ml와 200ml의 커피를 추출하게 되면 200ml의 커피는 부드럽고 연한 커피가 될 것이고 100ml의 경우 좀 더 진할 것이다. 선호하는 맛이 사람마다 다르기 때문에 자신의 입맛에 맞는 커피를 선택하기 위해선 여러 번 다양한 방법으로 추출을 해보고 맛보는 것이 중요하다.

Chapter 08

핸드드립 실전

기구 예열

미리 드립포트와 전기포트를 준비한다. 약경수의 물을 넣고 끓여준 후 로스팅의 정도에 맞추어 물의 온도를 설정한다. 드리퍼는 서버와 연결시켜준 후 드리퍼에 물을 부어준다. 드리퍼의 전체가 예열될 수 있도록 충분히 부어주면 되는데 서버에 고인물은 서비스할 잔을 예열할 때 사용한다.

▲ 온수로 기구를 예열

추출 자세잡기

오른손을 주로 사용하는 사람의 경우 왼손을 테이블에 올리고 최대한 몸이 움직이지 않도록 균형을 맞춰준다. 드립기구와 손과의 위치 및 거리를 적당히 두어 드립포트를 회전시킬 때 서버에 드립포트가 닿지 않도록 주의한다. 어깨에 힘이 많이 들어가지 않도록 힘을 빼준 후 일정한 속도와 방향으로 물줄기를 만들어 준다.

▲ 추출 자세

뜸들이기

추출의 1단계는 뜸들이기다. 즉 커피가루를 물에 불리는 작업이다. 뜸이 잘 들어야 커피 맛이 좋아지므로 뜸들일 때는 커피성분이 원활하게 추출 될 수 있도록 커피전체에 골고루 물을 적셔주도록 한다. 물은 한번 물길을 확보하면 그 이후로는 확보된 길로만 가려는 성질이 있다. 그러므로 뜸들이기를 할 때에 커피전체에 골고루 길을 만들어 주도록 한다.

▲ 뜸들이기

뜸들이기 방법

1. 뜸은 커피가루의 중심에 소량의 물을 '살짝 얹는다' 는 느낌이 좋다. 물의 양은 커피의 종류와 양에 따라 다르지만, 아주 작은양으로 충분하다. 가루 표면에 물을 부을 때는 양이나 속도를 조절해 필터에 직접 물이닿지 않도록 주의해야 하며, 중심부터 나선형 모양으로 원을 그리며 돌려 준다.

2. 물을 부은 후에는 커피가루가 충분히 팽창하기를 기다린 다음, 15~40초 이후, 가루 표면에 미세한 균열이 생기기 시작한다. 이때가 팽창이 완성된 상태이며, 적당한 타이밍을 잡아 본격적으로 추출을 한다.

Tip

연한 커피를 원할 경우에는 뜸시간을 10~20초 정도만 해도 좋으며, 반대로 진하고 감칠맛 나는 커피를 원할 경우는 시간을 최대1분까지 길게 잡아도 되지만, 드립퍼의 온도가 적정 수준 이하로 내려가지 않도록 주의가 필요하다. 또한 팽창이 수축되면 아무리 늦어도 30초 이내에 물을 부어주어야 한다.

물붓기

핸드드립을 추출할 때는 지켜야할 몇 가지 순서가 있다. 첫 번째는 뜸들이기 과정이고 1차 추출, 2차 추출, 3차 추출의 과정을 거쳐 핸드드립을 완성한다. 추출의 방법 또한 매우 다양한데 가장 많이 쓰이는 나선형 추출과 하리오나 고노 등을 추출할 때 사용되는 스프링식 추출법, 점 추출법 등이 있다.

물붓기 방법

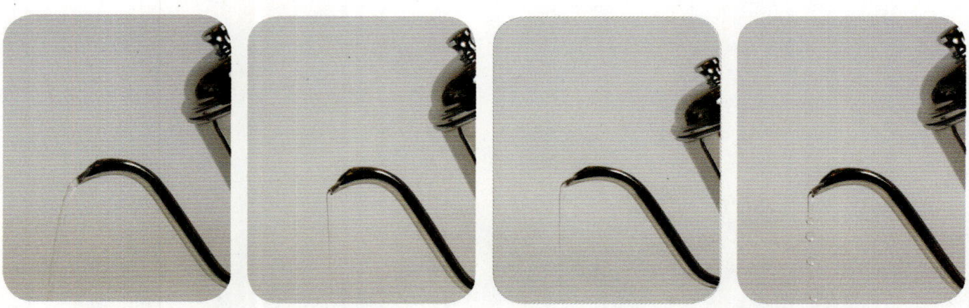

많음(X) 적음(X) 적절(O) 점추출

나선형 추출 방법

가장 많이 쓰이는 방법으로 가운데에서 바깥쪽으로 나갔다가 다시 원점으로 돌아오는 방법이다. 부드러운 맛의 커피를 추출할 때 주로 사용하고 추출이 일정하게 된다. 가장자리에 물을 주입할 때는 빠르게 주입될 수 있도록 조절해주고 중심쪽은 천천히 주입하여 물줄기를 조절하여 커피의 농도를 맞추도록 한다.

스프링식 추출

나선형보다 물줄기를 가늘게하여 물줄기가 끊이지 않도록 일정하게 주입하는 방법이다. 주로 고노나 하리오, 융드립에 많이 사용한다. 커피층이 가장 두꺼운 가운데를 중심으로 돌려주고 종이 필터에 물이 닿지 않도록 주의하여야 한다.

드립 커피 추출의 주의점

물은 가능한 커피가루와 가까운 위치에서 조용히 부어 준다.

물을 부을 때는 나선형처럼 안에서 밖으로 돌려주는것이 효율적이다. 가루표면에 가해지는 물의 힘을 최소한으로 억제하기 위해서는 주전자의 추출구가 약 3~4cm정도 높게는 약 8cm정도를 유지하는것이 좋은데, 너무 높으면 물 속에 공기가 들어가게 되며, 낙하 속도가 빨라져 커피가루 사이의 통과 거리가 짧게 되어 원하는 성분을 추출할 만한 흐름을 유지하지 못하게 된다.

물을 붓는 위치를 항상 이동 시킨다.

만일 가루 표면에 가해지는 물의 힘을 제대로 유지할 수 있으면, 가루 중심에 계속 물을 부어도 완벽한 주입이 될 수 있다. 하지만, 생각만큼 그리 쉬운과정은 아니라 생각한다. 그러므로 물의 낙하지점을 회전 주입하고 중심에서 밖으로, 밖에서 중심으로 움직이는 것이 효율적이다. 이 때, 중심부는 천천히, 바깥쪽은 빠르게 주입해 중심에 물이 많아지도록 조절하는 것이 좋다. 바깥쪽에 물을 많이 부으면 여과층이 얇아 추출이 완전하게 이루어지지 못하기 때문이다.

신선도가 좋은 커피의 경우 거품이 흰색으로 나타난다. 하지만 시간이 지나면 갈색으로 변한다.

여과지에 물을 직접 부으면 안된다.

여과지에 직접 닿는 물은 커피성분을 제대로 추출하지 못하고 드립퍼 하부의 서버로 흘러가게 된다. 이런 불필요한 물이 첨가되면 커피의 맛을 흐리게 하고 농도와 색에도 나쁜 영향을 주게되어 커피에 잡맛이 생기는 원인이 되기도 한다.

커피 추출의 최적 조건이란

향, 맛과 함께 커피를 추출하기 위해서는 원두의 종류, 로스팅, 분쇄, 추출 속도 등의 조건 모든것이 중요한 의미를 가지는 것은 말할 필요도 없다.

① 뜸 들이는 시간과 성분의 변화
② 물 온도와 성분의 변화
③ 가루 입자 정도와 성분의 변화
④ 로스팅 정도와 성분의 변화

뜸들이는 시간

뜸들이는 시간은 0, 30, 40, 50초 사이에 로스팅 정도는 풀 시티 로스트, 주유 속도는 1cc/sec로, 10cc 주유한 후 설정한 "뜸들이는 시간"이 경과하면, 추출용의 물을 500cc 붓는다

멜리타 Melita

멜리타는 페이퍼 드립의 시초라 할 수 있다. 독일의 멜리타 벤츠가 고안된 것으로 드리퍼 안 추출구 중앙에 작은 구멍이 1개 있다. 바닥면은 약간의 경사가 있고 리브Rib는 길게 되어있어 물이 빠지는 속도를 균일하게 해준다. 물과 접촉되어 있는 시간이 길어서 바디감은 묵직한 느낌을 받을 수 있고 맛 또한 강한 편이다. 특히 멜리타 아로마 드리퍼는 일반 멜리타와 다르게 추출구가 바닥면에서 약 1cm 정도 윗부분에 위치하는 것이 특징이다.

이러한 특징으로 인해 너무 오랜시간 물과 접촉시키면 텁텁한 맛과 쓴 맛이 강하게 나타난다. 멜리타 특유의 과추출을 방지하기 위해 멜리타 전용필터를 사용하는 것이 좋다.

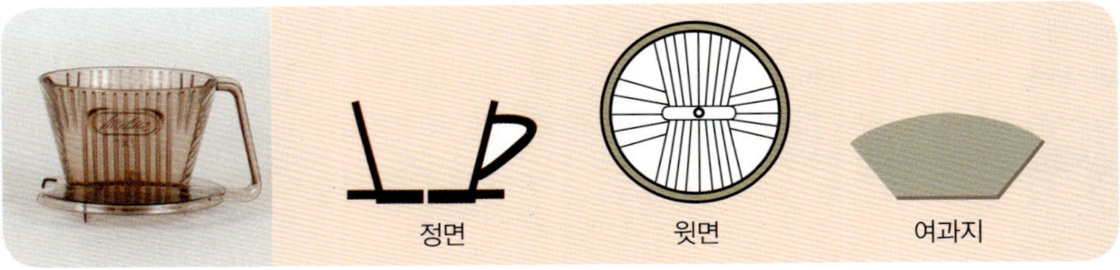

멜리타 추출방법

1. 준비

페이퍼를 접어 드러퍼에 잘 밀착 시킨 후 분쇄된 커피를 골고루 담는다.

2. 뜸

커피 중심부터 외곽으로 나선형으로 회전시키면서 조심스럽게 물을 부어 준다.

3. 추출

다른 추출기구와 달리 물을 나눠서 붓지 않고 나선형 방식으로 넘치지 않도록 계속해서 물붓기를 해준다.

4. 완료

추출이 완료되면 드리퍼를 제거하고 잔에 따른다.

칼리타 Kalita

칼리타는 일본에서 멜리타 드리퍼의 추출이 오래걸리는 단점을 보완하여 만들어진 것으로 바닥은 수평하며 추출구는 3개이다. 리브는 드리퍼의 위까지 올라와 있다. 추출시간은 추출구가 1개있는 멜리타에 비해 빠르고 부드러운 맛을 내며 추출이 안정적이다.

경사각이 멜리타에 비해 완만하기 때문에 물 빠짐이 일정하다. 리브는 촘촘하고 높아 추출될 때 교반이 일어나지 않으며 추출속도 또한 빨라서 커피 맛의 변화가 적은 편이다. 칼리타는 이러한 특징들 때문에 안정적인 추출이 가능한 드리퍼라고 볼 수 있어 일반적으로 가장 많이 쓰이는 드리퍼이기도 하다.

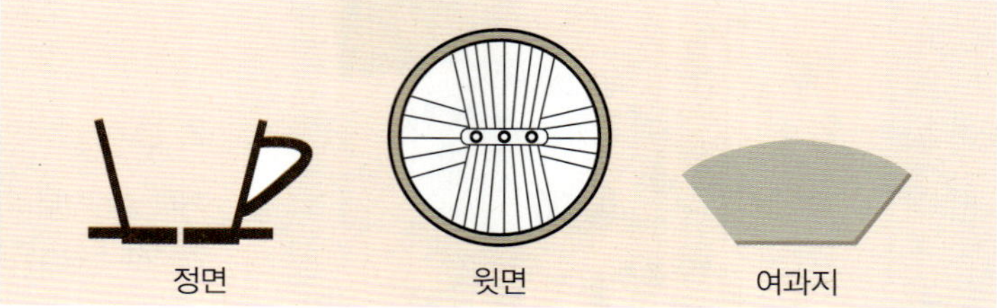

칼리타 추출방법

1. 준비

페이퍼를 접어 드러퍼에 잘 밀착 시킨 후 분쇄된 커피를 골고루 담는다.

2. 뜸

커피 중심부터 외관으로 나선형 방식으로 회전시키면서 조심스럽게 물을 부어 준다. 서버에 커피 방울이 똑똑 떨어질 정도가 적당하다.

3. 추출

1차, 2차, 3차로 나눠서 나선형 방식으로 물붓기를 해준다.

4. 완료

추출이 완료되면 드리퍼를 제거하고 잔에 따른다.

고노 Kono

일본 고노사에서 개발한 투과식 드리퍼이다. 싸이폰과 융의 특징을 접목시킨 드리퍼로 진하고 묵직한 감칠맛의 추출이 특징이다.

고노는 칼리타나 멜리타보다 큰 추출구가 1개 있으며 물 붓기에 따라 추출되는 속도가 다르게 나타난다. 점을 찍듯이 물을 부어 추출하는 점 드립을 주로 이용하지만 추출하는 사람에 따라 맛의 차이는 발생할 수 있다. 다른 드리퍼에 비해 강한 맛의 커피를 추출할 수도 있고 큰 추출구에 비해 부드러운 맛의 커피가 추출될 수도 있다.

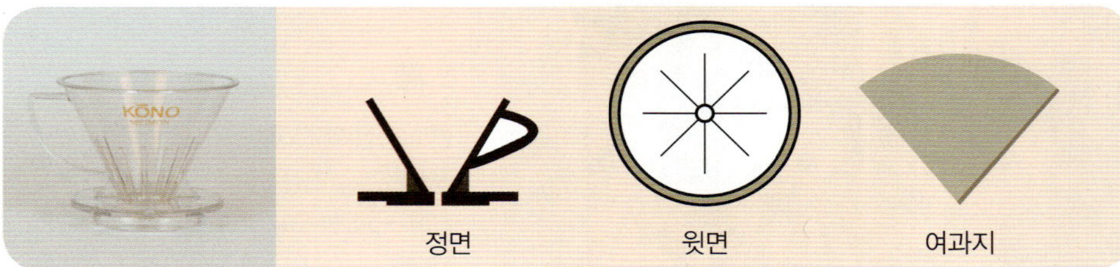

고노 추출방법

1. 준비

페이퍼를 접어 드러퍼에 잘 밀착 시킨 후 분쇄된 커피를 골고루 담는다.

2. 뜸

커피 중심부에 스프링형으로 회전시키면서 가늘게 조심스럽게 물을 부어 준다.

3. 추출

1차, 2차, 3차로 나눠서 스프링형 방식으로 너무 넓지않게 물 붓기를 해준다.

4. 완료

추출이 완료되면 드리퍼를 제거하고 잔에 따른다.

하리오 Hario

리브가 나선형으로 되어있으며 드리퍼의 끝까지 올라와 있고 추출구는 고노보다 좀 더 크다. 칼리타, 고노보다 바디감은 적으면서 깔끔한 향과 맛을 느낄 수 있는 특징을 가지고 있다. 구멍 끝까지 이어진 리브가 물의 흐름과 추출속도를 빠르게 해서 잡미는 적고 부드러우면서 깔끔한 맛을 느낄 수 있다. 쉽게 드립을 시도할 수 있는 도구로써 지속적인 물 붓기와 양 조절을 통해 자신의 기호에 맞는 맛을 찾을 수 있다.

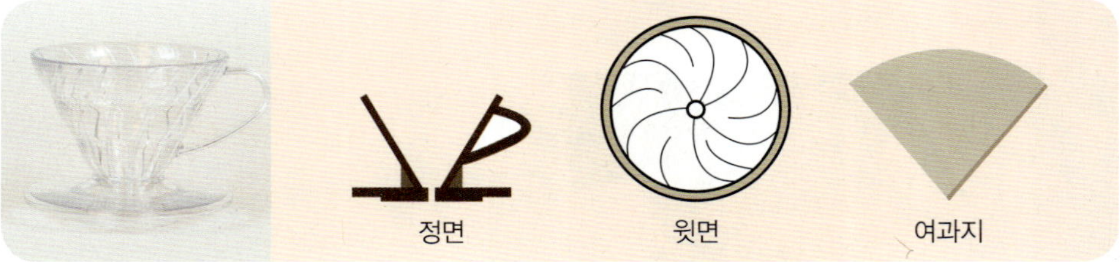

하리오 추출방법

1. 준비

페이퍼를 접어 드러퍼에 잘 밀착 시킨 후 분쇄된 커피를 골고루 담는다.

2. 뜸

커피 중심부에 스프링형으로 회전시키면서 가늘게 조심스럽게 물을 부어 준다.

3. 추출

1차, 2차, 3차로 나눠서 스프링형 방식으로 너무 넓지않게 물 붓기를 해준다.

4. 완료

추출이 완료되면 드리퍼를 제거하고 잔에 따른다.

융필터

융필터를 이용한 추출법은 1800년 중반 프랑스에서 고안되었는데 커피가 가지고 있는 성분을 모두 걸러준다는 점이 특징이다. 준비과정이 까다로운 드립 방법임에도 불구하고 커피오일의 부드러운 느낌과 풍부한 바디감이 이루는 그 특유의 맛 때문에 많은 이들에게 사랑받는 드립추출법이다.

'플란넬Flannel'이라고도 불리는 융필터는 한쪽은 직모, 다른 한쪽 면은 기모로 만들어져있다. 기모는 섬유를 긁거나 뽑아서 표면에 보풀을 일게해 만든 천으로 보온력을 높여주고 감촉이 부드러운데 이 기모 자체가 물길을 만들어주는 리브의 역할을 한다.

하지만 깨끗이 삶은 후 찬물에 담그거나 밀폐해 냉장이나 냉동보관을 해야 한다. 융필터의 가장 큰 특징은 커피의 오일 성분이 그대로 추출된다는 점으로 이러한 특징은 부드러운 느낌과 바디감을 높여주는 역할을 하기도 하지만, 커피오일이 주는 미끌미끌함이 깔끔하지 못하다는 느낌을 받을 수도 있다.

융필터 추출방법

1. 준비

페이퍼를 접어 드러퍼에 잘 밀착 시킨 후 분쇄된 커피를 골고루 담는다.

2. 뜸

커피 중심부에 스프링형으로 회전시키면서 가늘게 조심스럽게 물을 부어 준다.

3. 추출

1차, 2차, 3차로 나눠서 스프링형 방식으로 너무 넓지 않게 물 붓기를 해준다.

4. 완료

추출이 완료되면 드리퍼를 제거하고 잔에 따른다.

케멕스

케멕스Chemex는 1941년 독일의 화학자에 의해 미국 뉴욕에서 발명되었다. 이후 실용성과 기술, 디자인 측면 등에서 우수성이 입증되어 1956년에 미국 일리노이 연구소가 선정한 현대 최고의 디자인 상품이 되기도 하였다.

케멕스에 쓰이는 파이렉스Pyrex는 미국 코닝社의 유리제품 명칭으로 세계적으로 널리 사용되는 내열유리다. 본체 용기가 유리이기 때문에 드립과정에서 용기온도가 높아져 고온에 주의해야 한다.

케멕스의 가장 큰 특징은 편리성이다. 드리퍼와 서버가 일체형으로 만들어졌기 때문에 케멕스 하나만 있으면 어디서나 쉽게 커피를 추출할 수 있기 때문이다. 구조가 단순하고 휴대성도 좋은 동시에 커피의 향을 잘 잡아주는 고성능 기구로 인정받고 있다.

케멕스 추출방법

1. 준비

페이퍼를 접어 드러퍼에 잘 밀착 시킨 후 분쇄된 커피를 골고루 담는다.

2. 뜸

커피 중심부에 스프링형으로 회전시키면서 가늘게 조심스럽게 물을 부어 준다.

3. 추출

1차, 2차, 3차로나눠 충분한 양으로 물 붓기를 해준다.

4. 완료

추출이 완료되면 드리퍼를 제거하고 잔에 따른다.

사이폰

핸드드립이 물줄기를 컨트롤 하는것에 주안점을 둔다면 사이폰은 스틱을 사용하는 기술에 따라 맛의 변화를 줄 수 있다. 분쇄는 핸드드립보다 가늘게 해주어야 하고 추출시간은 되도록 1분 이내에 완료하도록 한다. 사이폰은 유리로 되어있고 추출하는 도중에는 기구가 고온이므로 취급에 주의해야 하며 로드나 플라스크의 물기를 마른 수건으로 잘 닦은 후 사용해야 한다. 추출 시 플라스크에 물이 조금 남아있는 것은 정상이며 마지막 거품이 나오며 추출이 완료된다. 사용되는 필터는 페이퍼와 융필터가 있다.

사이폰의 역사

사이폰이 처음 발명된 곳은 1827년 독일에서였다. 지금의 모습은 1842년 프랑스의 마담 배쉬Madame Vassieux에 의해 만들어졌다. 이 후 일본의 고노Kono에서 지금의 사이폰이라는 이름으로 대중화시키게 되었다.

사이폰 커피의 특징

사이폰은 다른 추출기구와는 다르게 추출할 때 지속적으로 가열이 되고있기 때문에 커피의 휘발성 향기들이 더 많이 발산되게 된다. 사이폰의 가장 큰 특징은 커피의 향이 풍부하다는 것이다. 또한 추출 시 유리를 통해 만들어지는 과정을 눈으로 확인할 수 있고 추출하는 모양 또한 정성이 담긴 모습으로 비춰져 보는 즐거움 또한 다르다고 할 수 있다.

사이폰 추출 시 유의사항

▲ 사이폰은 유리 제품으로 취급에 주의해야 한다.

사이폰은 추출기구가 모두 유리재질로 되어있기 때문에 기구의 파손에 유의하여야 한다. 사이폰이 파손될 때는 크게 2가지의 경우가 있다. 1번째는 기구의 재질상 부주의에 의한 파손이 될 것이고 2번째는 급격한 온도차이에 의한 파손이다. 추출이 끝난 후 기구는 열에 달궈져 있기에 차가운 물로 세척하게되면 깨질 위험이 있다. 그러므로 물이 묻어있는 상태에서의 가열이나 물이 들어있지 않은 상태에서의 가열은 유의하여야 한다.

필터 또한 청결히 관리해야 한다. 1회용 종이필터의 경우는 사용 후 폐기하면 되지만 융필터는 추출이 끝난 후 삶아서 커피의 오일성분을 제거하고 깨끗한 물을 밀폐용기에 넣은 후 냉장보관해 주어야 한다.

사이폰 커피의 추출 후 상태

사이폰 커피의 추출이 끝나면 필터에는 돔 모양의 커피가루가 남아야 추출이 잘 되었다고 한다. 보통 그라인더로 커피를 분쇄하면 대다수의 사람들은 같은 크기의 분쇄라고 생각하지만 실제로는 30%만 동일하고 나머지는 비슷한 수준으로 분쇄된다. 이러한 분쇄도를 가진 커피를 로드에 담아 물과 섞일 경우 위는 굵은커피가, 아래는 가는커피가 자리를 잡는다. 이렇게 추출되면 가장 아래의 미분이 필터를 막을 수 있어 추출 속도가 느려지게 되고 이것은 과다추출을 일으켜 잡미성분이 추출될 확률이 높아진다. 그러므로 로드에 올라온 커피가루를 골고루 추출이 일어날 수 있도록 스틱을 사용하여 저어주면 되는데 이것을 교반이라 한다. 교반은 보통 1~2회정도 하는 것이 일반적이다. 교반을 하면 커피는 원운동을 하게 되는데 이것이 원인이 되어 커피 찌꺼기의 모양이 돔 모양처럼 되는 것이다.

▲ 교반 작업

사이폰 추출 확인

사이폰 추출이 잘 되었는지 확인하는 방법 중 하나는 추출 후 거품의 상태이다. 이 거품은 커피의 휘발성 향미를 포함한 이산화탄소가 물과 만나 거품의 형태가 되는 것이다. 로드로 솟구친 물이 커피가루와 만나 교반된 후 계속 가열이 진행되면 휘발성 향미를 품은 이산화탄소도 기화된다. 이산화탄소가 기화됐다는 것은 커피의 향도 사라졌다는 것을 의미하며 이것은 추출 후 거품이 나오는지에 대한 것으로 판단한다.

▲ 1. 필터를 당겨 로드에 걸어준다.

▲ 2. 필터를 정확한 위치에 장착해야 한다.

사이폰 추출 방법

사이폰 추출은 추출온도를 파악하는 것이다. 플라스크에서 물이 끓어 로드로 올라갈 때 물의 온도는 약 95℃이다. 이 물이 로드로 올라가면 온도는 조금 떨어진 90℃정도가 된다.

커피가루는 이 때 물과 만나게 되므로 신맛을 가진 배전도가 약한 원두의 경우 물의온도가 높으므로 원두의 쓴맛을 좀 더 추출할 수 있게 된다. 하지만 강한 배전도의 원두의 경우 원두 본연의 맛이 쓴맛을 많이 포함하고 있기에 물의온도가 높아지면 쓴맛이 더욱강조되어 진한 커피가 추출 될 확률이 높아진다. 그러면 강한 배전도의 원두를 사용하여 추출해야 하는데 진한커피가 추출을 원치 않을때에는 로드로 물이 올라와서 커피가루를 적셨을 때 찬물을 더해 교반해 준다. 이 방법을 사용하면 전체적인 물온도가 낮아지기 때문에 강배전된 원두를 사용해도 진한 맛을 덜 느낄 수 있다. 또 다른 방법은 플라스크의 물이 끓기전에 로드를 플라스크에 연결해 증기압을 이용해 물온도가 높아지기 전에 로드로 물을 올리는 방법이다. 물이 끓기전에 로드를 연결하면 물이 올라가는 속도가 느리므로 이 때는 분쇄도를 굵게 하여 추출하는 방법이 있다. 이처럼 원두 배전도의 종류에 따라 추출방법을 달리하게 되면 다양한 맛의 커피를 추출할 수 있다.

1. 플라스크에 물을 붓는다.

2. 로드를 걸친다.

3. 히터를 켜서 가열한다.

4. 로드를 장착한다.

5. 커피를 넣는다.

6. 스틱으로 잘 섞어준다.

7. 히터를 끄면 커피가 내려온다.

8. 로드를 제거한다.

9. 커피를 잔에 따른다.

더치커피(콜드브루)

뜨거운 물이 아닌 찬물 또는 상온의 물을 이용하여 장시간에 걸쳐 우려낸 커피를 가리킨다. 더치커피라는 명칭은 네덜란드풍Dutch의 커피라 하여 붙여진 일본식 명칭이고, 영어로는 '차가운 물에 우려낸다'는 뜻으로 콜드 브루Cold Brew라고 한다. 유래에 대해서는 네덜란드령 인도네시아 식민지에서 커피를 유럽으로 운반하던 선원들이 장기간의 항해 도중에 커피를 마시기 위하여 고안한 여러가지 방법 가운데 하나라고도 하고, 인도네시아에 살던 네덜란드 사람들이 인도네시아산 커피의 쓴맛을 없애기 위하여 고안한 방법이라고도 하지만 정설은 없다. 외부의 냄새에 취약하여 청결한 상태에서 보관되어야 한다. 추출 시간은 4~12시간 정도 추출되며 추출뒤 바로마시는 것 보다 차가운 온도에서 숙성시킨 후 마셔야 강하면서 부드러운 더치커피 특유의 커피 향을 느낄 수 있다.

더치커피 추출 방법

더치커피는 추출하는 방식에 따라 점적식點滴式과 침출식浸出式으로 구분한다. 점적식은 용기에서 우려낸 커피가 한 방울씩 떨어지게 하는 방식이다. 이러한 방식으로 추출하게 되면 짧게는 3~4시간, 길게는 10~12시간정도 추출하게 된다. 한 방울씩 떨어져서 원두를 적신 후 추출되기에 커피의 향미가 부드럽고 쓴맛은 뜨거운 물로 추출할 때보다 적어진다. '커피의 눈물'이라 불리게 된 것도 이렇게 한 방울씩 추출되기 때문이다. 침출식은 용기에 분쇄한 원두와 물을넣고 10~12시간 정도 실온에서 숙성시킨 뒤 찌꺼기를 걸러내 원액을 추출하는 방식이다. 오랜시간을 거쳐 커피가 추출되고 찬물로 추출하기 때문에 뜨거운 물로 추출할 때보다 적은 카페인을 함유하고 있다. 보통 카페인은 뜨거운 물에 커피가 접촉하는 시간에 비례하여 수치가 높게 나타나게 되는데 찬물로 추출하는 더치커피는 오랜기간 물과 접촉하기 때문에 뜨거운 물에서 보다 적게 카페인이 나타나게 된다고 볼 수 있다.

▲ 카페용 더치커피 기구(칼리타)

이브릭

▲ 이브릭 포트

이브릭은 체즈베Cezve 라고도 부르는 커피를 추출하는 가장 오래된 터키식 추출방법이다. 커피를 곱게 갈아서 물에 넣고 끓여 마시는 방식이다. 커피입자를 따로 거르는 거름망이 없으므로 커피를 따를 때 주의하여야 한다. 원두의 분쇄도는 에스프레소보다 곱게 갈아주어야 하는데 이는 곱게 분쇄해야 거품이 사라지고 커피가루가 빠르게 가라앉기 때문이다. 추출하는 방법은 이브릭 안에 곱게 간 커피 6~8g을 넣고 물 60ml를 넣어준 후 중불에서 기구를 달여 준다. 끓어오르면 넘치기 전에 불 밖으로 뺐다가 가라앉으면 다시 불 위에 올려놓는다. 이렇게 2~3회 반복하면 추출이 완료되며 기호에 따라 설탕을 첨가할 수 있다.

▲ 전통적인 이브릭 포트 가열은 균일한 열전달을 위해 가열된 모래를 열원으로 사용한다.

Chapter 09

에스프레소

에스프레소 정의

에스프레소Espresso는 이탈리아어로 빠르다는 의미로 그 단어가 의미하듯이 "빠르게 추출하는 커피"를 말한다. 일반적인 커피 추출이 최소 3~4분 정도에 추출하는 반면, 에스프레소는 30초 동안에 커피원두의 유용한 모든 맛을 추출한다. 이러한 특성 때문에 에스프레소는 전용 추출 머신을 사용하는데, 보일러에서 뜨겁게 데워진 물을 가압 펌프를 이용하여 인위적인 압력을 생성하여 추출하는 커피를 총칭해서 에스프레소라 한다.

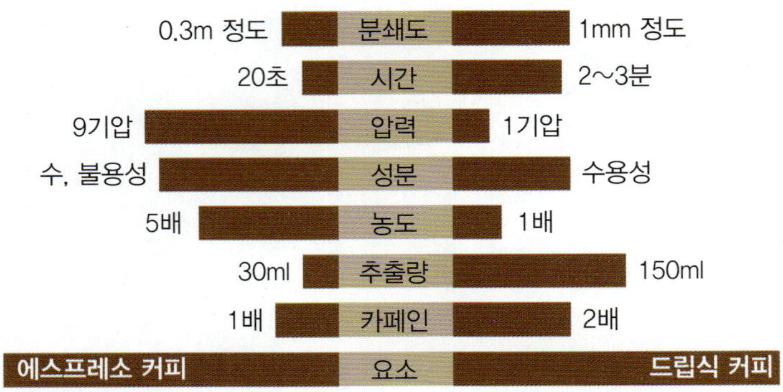

▲ 에스프레소와 드립식 커피 비교

압력방식의 추출

드립방식 커피는 중력의 힘으로 커피를 추출하기 때문에 원두에서 물에 용해되는 수용성水溶性 성분만 추출하게 되며, 에스프레소는 중력에 8~9배의 압력을 이용하여 수용성 성분 외에 불용성不溶性 성분도 함께 추출된다. 이러한 이유로 에스프레소는 드립식 커피보다 맛이 탁한 것이 특징이다. 인위적인 힘을가해 추출하기 때문에 드립식 커피보다 더욱 진한 맛과 강렬한 향을 만들어 낸다. 또한 드립식보다 미세하게 분쇄한 커피를 사용하고 커피와 물이 닿는 시간이 짧기 때문에 카페인 함량도 적어지게 된다.

에스프레소의 맛과 향

에스프레소는 특히 원두의 특성들이 발휘되어 더욱 자극적인 효과를 낸다. 다른 커피음료의 일반적인 특징과 함께 에스프레소만의 "특별한 어떤 것", 즉 감칠맛과 향이 더해지는 것이다. 다시 말해 에스프레소의 진정한 매력은 짙은 감칠맛과 폭발적인 향에 있다고 해도 과언이 아니다. 이 같은 감칠맛과 향은 에스프레소 머신에서 추출한 후 발산되는데 이는 원두의 지방성분 때문이다. 원두를 볶을 때 발산되는 휘발성 향들은 안정화, 포장, 유통기간 동안 원두의 오일Oil에 달라붙어 있다가 에스프레소로 만들어지면서 공기중으로 방출되는 것이다. 향을 포함하고 있는 오일은 감칠맛과 함께 부드러운 감촉을 입으로 전달하는데 원두에 함유된 여러성분들이 작은 가스기포와 결합되면서 매우 진하면서도 쓴맛이 과다하지 않은 특유의 맛을 만들어 낸다.

이탈리아 커피

에스프레소는 이처럼 커피가 가지고 있는 순수하고 진한 맛과 향을 담고 있기 때문에 커피의 심장Heart of Coffee이라고 불리기도 한다. 이탈리아에서 탄생되고 발전한 이탈리아의 대표 커피로, 이탈리아인들에게 에스프레소는 생활의 일부분일 정도로 깊숙이 자리 잡았는데, 현재는 전 세계 커피시장에 막대한 영향력을 미치고 있으며, 전 세계 커피 마니아들의 입맛을 사로잡고 있다.

▲ 데미타세잔에 제공되는 에스프레소 커피

에스프레소 추출 공식

에스프레소를 만들기 위해서는 "미세하게 분쇄된 커피 7~10g, 88~96℃의 온도로 가열된 물에 8~10bar의 압력을 가해 20~35초 이내에 21~35ml(1oz 정도) 추출 한다"는 기준이 있다. 커피 로스팅업체나 머신 제조업체마다 약간의 수치차이는 있지만 이와 같은 기준으로 추출한 커피를 총칭하여 에스프레소라 말한다.

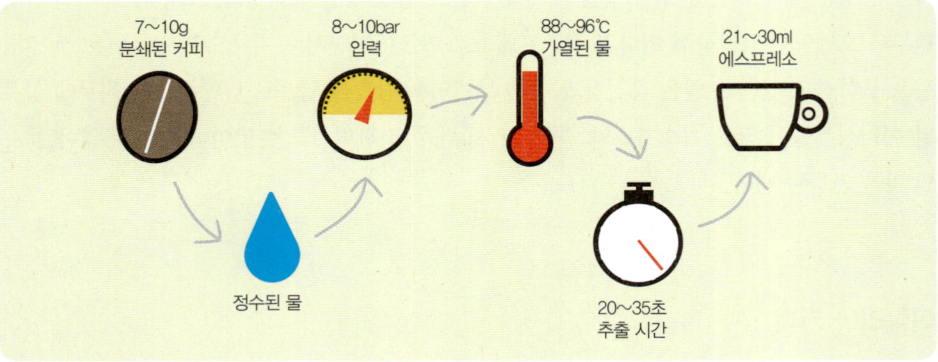

추출 기준

위에서 말하는 추출 기준은 단순한 수치적인 배열과 순차적인 조절을 의미하는 단순한 개념을 말하는 것이다. 이는 실제 추출에 있어서는 많은 차이를 느끼게 한다. 단순히 추출은 추출량과 시간만을 가지고 말하기는 너무도 모순점이 많기 때문이다. 에스프레소는 단순히 추출되는 형태의 결과를 말하는 것이 아니라 우리가 마시는 음료의 개념을 보았을 때 "감각적 맛"이라는 관점을 생각하지 않으면 안 되기 때문이다.

에스프레소 추출의 다른 시각

이론적 공식에 맞춰서 에스프레소가 100% 맛이 좋다고 할 수 있을까? 이러한 질문에 "예"라고 대답할 수 있는 바리스타가 몇이나 있을까? 여기서 결론을 먼저 내려보면 "에스프레소 커피는 1초에 1ml(1cc)의 정도의 양을 추출하는 커피이다."라고 말하고 싶다. 이 단순한 결론에는 무수히 많은 의미가 숨어져 있다는 것을 알아야 한다. 추출량, 시간 뿐 아니라 추출 유속도 함께 포함하고 있다는 것이다. 처음 떨어지는 양과 마지막까지 떨어지는 추출량이 일정해야 한다는 것이다. 이처럼 단순히 에스프레소 커피는 30ml(1oz)를 의미하지 않는다는 말이며, 적절한 농도로 추출된 작은 양의 진한커피를 말한다.

요소	기준
커피분쇄도	고르고 미세한 입자 (0.1~0.3mm)
커피양	7~10g (1잔 기준)
추출시간	20~35초
추출온도	88~96℃
추출압력	8~10bar
추출량	21~35ml
크레마(Crema)	3mm 이상 브라운 컬러, 짙고 연한 줄무늬
맛	풍부한 향과 입안 전체를 감싸주는 묵직한 맛
추출농도	6% 이상

Tip

통상적인 기준이며 로스팅 업체의 블렌딩과 로스팅 상태에 따라 차이가 날 수 있고, 에스프레소 머신 업체에 따라 달라질 수 있다. 블렌딩 차이에 따라 크레마의 기준과 맛의 기준도 약간은 달라질 수 있으나 쓴맛과 균형은 아주 중요한 요소이다.

▲ 에스프레소 커피는 추출시 점도가 있다.

에스프레소 감각적 특성

순수한 감각적 즐거움에 있어, 일상의 경험 중 그 어느 것도 맛있는 에스프레소 한잔과 견줄 수 없다. 방금 만들어낸 에스프레소의 매혹적인 향기는 아침을 깨우는 자명종과 같은 존재로, 우리 삶 속 깊이 존재하고 있으며, 거리를 지나는 사람들의 발걸음을 카페로 이끈다.

이 단순해 보이는 에스프레소 커피속에는 심오하고 복잡한 화학적 반응에서 만들어지는, 여러가지 요소들이 집합된 하나의 과학의 산물이 들어있다. 커피 재배, 생산과 볶기 그리고 추출 과정 하나하나의 어느 요소라도 소홀히 해서는 안되며 완벽한 풍미Flavor, 향Aroma과 맛, 농도Body를 결정하는 에스프레소에 담겨진 수백가지의 성분을 적절하게 만들어내는 일일 것이다.

에스프레소 생성 원리

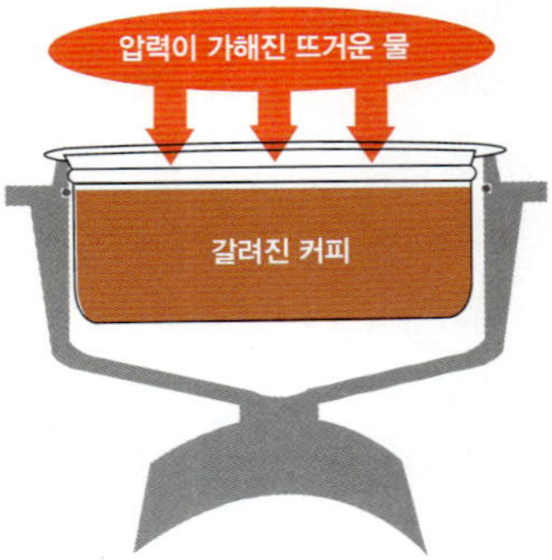

▲ 에스프레소 추출 원리

매우 높은압력에 의해 물은 커피가루를 통과하게 되고 이때 향을 만들어내는 수용성 물질의 대부분과 함께 오일Oil 및 콜로이드Colloid 등과 같은 불용성 물질까지 추출된다. 높은압력의 작용에의한 오일과 콜로이드는 유화乳化, Emulsification되어 미세한 방울로 분해되는데 이는 에스프레소의 농도와 향을 증가시킨다. 미세한 방울은 물을 주입Infusion하고 압력Pressure으로 밀어내며 생기는 황금색이나 갈색의 크림Cream을 말하는 것으로 크림 입자들은 쉽게 침전되지 않고 커피위에 떠있는 상태가 된다. 이때 불용성 물질로는 오일과 콜로이드가 이에 해당된다. 또한 이러한 성분들은 중력 추출방식에서는 볼 수 없는 화학적 변화를 가져오게 되는데, 이 두 가지의 성분이 혼합되어 지면서 크레마Crema라고 불리는 미세한 기포형태의 물질이 형성된다. 즉 물과 기름처럼 서로 용해하지 않는 두 액체를 흔들어서 섞으면 유제화乳劑 된다. 이를 에멀젼Emulsion 현상이라 한다. 하지만 이것은 일반적으로 방치해 두면 다시 두 물질은 다른 액상으로 갈라지게 되는데 이때 모습은 에스프레소가 추출된 후 분리되는 현상으로 볼 수 있다.

에멀젼Emulsion 현상

유제乳劑 혹은 유상화乳狀化라고 한다. 액체를 혼합할 때 한쪽 액체가 미세한 입자로되어 다른액체 속에 분산해 있는 상태를 말한다. 에스프레소 추출에서 이러한 현상은 고 압력에 의해 밀려나오면서 오일과 콜로이드는 외부 압력차에 의해 팽창하게 되는데, 이때 정확히 추출된 에스프레소 커피는 물에 용해된 향, 맛, 바디를 담당하는 여러 형태의 물질 표면장력表面張力에 의한 것으로 이렇게 정확히 추출된 에스프레소에서는 크레마Crema의 밀도와 지속성을 유지하게 되는 것이다.

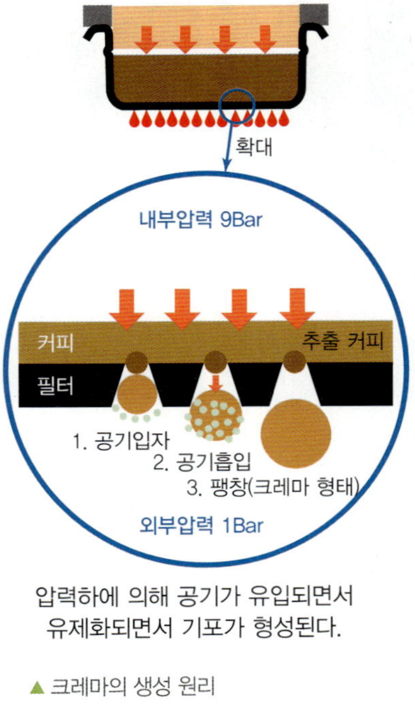

압력하에 의해 공기가 유입되면서 유제화되면서 기포가 형성된다.

▲ 크레마의 생성 원리

크레마 Crema

많은 커피 전문가들은 커피의 결정판은 에스프레소라 말한다. 이러한 에스프레소를 추출하는 요소중에 가장 중요시 되는것 또한 크레마라 해도 누구도 부정하지는 않을 것이다. 크레마는 영어로 말하면 크림Cream이다. 크레마는 붉은빛이 감도는 부드러운 갈색 거품형태로 두툼하게 잔에 담기게 된다. 얇은막에 갇혀있는 작은 공기방울로 이루어진, 놀랍도록 꺼지지않는 거품형태의 크레마는 커피의 독특한 맛Flavor과 향Aroma을 품고 있고, 열Heat 또한 잡아 놓는다. 에스프레소 품질은 크레마에 의해 시각적으로 판단되기도 하는데, 처음 추출될 때는 짙은 갈색이었다가, 시간이 지나면서 점점 엷은 갈색으로 추출된다. 완성된 에스프레소에는 갈색 거품이 3~4mm정도 형성되고, 표면에는 "호랑이 무늬Tiger Skin" 모양이 만들어진다. 이 크레마의 입자가 아주 미세하고 오래 지속될수록 완벽한 에스프레소라 할 수 있다.

크레마의 발견

에스프레소 방식의 초기부터 크레마가 생성된 것은 아니었다. 수많은 노력과 연구중에 우연히 발견된 "과학의 산물"인 것이다. 초기 상업용 에스프레소 머신들은 수증기 압력을 이용하여 커피를 추출하다 보니, 낮은 추출압력(1.5bar 정도)으로 인해 쓰고 신맛이 강한 저급커피가 추출되었다. 스프링Spring을 이용한 피스톤의 힘으로 뜨거운 물을 압축시켜, 커피를 추출하는 레버식 에스프레소 머신이 개발되면서 높은 압력을 만들 수 있게 되었다. 이는 크레마를 자연적으로 발생시키는 계기가 되었다.

요소	특징
크레마의 색상	연한 갈색(헤즐넛), 짙은 갈색과 붉은 광택이 있어야 한다.
크레마의 밀도와 지속성	부드러워야 하고 데미타세잔을 기울이면 부드럽게 늘어나야 한다.
맛 균형	신맛, 단맛, 쓴맛을 포함해서 조화로운 균형이 있어야 한다.
촉감의 균형	풀바디, 라운드, 스무스 해야 한다.

Chapter 10

에스프레소의 4가지 요소

에스프레소 4가지 요소는 4M이라 부르기도 한다.

블랜드 커피 Blend Coffee

혼합이란 맛의 창조라고 할 수 있는데, 에스프레소는 커피를 한 종류보다는 두 가지를 혼합하여 사용하는 것이 좋다. 에스프레소의 품질을 결정하는 2번째 요소로는 볶는 과정과 냉각 과정을 들 수 있다. 볶는과정은 커피생두가 커피원두로 바뀌는 과정이고, 이 과정에서 커피원두만이 가지는 감각적인 특성과 물리적인 변화가 이루어진다. 볶는과정이 끝나면 냉각과정으로 들어가게 되며, 이 냉각과정은 수냉식과 공랭식 두 가지 방법이 있다. 포장방식 역시 중요 요인의 하나로 혼합과정의 결실을 맺는 과정이다. 포장방식에서 가장 중요한 변수는 커피원두에 가장 해로운 성분인 산소와 수분을 얼마나 차단시킬 수 있느냐 하는 것이다. 산소는 커피원두를 산화시키는 원인이 되며, 산화과정에서 커피원두의 향이 손실되고, 결국 이취를 발생시킨다. 수분, 즉 습기가 차단되지 않으면 특히 분쇄된 커피의 경우 커피가 굳어버리고 정량임에도 정량의 커피를 만들 수 없는 원인이 되므로 주의하여야 한다. 포장 역시 산화와 습도를 방지하고, 원두의 특성을 보존하는 점에서 매우 중요한 단계이다.
커피 종류에 따라 정확한 양을 포타필터에 담을 수 있도록 세팅되어 있지만, 커피 한 잔을 추출하기 위해 필요한 양은 원두의 종류나 상태에 따라 조금씩 차이가 날 수 있다. 포타필터에 커피를 많이 담게 되면 추출시간이 길어지고, 너무 적게 담으면 추출시간이 짧아서 제대로 된 커피를 추출할 수 없으므로 적정량을 담는 것이 중요하다.

머신 Machine

에스프레소 머신은 물을 가열할 때 발생하는 높은 압력을 분쇄된 커피사이로 통과시켜 커피엑기스를 추출하는 방식이고, 이 때 열과 압력은 커피의 가용성 향 성분과 당밀성 성분을 추출하게 된다. 에스프레소 머신은 물의 온도가 90~95℃ 정도가 되어야 하고, 추출압력도 8~10bar 정도로 일정하게 유지해야 한다.

그라인더 Grinder

일반적으로 원두는 분쇄된 커피보다 더 많은 향을 함유하고 있다. 따라서 미리 커피를 갈아놓고 사용하는 것보다 사용할 때마다 바로바로 갈아서 사용하는 것이 더 많은 향을 보존할 수 있다. 그래서 커피메뉴 제조 시 바로 원두를 갈아서 사용하는 것이 기본이다. 분쇄된 입자의 크기는 에스프레소 추출 시간과도 밀접한 관계가 있다. 커피의 입자를 적절하게 분쇄해서 커피를 추출할 경우 에스프레소 한 잔을 추출하는 데 걸리는 시간이 약 25~30초 사이가 된다. 추출시간이 짧으면 입자가 굵다는 의미이고, 추출시간이 길면 입자가 너무 가늘다는 의미이다. 커피 추출시간에 영향을 미칠 수 있는 또 한 가지는 커피 추출 시 포타필터에 담는 커피의 양이다.

바리스타 Barista

바리스타는 단순히 에스프레소를 추출하고 제조하는 능력만을 소유한 사람이 아니다. 완벽한 추출과 좋은 원두의 선택, 머신의 완벽한 활용, 고객의 입맛에 최대한의 만족을 주기 위한 추출기술 등의 능력을 겸비해야 한다. 어떤 원두를 선택할 것인가? 하는 결정에서부터 어떤 머신을 운용할 것인가? 어떻게 머신의 성능을 유지시킬 것인가? 등을 알아야하며 완벽한 에스프레소를 추출하기 위해 방법을 알고 활용할 수 있는 능력이 있어야 한다. 또한 고객을 직접 상대하고 고객의 요구를 충족시켜주는 일 또한 바리스타의 중요한 임무일 것이다. 고품격의 에스프레소를 만들기 위한 바리스타의 역할은 매우 중요하다.

Chapter 11

에스프레소 추출 과정

준비

1. 포타필터 분리

2. 필터바스켓 청결

팩킹 Packing

3. 커피 담기 Dosing

4. 커피 고르기 Laveling

5. 탬핑 Tamping

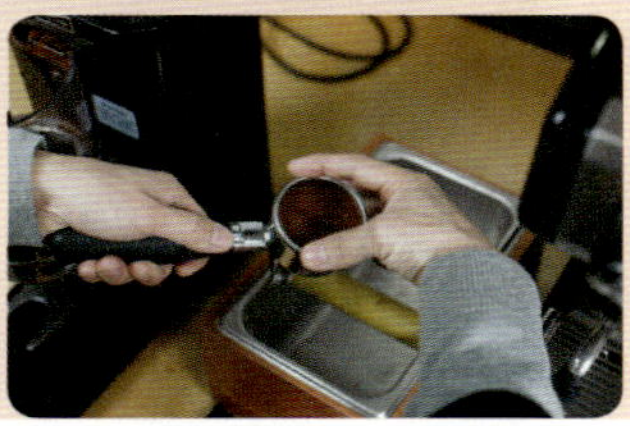

6. 가장자리 청소

추출

7. 물 흘리기 Purging

8. 그룹 장착

9. 추출버튼 누르기

10. 잔 받치기

정리

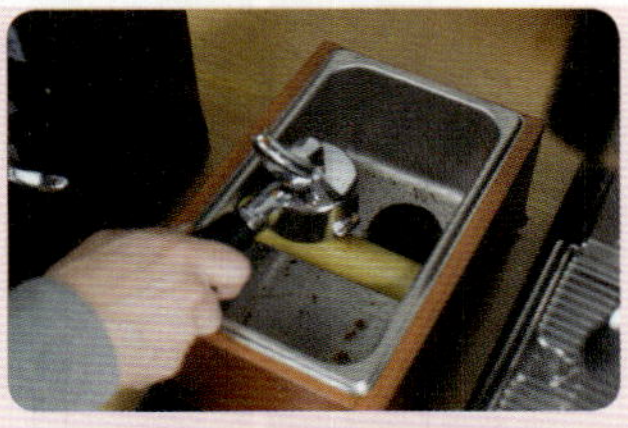

11. 커피 케익 제거

12. 포타필터 청소 후 보관

* 연속 추출시 3번 부터 반복

1. 포타필터 분리

커피를 추출하기 위해서 하는 1번째 과정이다. 포타필터는 항상 온도유지를 위해 그룹헤드에 장착해서 보관한다. 분리하는 방법은 오른손으로 잡고 7~8시방향으로 밀어서 아래로 내려주면 분리가 된다. 포타필터는 뜨겁기 때문에 화상에 주의해야 하며 항상 청결하게 관리해야 한다.

▲ 포타필터 분리

2. 필터바스켓 청결

분쇄된 커피를 담기전에 필터바스켓 내부를 닦아내는 작업을 말한다. 필터바스켓은 항상 커피 찌꺼기와 물기에 노출되어 있어 그대로 분쇄된 커피를 담게된다면 필터바스켓과 커피의 밀착력이 떨어져 추출 시 커피 품질에 영향을 받게 된다. 때문에 항상 커피를 담기전에는 마른행주를 이용하여 건조와 청소를 해야 한다. 색깔이 있는 면 행주를 이용하여 검지와 중지를 필터바스켓 속으로 넣고 엄지는 포타필터 외부를 잡고 2~3회 돌리면서 닦아낸다.

▲ 필터바스켓 청결

팩킹의 모든 과정이 완료되면 커피담기를 하는 동안 포타필터 날개부분과 필터바스켓 상부에 약간의 커피가루가 남게되는데 이를 제거하는 기술을 말한다. 탬핑 작업이 끝남과 동시에 빠르게 이루어지는 작업이다. 작업하는 동안 필터바스켓에 충격이 가해지지 않도록 주의해야 한다.

3. 커피 담기 Dosing

▲ 커피담기

분쇄된 원두를 필터바스켓에 담는 과정으로 "도징Dosing"이라고도 한다. 담기는 커피를 추출하기 위해 행해지는 첫 단계로 바리스타에게는 매우 중요한 기술이다. 수동형 그라인더에서 행해지는 담기는 "도저"를 사용한다.

도저 손잡이를 앞으로 당겨 분쇄된 커피를 필터바스켓에 담게되는데 이때 분쇄커피가 한쪽에 치우치지 않도록 골고루 펴서 담는것을 "분배"라 한다. 자동형 그라인더를 사용할 때에도 분배는 수동형과 같은 원리를 사용한다. 자동형 그라인더가 개발되기 전까지는 담기와 분배는 바리스타에게 매우 중요한 추출 기술이었다. 그라인더 발전으로 이 과정의 중요성은 점점 감소시키고는 있지만 아직까지 바리스타의 최고의 기술은 바로 담기와 분배의 숙련도이다.

담기와 분배의 변수

연속적으로 에스프레소를 추출할 때 품질을 유지하기 위한 방법으로 항상 같은 질량의 커피를 담는것이 매우 중요하다. 이론적 규정에서는 담기는 커피무게를 중요하게 말하지만 실제 작업중에는 커피무게를 체크하지 않고 바리스타의 감각을 이용하여 부피를 확인하면서 작업하기 때문이다.

- 호퍼 안의 원두의 양
- 원두의 오일과 신선도
- 그라인더 분쇄날의 마모 등
- 그라인더를 작동 후 도징 시작 시점
- 도징 손잡이를 당기는 속도와 횟수
- 포타필터에 가해지는 움직임과 외부 충격

분배 원리

포타필터에 커피를 담는 동안 좌우로 돌리거나 또는 전후로 움직여 한곳에 커피가 담기지 않도록 하는 기술을 말한다. 그라인더를 작동하여 분쇄되어 배출되는 커피양을 육안으로 파악하면서 적절한 속도로 일관되게 작업하는 것이 매우 중요하다. 통상적으로 사용하는 분배의 기술로는 "나누기법Pie Piece"과 "쌓기법Layering"이 있다.

나누기법 Pie piece	필터바스켓을 파이로 생각하고 여러조각으로 나누어 필터바스켓의 가장자리 높이까지 포타필터를 천천히 돌려가며 커피를 채워나가는 방법이다.
쌓기법 Layering	포타필터를 빠르게 움직이면서 전체적으로 필터바스켓에 커피를 층층히 쌓아가는 방법이다. 쌓기법은 바리스타에 따라 다양하게 응용되기도 하는데 도징 속도조절을 하여 1g씩 12회를 쌓는방법과 0.5g씩 24회를 담는방법이 있다. 바리스타대회 등에서 빠른 속도로 도징하는 기술을 볼 수 있는데 이러한 기술은 쌓기법이다.

담기와 분배 방법 (수동그라인더)

① 그라인더 전면에 부착된 받침대(Fork)에 포타필터를 장착한다.
② 그라인더 전원 스위치를 켜서 분쇄를 시작한다.
③ 도저 손잡이를 반복적으로 당기면서 필터바스켓에 커피를 담는다.
④ 필터바스켓에 정확하게 분배될 수 있도록 포타필터를 천천히 돌려가면서 담는다.
⑤ 원하는 커피양보다 약간 덜 담긴 상태에서 그라인더 작동을 멈춘다.
⑥ 보관기에 남아있는 커피를 담는다.
약간 더 담긴 커피는 고르기 작업을 할 때 제거가 가능하므로 적게 담는 것보다 유리하다.

4. 커피 고르기

▲ 커피 고르기

담기와 분배작업 후 탬핑을 하기전에 커피를 깨끗하게 수평을 만들어주는 작업을 말하며 레벨링Laveling이라고도 한다. 여러가지 방법이 통용되고 있지만 어떠한 방법을 사용하더라도 가장 근본적인 원리는 필터바스켓에 담겨진 커피를 고루 평평하게 펴주는 작업이다. 일반적으로 통용되는 방법으로는 손을 사용하는 방법, 도구를 사용하는 방법 등이 있다. 손을 사용하는 방법은 가장 어려운 방법으로 꾸준히 연습을 해두면 좋은 효과를 얻을 수 있는 방법이다.

고르기 방법

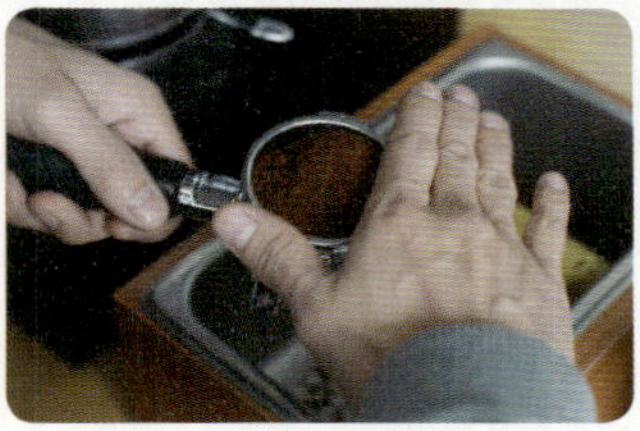

① 엄지와 검지를 이용하여 필터바스켓 가장자리의 커피가루를 안쪽으로 모아준다.

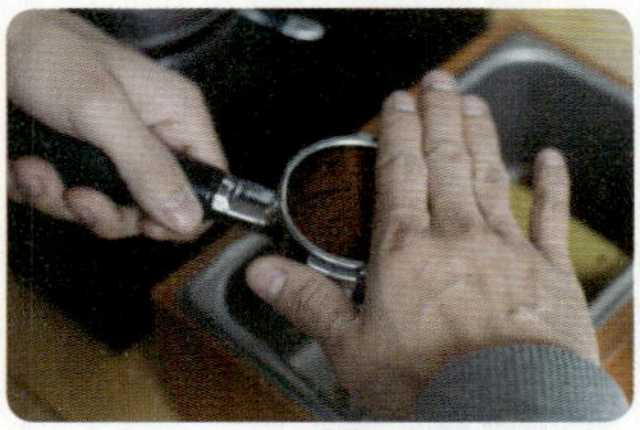

② 필터바스켓 안쪽에 쌓여져 있는 커피가루를 검지를 이용하여 앞쪽 가장자리로 밀어서 이동시킨다.

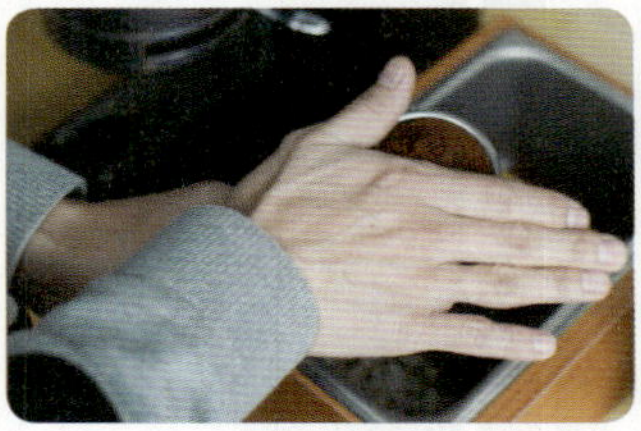

③ 엄지와 검지를 이용하여 앞쪽 가장자리로 이동되어 있는 커피가루를 필터바스켓의 전체 가장자리로 반복적으로 포타필터를 돌리면서 채워나간다.

손 고르기

그라인터 뚜껑 고르기

도구(레벨러) 고르기

5. 탬핑 Tamping

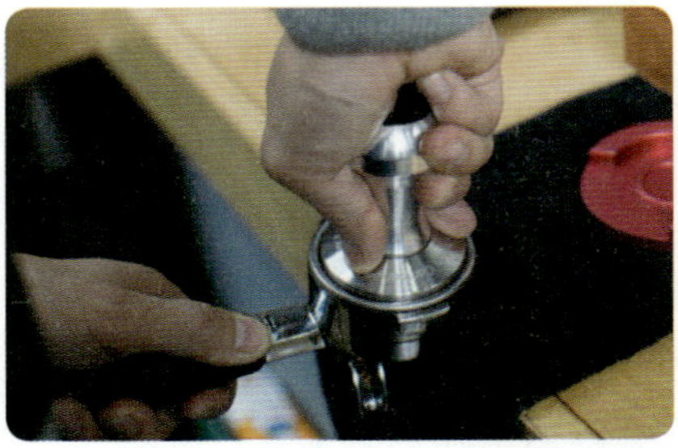

▲ 탬핑

필터바스켓에 분쇄된 커피를 담아 눌러 다지는 작업을 말하며 추출과정에서 매우 중요한 기술이다. 탬핑을 하지않은 커피가루는 일정한 밀도를 갖지 못하게 된다. 이를 바로 추출로 진행한다면 초기머신에서 생성된 강한 추출압력으로 인해 더 많은 균열이 발생되어 추출수가 일정하게 전체커피로 스며들지 못하게 된다. 때문에 전체커피를 균일한 압력과 밀도를 생성시켜 일정한 추출이 될 수 있도록 커피가루와 가루사이의 공간을 제거하고 필터바스켓과 커피가루의 밀착력을 높여주는 역할을 한다.

또한 바리스타가 원두를 분쇄하고 담기와 분배 후 추출전에 필터바스켓에 담은 커피의 양과 분쇄정도를 가늠할 수 있는 최종적인 단계라 할 수 있다. 빠른시간에 정확한 수평이 이루어지도록 작업되어야 하며 커피추출 과정에서 바리스타의 능력이 최대한 발휘되어야 하는 또 하나의 과정이다.

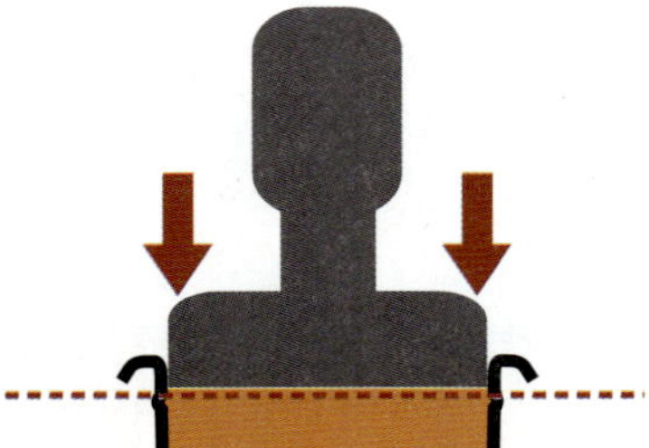

전체적인 힘으로 수평을 유지

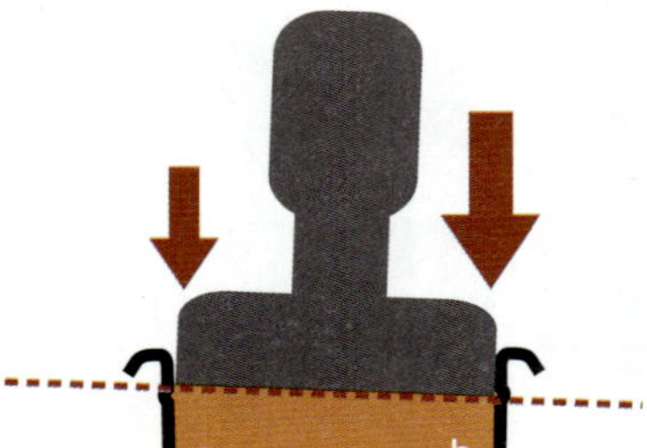

수평이 맞지 않는 상태
a. 약한 밀도가 생성
b. 강한 밀도가 생성

탬핑의 목적

일반적으로 바리스타들은 탬핑강도를 매우 중요하게 생각하는 경향이 있다. 에스프레소 추출시간이 일정하지 않을 때 탬핑강도를 조절하라는 말을 흔히 한다. 하지만 탬핑강도는 추출시간 조절의 목적보다는 추출밀도 변화가 주된 목적이다. 이는 탬핑을 하지않고 커피를 추출해 보면 탬핑할때와 시간상으로는 큰 차이가 나지 않는다는 것을 보면 알 수 있다. 하지만 추출된 향과 맛 등에는 많은 차이가 발생하게 된다.

탬핑은 보통 13kg~20kg 정도로 이루어진다. 때때로 너무 무리한 강도로 탬핑을 하는 바리스타를 볼 수 있다. 그러나 아무리 강한탬핑을 하여도 필터바스켓에 가해지는 초기압력은 200kg(추출시는 50~60kg)이다. 때문에 탬핑의 최대목적은 필터바스켓안의 커피를 균일한 밀도로 만들어 안정된 추출을 유지시킬 수 있는 강도면 충분하며 또 하나의 중요한 목적은 수평의 유지이다.

여러가지 탬퍼 잡는 방법

Horizontal Grip

Slanting Grip

Vertical Grip

Simple Grabbing Grip

Stem Nipping Grip

Base Touching Grip

탬핑 자세 Tamping Posture

탬핑 자세와 잡는방법은 바리스타에게는 매우 중요하다. 커피를 추출할 때마다 끊임없이 이루어지는 작업이기 때문이다. 간혹 잘못된 자세에 의해 손목에 무리가 오는 바리스타도 주위에서 흔히 볼 수 있기 때문이다. 자세를 만드는 것은 우선 탬퍼를 잡는 방법에 따라 달라진다.

▲ 탬핑 자세

처음일을 시작하는 바리스타는 수평잡기Horizontal Grip 나 기울려잡기Slanting Grip 를 많이 사용한다. 이는 초기에는 편할 수 있으나 항상 일정한 탬핑강도를 유지하기 힘들고 손목에도 무리가 있을 수 있다. 전문 바리스타들이 많이 사용하는 방법으로 베이스잡기Base Touching Grip 나 손잡이잡기Stem Nipping Grip 를 권장한다. 빠른 작업에도 수평유지가 좋으며 강한힘을 만들기에 좋다. 자세는 작업대를 기준으로 약 45~90° 측면으로 서서 뒤쪽발에 무게를 실고 앞쪽발은 약간 굽혀 자세를 잡는다. 포타필터를 잡은손의 팔목은 배쪽에 살짝 붙이듯이 하여 작업대에 지지한다. 탬퍼를 잡은손은 탬퍼 바닥면을 중심으로 손목, 팔목이 수평을 유지하는 것이 매우 중요하다.

태핑 Tapping

탬핑을 하고난 후 포타필터에 담겨진 원두는 잘 다져진것처럼 보이지만 자세히 살펴보면 포타필터의 가장자리 벽면사이에 틈이 발생하고 커피가루가 위로 올라와있는 것을 볼 수 있을 것이다. 이러한 문제점을 해결하기 위한 작업이 태핑이다.

▲ 태핑

0.25mm의 간격의 정밀한 탬퍼를 사용하게 되면 위와 같은 문제는 많이 해결될 수 있다. 최근에는 태핑에 인식도 바뀌고 있는 추세이다. 가장자리에 약간 발생한 커피가루는 커피추출과 품질에 그리 큰 영향이 미치지 않는다고 보고 있기 때문에 태핑을 하지않는 바리스타도 있다. 하지만 그룹개스킷에 커피가루가 흡착되면서 포타필터와의 밀착력이 약해지고 샤워필터 청결성도 문제가 발생될 수 있기 때문에 태핑을 하지않는 것보다는 태핑의 방법을 바꾸거나 정확한 태핑을 할 수 있도록 노력해야 한다.

탬핑과 태핑 방법

회전법

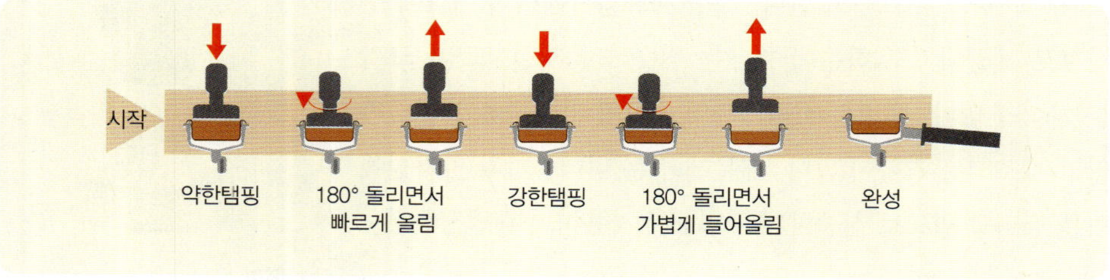

① 1차 탬핑은 2~3kg 정도로 가볍게 누르면서 탬퍼를 180° 돌려 빠르게 들어 올린다.

② 2차 탬핑은 13~20kg 정도로 강하게 누르면서 180° 돌려 빠르게 들어 올려 완성한다.

③ 완성된 상태에서 포타필터를 강한 손목의 힘으로 좌우로 뒤집으면 잔량의 커피가루가 떨어지게 된다.

충격법

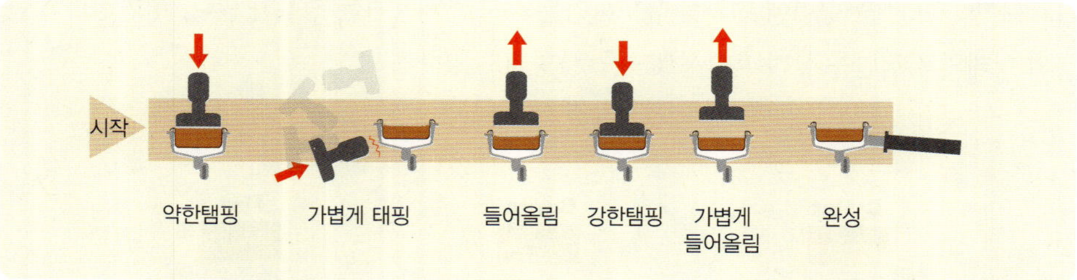

① 1차 탬핑은 2~3kg 정도로 가볍게 눌러준다.

② 탬퍼 손잡이 부분을 이용하여 가볍게 포타필터 외벽은 1~2회(태핑) 쳐준다.

③ 2차 탬핑은 13~20kg 정도로 강하게 눌러준다.

탬퍼의 역할

커피를 다지고 눌러주는 탬핑작업때 사용하는 도구를 말하며 팩커Packer라고 부르기도 한다. 머신 제조회사에서 구매할때 무상으로 제공되기도 하는데 형태는 비슷하나 재질, 모양, 크기는 차이가 있다. 탬퍼는 바리스타의 손크기와 기술을 고려하지 않고 제조되는 경향이 많다. 때문에 전문 바리스타라면 자신에 맞는 탬퍼를 별도로 신중하게 구입해서 사용하기를 권장한다.

▲ 탬퍼

탬퍼의 형태

전통적인 탬퍼는 가벼운 알루미늄 재질로 평평하게 만들어져 있다. 탬퍼바닥은 평면형(플렛)과 둥근형(커브)의 두 가지가 나뉘고 커브형을 더욱 세분화하여 유로형과 아메리칸형으로 나눌 수 있다. 이는 바리스타의 기술과 추출방식에 따라 알맞게 선택해야 한다. 둥근형은 커피와 필터바스켓 가장자리 사이의 밀착력을 강화하기 위해 사용한다. 유로 커브형은 더욱 움푹 들어가도록 제작되는데 이는 적은양의 커피를 사용하는 유럽식 에스프레소 추출방식에 맞게 제작되어 있다. 하지만 최근에는 새로운 추출방식으로 포타필터의 커피케익의 밀도를 다르게 만들어 추출 향미에 변화를 유도하려는 용도로 사용하는 경우가 많다. 평면형과 둥근형의 형태의 장점만을 살려 혼합형(C–플렛)형태도 있다.

▲ 탬퍼 형태에 따른 탬핑 모양

탬퍼의 규격

각 머신 제조회사는 설계부터 각각의 다른 규격으로 필터바스켓을 채용한다. 탬퍼를 구매할 때는 사용하는 머신의 규격을 확인하고 선택해야 한다. 시중에 판매되는 많은 머신은 58mm 필터바스켓을 채용하고 있으며 탬퍼와의 적절한 격은 0.5mm(둘레 편차 0.25mm)였을 때 완벽한 탬핑이 이루어진다.

58mm 필터바스켓의 실제 사이즈는 58.7~58.8mm이다. 때문에 탬퍼의 규격은 58.2~58.3mm가 되어야 한다. 하지만 시중에서 판매되는 탬퍼의 대부분은 정밀한 규격으로 가공되지 않아 58mm가 되지않는 경우가 많다. 이렇듯 탬퍼의 선택은 매우 신중해야 하며 필터바스켓과 고정 스프링 홈의모양(58mm 필터바스켓에 홈이 안쪽으로 제작되면 57mm규격으로 표기한다.)을 함께 고려하여 구매하는 것이 좋다.

상업용 에스프레소 머신의 탬퍼 규격 (Tamp Size Chart)

Astoria – 58mm	Conti – 58mm	NuovaSimonelli – 58mm
Astra – 56mm	Elektra – 58mm	Pasquini – 57mm
Aurora – 56mm	Expobar – 58mm	Rancilio – 58mm
Azykoyen – 58mm	Faema – 58mm	Reneka – 57mm
Bezzera – 58mm	Futurmat – 58mm	San Marco – 55mm
Brasilia – 58mm	Gaggia – 58mm	Spaziale – 53mm
Bunn – 58mm	Isomac – 58mm	Unic – 56mm
Caramali – 58mm	La Marzocco – 57mm	VFA – 58mm
Cimbali – 58mm	La Pavoni – 56mm	Wega –58mm

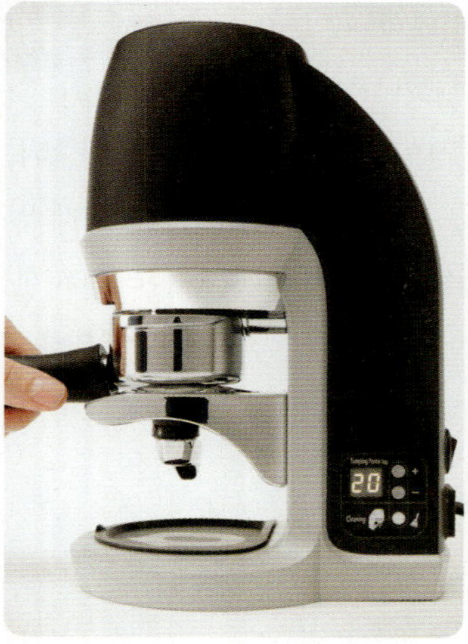

▲ 탬핑을 자동으로 하는 탬퍼가 가능한 자동 탬퍼 머신

6. 가장자리 청소

탬핑이 완료되면 필터바스켓 가장자리(림) 부분에 커피가루를 청소해준다. 만일 청소를 하지않고 연속적으로 커피를 추출한다면 그룹헤드 가장자리의 고무가스켓 부분에 커피 찌꺼기가 흡착되어 압력이 새는 현상이 발생될수 있다. 일반적으로 도구를 쓰지않고 손바닥으로 닦아내고 엄지와 검지로 털어내면 된다. 이때 너무강한 충격으로 커피에 손상이 생기지 않도록 주의해야 하며, 포타필터 스파웃에 커피가루가 묻지 않도록 한다.

▲ 포타필터 가장자리 청소

7. 추출 전 물 흘리기 Purging

추출 전에 이루어지는 과정으로 샤워필터 청결과 커피추출 온도유지라는 두 가지의 목적으로 추출버튼을 눌러 추출수를 2~3초 배출시키는 작업이다. 에스프레소 머신의 대기시간에 따라 배출되는 추출수의 온도는 일정하지 않게 된다. 이 작업은 자신이 사용하는 머신의 구조와 특징을 정확히 파악하여 이루어져야 한다. 일반적인 머신은 장시간 사용하지 않는 경우 과열현상이 발생하는데 초기에 배출되는 추출수의 온도가 너무 높아 수증기와 함께 배출되어 심한소음이 발생하기도 한다. 이때 일정한 시간만큼 추출수를 배출시켜 주게되면 조용해지고 거품도 사라지게 된다. 이러한 시점을 잘 파악해서 추출작업이 진행되어야 하며 너무많은 시간이 소요된다면 커피를 담기위해 포타필터를 그룹에서 분리하는 시점에 미리 시행하는 방법도 있다.

▲ 추출 전 물 흘리기

8. 그룹 장착

커피를 추출하기 위해 그룹헤드에 포타필터를 장착하는 마지막 최종단계이다. 하지만 많은 바리스타들이 소홀히하는 경향이 있다. 커피의 담는 일련의 과정은 매우 중요하다. 이러한 노력의 결과가 잘못된 장착으로 인해 한순간에 물거품이될 수 있기 때문이다. 흔히 발생하는 문제는 그룹헤드에 부딪쳐 발생하는 충격일 것이다. 태핑과정에서 언급했듯 외부의 심한충격으로 커피케익에 균열이 발생될 수 있기 때문이다.

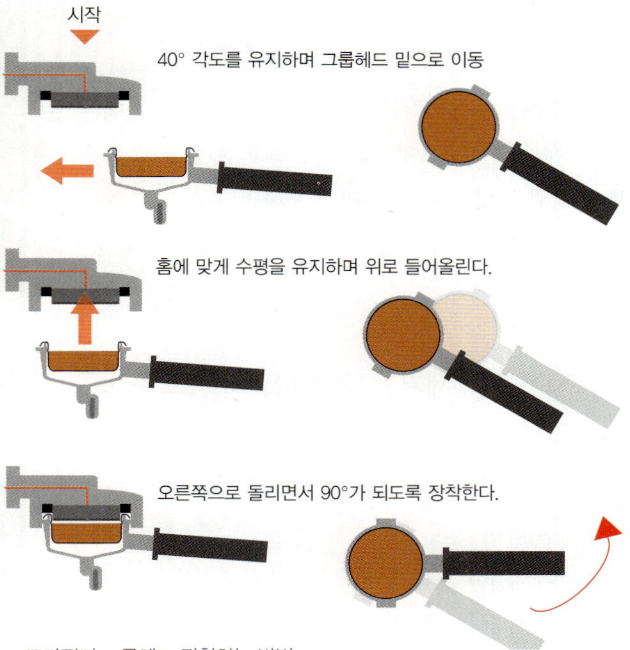

▲ 포타필터 그룹헤드 장착하는 방법

또 하나의 문제로는 장착 후 추출을 바로 실행하지 않는 것이다. 이 경우는 커피케익이 수분에 노출되어 상부층 커피가 손상되는 문제가 발생된다.

9. 추출버튼 누르기

포타필터를 그룹에 창착한 후 추출버튼은 바로 눌러줘야 한다. 그룹에 장착된 커피케익은 바로 열기와 수분에 노출된다. 이때 바로 추출작업이 이루어지지 않는 경우의 커피는 추출전에 손상되어 커피추출에 좋지 않은 영향을 준다.

▲ 추출버튼 누르기

10. 잔 받치기

커피 추출버튼을 누른 후에도 커피는 바로 추출되지 않는다. 보통 정확한 작업이 이루어진 경우는 3~8초까지 인퓨징시간이 걸린다. 이시간을 이용하여 에스프레소 머신 상부 워모위에 있는 잔을 내려서 포타필터 스파웃에 정확히 내려 놓으면 된다.

▲ 포타필터에 잔 받치기

11. 커피 케익 제거 / 12. 포타필터 청소 후 보관

모든 추출이 완료되면 포타필터안에 커피케익이 있는 상태로 어느 정도 보관은 문제가 발생되지 않는다. 하지만 다음 커피추출을 위하여 포타필터를 적절하게 관리해야 한다. 포타필터를 분리하여 커피케익Coffee Cake을 넉박스Knock Box에 버린후 마른행주로 필터바스켓 내부의 커피 찌꺼기를 깨끗하게 닦아내면서 추출수을 흘려 샤워필터에 커피 찌꺼기를 함께 씻어낸다. 그 후 포타필터를 재장착하고 다시 한번 추출수를 흘려 행주로 닦아 낼 수 없는 포타필터 내부와 스파웃에 커피액을 추출수로 다시 씻어주는 것이다. 이는 항상 다음 추출을 위한 완벽한 준비를 하는것이며 장시간 추출을 하지않더라도 수시로 추출수를 흘려 추출수와 포타필터가 과열되거나 건조되는 것을 방지할 수 있다.

▲ 1. 커피 케익 제거

▲ 2. 포타필터 청소

▲ 3. 포타필터 머신 장착 보관

Chapter 12 에스프레소 추출 결과

에스프레소 물리적 특징

	굴절도	표면장력	pH	전도도	점도	밀도
변화	증가	감소	감소	증가	증가	증가
원인	고형성분	계면활성제	유기산	이온 물질	유화된 커피오일	고형분

크레마Crema에 따른 추출 지표

특 징	과소 추출	과다 추출	완전한 추출
추출 상태			
추 출 시 간	10~19초	31~45초	20~30초
추출액 외관	갈색으로 묽음	검은색	크레마와 조화
크레마 색상	연한 갈색	짙은 갈색	여러 단계의 갈색
크레마 두께	과장됨	매우 얇음	3mm 이상
크레마 조직	거칠고 약함	매우 조밀	끈기있는 응집력
크레마 향미	가볍고 약함	자극적 쓴맛	풍미가 좋음

추출 시간에 따른 추출 지표

	30초 이상의 추출	20초 이하의 추출
커피굵기	분쇄도가 너무 고움	분쇄도가 너무 굵음
투입량	기준양보다 많은 커피 사용	기준양보다 적은 커피 사용
결과	• 짙은갈색과 거품에 하얀점 • 중앙에 검은원이 형성 • 얇은 거품막이 옆으로 모임 • 검은띠가 형성되기도 함 • 강하고 쓰며 신맛 • 향미가 적으며 목질맛	• 전체적으로 엷은 갈색 • 거품이 균일하지 않음 • 거품이 빠르게 사라짐 • 약한 커피맛과 향

추출 결과에 따른 해결 방법

	항 목	과소 추출	과다 추출	해결방법	참조
커피	커피분쇄도	굵음	고움	그라인더 분쇄도 조절	
	커피사용량	많음	적음	커피 사용량 조절	
바리스타	탬핑강도	약함	강함	탬핑강도 조절	
	추출온도	높음	낮음	물 흘리기 조절	
	추출시간	빠름	느림	각 항목 체크 후 조절	
머신	보일러압력	낮음	높음	보일러 압력 조절	
	펌프압력	낮음	높음	펌프 압력 조절	
	필터바스켓	넓어졌음	막혔음	필터바스켓 교환 및 청소	
	샤워필터	막혔음	손상됨	샤워필터 청소 및 교환	

추출 원인과 해결 방법

이상적인 탬핑(Tamping)된 상태

담겨진 그라운드 커피

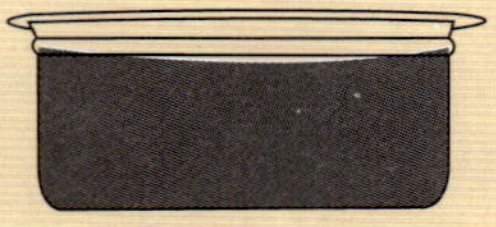

평탄하게 분포되어
완벽하게 탬핑(Tamping)된 상태

완벽하게 추출되는 에스프레소

수평이 맞지 않는 탬핑(Tamping) 된 상태

헐겁게 담겨진 가루

수평이 맞지 않거나 한쪽으로 너무 과도한
힘이 가해져서 탬핑(Tamping)된 상태

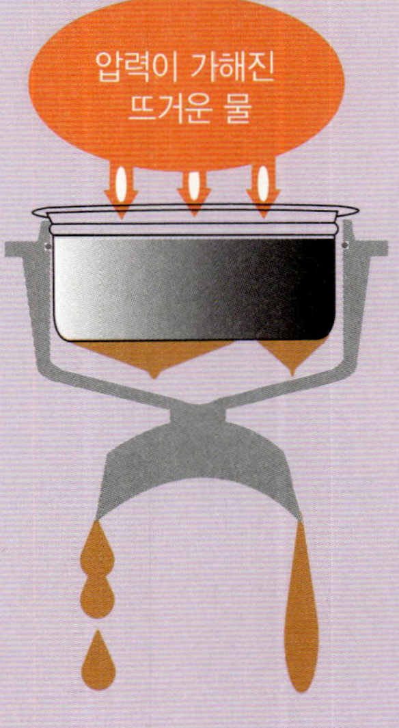

색상의 부조화 및 맛의 부조화 발생
쓰고 균형 잡히지 않은 맛의 에스프레소 추출

강하게 태핑되거나 과도한 충격

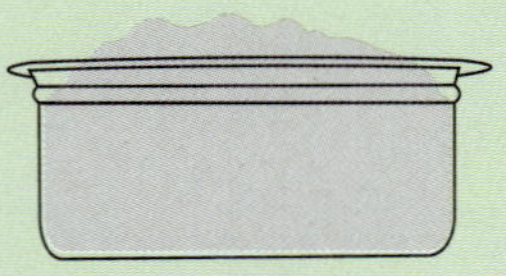

담겨진 그라운드 커피

평탄하게 분포되어 담은 후
과도하게 태핑(Tapping)된 상태

쓰고 연한 빛깔의 에스프레소

약하게 탬핑(Tamping) 된 상태

담겨진 그라운드 커피

평탄하게 분포되어
담겨 졌지만 약하게
탬핑(Tamping)된 상태

시연자 소개

이종철

- 현) 주식회사 메테오라 총괄이사
- 2008년 ITALY Dalla Corte 기술 연수
- 2009년 Switzerland Rex royal 기술 연수
- 2009년 ITALY ANFIM 기술 연수
- 2011년 KCA Barista Classic 결선 테크니컬 심사위원

임종명

- 바이림 대표
- 제2회 KBC(한국바리스타챔피언십)우승
- 할리스 커피온바바 광고모델
- 2003년 WBC(월드바리스타챔피언십) CBC(한국바리스타챔피언십)한국대표 선발전 3위
- 2014년 GUCCI CAFE POPUP 프로젝트 진행
- 2015년 ㈜ 하나투어리스트 '뜨루드카페' 컨설팅
- 아름다운 가게, 아름다운 커피 홍보대사
- MBC 드라마 '커피프린스1호점' 자문
- ㈜아이비라인 'BEST COFFEE 77' 공동저자
- 2003년 제1회 KBC(한국바리스타챔피언십)동상
- 2009년 2011년 ㈜미스터피자그룹 '마노핀앤카페' 컨설팅
- 2014년 태영F&B '주커피' 컨설팅
- 2015년 ㈜ 놀부 레드머그 커피 컨설팅
- 2007년~2009년 KBC(한국바리스타 챔피언십) 운영위원 심사위원
- 2008년 한국커피교육협의회 WBC 국가대표 및 SCAE Latte Art 한국대표 선발전 심사위원
- 2005년~2008년 KCES(한국커피교육협의회)바리스타2급 자격시험 실기 평가위원
- 2013~2014년 강원도립대학 식품가공제과제빵과, 평생교육원 강의
- 2013~2014년 서울연희전문학교 호텔식음료학부 강의
- 2012년 동서식품 '타시모' 런칭
- 2014년 2014 CAFE SHOW 'NESPRESSO AGUILA(아길라)' Barista Demo Show

유정현

- 2008년 WBC(World Barista Championship) 한국 국가대표 바리스타
- 2008년 KNBC(Korea National Barista Championship) 국가대표 선발전 우승(대상)
- 2009년 KNBC(Korea National Barista Championship) 국가대표 선발전 입상
- 2010년 KNBC(Korea National Barista Championship) 국가대표 선발전 3위 트레이너
- 2007년 BAOK 바리스타 챔피언십 1위
- 2007년 KBC(Korea Barista Championship) 4위
- 2006년 KBC(Korea Barista Championship) 6위
- 바리스타 자격증 심사 Trainer & Technical 심사위원
- (현) Mayfield Hotel School 바리스타학과 겸임교수
- (현) ASTAR Coffee Company 대표

류연주

- 2010 Korea National Barista Championship 8
- 2012 Korea National Barista Championship 우승 (국내최초 여성 바리스타 챔피언)
- 2012 World Barista Championship 참가
- 2013 Korea National Barista Championship 9위
- 2015 Korea Brewers Cup Championship 우승 (국내최초 여성 브루어스컵 챔피언)
- 2015 World Brewers Cup Championship 참가
- 2012~2014 Barista Association Of Korea 센서리 심사위원
- 2012 Aeropress Championship 센서리 심사위원
- 2015 World Latte Art Battle 운영위원
- 2012 '커피수업' 집필

참고문헌

- 이승훈(2009). 올 어바웃 에스프레스. (서울꼬뮨).
- 이영민(2002). 커피트레이닝. (아이비라인).
- 유대준(2012). 커피인사이드. (해밀).
- 송주빈(2008). 커피 사이언스. (주빈).
- 지정은(2010). 바리스타와 커피이야기. (수학사).
- 최봉수(2009). 명품 바리스타 14인의 스타일. (웅진 씽크빅).
- (사)한국커피전문가협회(2011). 바리스타가 알고 싶은 커피학. ((주)교문사).
- 김일호,김종규,김지응(2012). 한 권에 다 있다 커피의 모든 것. (백산출판사).
- 서진우(2010). 바리스타 기본서 커피 바이블. (대왕사).
- 문준웅(2009). 완벽한 에스프레소 커피의 이해. (아이비라인).
- 박이추 외(2014). 커피학 입문. (광문각).
- 전광수 외(2008). 기초커피 바리스타. (형설출판사).
- 김윤태 외(2010). 커피학개론. (광문각).
- 이현석(2010). 커피 로스팅 테크닉. (서울꼬뮨).
- 최병호,권정희(2013). 커피 바리스타 경영의 이해. (기문사).
- 전인호(2015). 에스프레소 커피음료제조 (공유).
- 김대철(2014). 커피학개론. (리빙스톤스쿨).
- 김창진(2015). 핸드드립커피. (도서출판 한수).
- 김영식(2006). 에스프레소 하권 라떼아트, (서울꼬뮨).
- 이영민(2006). 커피 스타일링 바리스타의 예술 라떼아트. (아이비라인).
- 이영민(2004). 베스트커피77. (아이비라인).
- 최정화(2007). 맛 좋고 보기 좋은 웰빙 스페셜 음료 Best 50 Plus. (서울꼬뮨).
- 우유자조금관리위원회. http://www.imilk.or.kr/html/aboutmilk.php
- SCAA 커피 향미 평가 핸드북
- 네이버 지식백과
- 황춘기 외 9명(2008). 주방관리론. (지구문화사).
- 남택영(2000). 호텔식음료서비스 실무. (학문사).

- 박영배(2010). 식음료서비스 관리론. (백산출판사).
- 박혜정(2010). 서비스실무. (백산출판사).
- 박혜정(2012). 서비스맨의 이미지메이킹. (백산출판사).
- 신정화 · 이희천 · 박성부(2002). 호텔 식음료 실습. (남두도서).
- 심윤정 · 신재연(2013). 고객서비스실무. (한올).
- 안치호 · 김미향 · 최규식 · 백승희(2004). 호텔식음료서비스실무. (백산출판사).
- 이유재(2014). 서비스마케팅. (학현사).
- 이정학(2013). 호텔식음료실습. (기문사).
- 이준재 · 허윤정(2009). 고객감동서비스 & 매너연출. (대왕사).
- 최병호 · 유도재(2010). 호텔식음료 실무론. (백산출판사).
- 최주호 · 최해수 · 안종기 · 김윤경 · 박인규 · 최성철(2011). 식음료서비스 관리론. (형설출판사).
- 업종별 점포운영 매뉴얼(2009) 중소기업청. 소상공인 진흥원.
- 매장정리정돈. 대한건물환경관리(주)
- 홍성수(2006). 회사에 들어가서 처음 만나는 손익. (새로운 제안).
- 이종민(2009). 세상에서 가장 재미있는 재무재표 이야기. (원앤원북스).
- MKRI(2011). 부기와 기초경리 지식쌓기. (미래와 경영).
- 손종성(2011). 왕초보사장을 위한 참 쉬운 세금. (북오션).
- 고희동(2011). 경비지출 증빙실무. (코페하우스).
- 주용철(2009). 세상에서 가장 재미있는 세금이야기. (원앤원북스).
- 유양훈.남승원(2010). 자영업자가 꼭 알아야할 경리 세금 총무 101. (원앤원북스).
- 강석원(2010). 총무인사업무매뉴얼. (코페하우스).
- 이종민(2009). 세상에서 가장 재미있는 경리이야기. (원앤원북스).
- 박경수(2014). 지금 당장 기획공부 시작하라. (한빛비즈).
- 미래와 경영연구소(2013). 총무와 인사관리 지식쌓기. (미래와 경영).
- 마이클 리델(2010). 생산스케줄링 블루 북. (APSMATE).

국가직무능력표준
NCS 커피 레귤레이션 바리스타

초판발행 2016년 2월 18일

지은이 윤선희, 이영민, 최근표, 정진범, 이승훈
디렉터 성백철
포토그래퍼 이윤행 / **사진제공** GSC International
디자인 차일수 / **편집** 백지선
펴낸곳 오스틴북스 / **주소** 경기도 고양시 일산동구 백석동 1351번지
전화 070-4123-5716 / **팩스** 031-902-5716
등록 2010년 2월 26일 제396-2010-000009호
ISBN 978-89-94874-86-9 13570

이 책에 대한 의견이나 오탈자 및 잘못된 내용에 대한 수정 정보는 아래 이메일로 알려주십시오.
잘못된 책은 구입하신 서점에서 교환해 드립니다.
홈페이지 www.austinbooks.co.kr
이메일 ssung7805@hanmail.net

Published by AUSTINBOOKS. Printed in Korea